福爾摩沙紀事

馬偕台灣回憶錄

紀事

FROM FAR FORMOSA -

馬偕博士 原著

林晚生 漢譯　鄭仰恩 校注

前衛出版
AVANGUARD

FROM FAR FORMOSA
The Island, it's People and Missions

by

GEORGE LESLIE MACKAY, D.D.
TWENTY-THREE YEARS A MISSIONARY IN FORMOSA

EDITED BY
REV. J. A. MACDONALD

WITH PORTRAITS, ILLUSTRATIONS AND MAPS

福爾摩沙的召喚（代序）

鄭仰恩

　　由馬偕（George Leslie Mackay）原著、麥唐納（J. A. Macdonald）編輯的《福爾摩沙紀事：馬偕台灣回憶錄》並不是第一次被翻譯成中文，之前已經有兩個譯本，分別是林耀南譯的《台灣遙寄》(台灣省文獻委員會編，台灣叢書譯文本第五種，一九五九年)以及周學普譯的《台灣六記》(台灣銀行經濟研究室編，台灣研究叢刊第六十九種，一九六〇年)。儘管這兩個譯本過去對本地學者的研究有相當的助益，但也因一些翻譯上的疏失，讓人覺得不盡滿意。隨著近年來台灣史研究的熱潮，又有不少本土學者開始致力於馬偕的研究，加上舊譯本早已絕版，因而有重譯的呼聲。

　　今年春天，前衛出版社的林文欽社長登門拜訪，除了贈送剛出版的《福爾摩莎素描：甘為霖牧師台灣筆記》一書外，也邀請我重譯馬偕的這本重要著作，我當時隨即的反應就是「有更好的人選！」其實，早在二〇〇一年秋天，當台灣和加拿大各界剛忙完馬偕逝世一百週年的紀念活動，而又有相關單位準備要在隔年慶祝馬偕來台一百三十週年之際，就有出版社邀請我和另兩位學者一起籌畫重譯這本書。當時，我推薦由林晚生女士來擔任譯者。後來，該出版計畫因故未能實現，但晚生姐已完成該書一大半的翻譯。這回林社長再提重譯之事，我隨即聯絡晚生姐，並得其首肯擔任翻譯，我也答應協助校譯和

注釋的工作。如今，本書能夠順利出版，真是一件美事。

　　晚生姐過去隨夫婿郭忠吉博士在加拿大求學、工作，返台後曾擔任《台灣教會公報》英文版的主編，也讀過神學，目前主要從事譯作。她的英文、中文、台語白話文（羅馬字）俱佳，譯筆忠實、簡潔、流暢，加上用心探查相關史籍文獻，實在是不可多得的翻譯人才。我們若仔細閱讀全書最複雜難譯的第六章〈地質〉、第七章〈樹木、植物和花卉〉和第八章〈動物〉，就可以看出她的用心。當然，我相信服務於亞洲蔬菜中心、具有蔬菜學和生物學專業的忠吉兄，以及她的兄長林心智副教授在此事上一定是鼎力相助。

　　筆者曾於二○○○年八月前往北美洲進行一整年的進修假研究，上半年在加拿大的諾克斯學院（Knox College）擔任駐院學者，除授課外也在加拿大長老教會（PCC）和聯合教會（UCC）的歷史檔案室收集資料，下半年則在美國普林斯頓神學院擔任訪問學者，並抽空到英格蘭和蘇格蘭進行一個月的研究訪問。有趣的是，那一年的旅程事實上正好是追隨著馬偕的腳蹤而行：馬偕於一八六六年九月進入諾克斯學院讀書，一年後的一八六七年九月轉至普林斯頓神學院繼續深造，一八七○年四月底從該院畢業後於同年十一月前往愛丁堡大學繼續研究宣教課程，一八七一年十月在加拿大長老教會海外宣道會指派下啟程前往中國，結果在上帝「攝理」的引導下來到台灣，貢獻一生。循著同樣的軌跡，我也在短短的一年中，從諾克斯學院轉到普林斯頓神學院，再往訪愛丁堡大學，最終回到台灣。在橫跨時空的歷史迴廊裡，和馬偕的腳蹤重疊交會的經驗對我個人深具歷史意義，我的學術心靈也不斷地被馬偕所留下來的豐富遺產所深深滋潤著。

　　在那段旅程中，最特別的經驗就是在多倫多的皇家安大略博物館

（ROM）參觀並檢視馬偕所收集的六百多件台灣文物（其中兩百件曾運來台灣在順益台灣原住民博物館展出），印象極為深刻。這些文物最寶貴之處就是它們所代表的時代意義，因為是在日治殖民初期展開人類學調查研究和田野收藏工作之前所收集的。我想，這種獨特的時代意義與價值，也可以應用在馬偕這本描述十九世紀下半葉福爾摩沙處境的專書上。

有關本譯本的書名，需要一些說明。馬偕英文原著的書名是 *From Far Formosa: The Island, its People and Missions*，直譯是《來自遙遠的福爾摩沙：島國、人民和宣教》。事實上，馬偕當初是在加拿大教會及友人的期盼和催促下，為要讓西方英語世界的讀者能夠認識他在台灣的寶貴經驗，才會委託好友麥唐納編輯、出版此書。麥唐納在〈編者序〉中如此說明：

> 許多朋友都知道，他（馬偕）對台灣的認識與了解比他同時代的任何一位都更深廣與可靠。這些朋友也都相信有關他的經驗與工作的記述，必將鼓舞教會的信仰與熱誠。但因他在台灣的工作隨時都處在危險與不安中，這些朋友擔心，萬一有關他的服事工作尚未記載下來公諸於世，他就出了事故，那就很遺憾了。於是大家都催促他要盡早把他的工作與生活好好的記述下來，因為這事有它的迫切性。

換句話說，本書的記述是以馬偕的福爾摩沙經驗和回憶為主軸。馬偕自己也在第一章的起首提到：「在我現在所寫這本書尚未出版前，我會再次朝西往遠東去，在上帝的帶領下，必將平安到達太平洋

彼端我心愛的福爾摩沙之家。我期望剩餘的生命都在那裡服事,當服事之日完結時,願在那裡找到一處有海浪聲及搖曳的竹蔭下得到永遠的安息。」因此,在和晚生姐、林社長、廖國禎兄討論後,決定以《福爾摩沙紀事:馬偕台灣回憶錄》做為書名。

確實,我們若詳細閱讀本書,就會發現書中論及台灣島嶼、土地和人民的部分佔了將近三分之二的篇幅,非常特別,加上馬偕對台灣的認識深刻廣博,在西方人士中相當罕見,充分反映當時西方開明進步的思想(progressivism)。整體而言,這是一本有關台灣島嶼及其子民的豐富記述,有別於一般宣教師的傳記或宣教實錄,也遠比許多當時前來福爾摩沙進行探險、考察旅行的報告書來得充實。本書完整記錄馬偕一生在福爾摩沙生活與工作的經驗,展現豐富而多元的面貌,可謂「書如其人」!

當馬偕在撰寫、收集、整理本書的各種資料時,人雖在加拿大,卻深深感受到福爾摩沙的召喚。做為讀者的你我,身在台灣島國,可曾感受到相同的召喚?但願閱讀本書能帶給你我一些新的啟發!

二〇〇六年十二月三十一日
於草山嶺頭

譯者序

林晚生

　　約在二十年前我家得到了一本由馬偕所著的 *From Far Formosa*。
當時我把整本書約略翻讀一下，覺得這是一本很有趣又感人的書。有
趣，是因為本書的主筆編者 J. A. Macdonald 的手筆極為生動；感人，
是因為書中許多有關馬偕的記述令我非常感動與佩服。即使後來為了
翻譯，得對本書一讀再讀，但每每再讀，有許多地方仍是讓我感動不
已。

　　在翻譯本書時，最困難的地方是許多專有的學名或人名。學名方
面，像是書中詳細列出了一百多年前馬偕在台灣時所看到的各種花草
樹木，雖然書中有把各種花草樹木的普通名字和拉丁學名都列出來，
但要確實翻譯出他所列的植物的現代中文名字，有不少得查字典。字
典裡找不到的，就上電腦網路去查。上網也找不到的，就去翻一些有
關台灣植物的書，或問我學植物學的先生。而有些植物當時所使用的
拉丁學名現在已經改了，我們就依照書中對這個植物所做的描述，盡
量去找出與它相似的品種，再來確定是哪一種。甚至這樣，有一、二
個還是無法確知它的中文名字，就再去請教其他更專業的人。

　　至於人名，因漢字同音有很多不同的字，從英文的音要確定這個
人的名字的正確漢字，若是那些較為教會界所熟知的人，就無困難。
但若是較不為人熟知的，就得去查考台灣基督長老教會百年史，或教

會歷史年譜，或其他與馬偕有關的書。而有時查遍了我家十多本與教會史或馬偕有關的書，仍無法確定時，我就只有仰賴台灣教會史權威的鄭仰恩老師了。

這本《福爾摩沙紀事》(*From Far Formosa*)的主筆編者麥唐納(J. A. Macdonald)在〈編者序〉的一開始，就稱馬偕是一位信仰如保羅並能自我犧牲的人。沒錯，馬偕和基督教第一位偉大的宣教師保羅一樣，對於自己一生要做的事，目標都極為清楚，而且不論是在何時、何地、遇到何種情境，都一直望著標竿直跑。讀者從本書裡面，會讀到馬偕在台灣傳教時，事實上遇到了許多危險、威脅、恥笑或辱罵，然而，對於這一切他都不放在心上。誠如他在第十八章談到他在北台灣各地巡行傳教的情形時所說的，「翻看我的日誌，……從所記載的許多事件裡使我懷念到我的學生們的忠誠和親情。……日誌中雖然也記有遇到艱難、風吹雨打、危險和失望，但當我翻看日誌時，所回憶的卻都不是這些。對於一個陌生人來說，可能(對於台灣各地)沒有什麼特殊感覺，但對於我，每個地方的名字都喚起了我愉快的回憶。」

馬偕與他的學生之間，確實有著無法分離的親情。學生們是他的至寶。一八八四年中法戰爭發生，十月，法國戰艦已在淡水海邊準備要砲轟淡水。當時為了保護外國人，有一艘英國軍艦停在港口，他們並叫馬偕帶著家眷和貴重之物上船。但是馬偕告訴這些外國的朋友說：「啊！我在主裡的這些孩子們就是我的貴重之物。他們與我一同到各處去，在我病了時餵養我，我們一同涉溪、登山、共同面對海中或陸地上的危險，從來不曾在任何敵人面前退縮而去，他們就是我的貴重之物！當他們在岸上時，我絕不上船，如果他們將會受苦，那麼我們要一同受苦。」

　　馬偕來台灣傳教，不是自己過著比周圍的人更優渥的生活，然後來告訴人，信了主耶穌就能像他一樣過著更有福氣的生活。不，這樣的福音只是一種低俗的福音。馬偕來台灣傳教，是把自己整個人融入台灣這個地方。他不僅把學生們看作至寶，更與台灣本地的女子結婚生子。他喜愛台灣的山、台灣的海及台灣的每個地方。他也喜愛台灣島上的住民，包括漢人、平埔蕃及原住民。他說：「為了在福音裡服事他們，即使賠上生命千次，我也甘心樂意。」在台灣服事二十三年之後，當馬偕回去加拿大年休與報告他在台灣的工作情形時，我們看到在 *From Far Formosa* 的第一章第一段裡他這樣說：「我期望剩餘的生命都在（台灣）那裡服事，當服事之日完結時，願在那裡找到一處有海浪聲及搖曳的竹蔭下得到永遠的安息。」確實，馬偕在淡水的馬偕墓園得到了永遠的安息，直到今日。

　　馬偕來台灣傳教，為的是要把他心中所最敬愛的上帝介紹給沒有機會聽聞到的人。他深知這位上帝不僅具有創造宇宙萬物的大能與智慧，也充滿著愛、公義、真實、善良與美好。他熱切的期盼讓別人也能像他一樣的認識到這位上帝並欣賞到上帝一切偉大與美好的作為。所以，當他在台灣得到了第一位學生阿華（嚴清華）後，有一天，他就帶著阿華，一大早從淡水渡過淡水河，到一間廟裡拜會一位佛教僧人，然後開始爬觀音山。他說：「路旁長滿了高草，並像刀子一樣會割人。當我們到達了海拔約一千七百呎的頂峰時，我們的手都流血而且很痛，但是從山頂上看到的風景使我們的勞累和疼痛有所代價，實在是奇美無比。但是阿華卻感到很迷惑，想不通我們費了這麼一番工夫到這裡來是為了甚麼。他和其他的漢人一樣，看不出自然界有甚麼美，而爬山上到了這裡來只為了看風景實在令他難以理解。……但他

的感受雖是停頓，卻並不是死去。我們站在那裡一起唱詩篇一百篇，而在我們還未唱完最後一節之前，那把地上、天空及海裡都造得極美的偉大聖靈已經感動了阿華。他情感的最深處被激起，使他開始看到了美，而他新生的心靈也聽到及看到上帝在自然萬物界中的信息。自那一刻開始，他就成為一個對自然界萬物都極感興趣與熱愛的學生。」

馬偕用這樣的方式來訓練他的第一位及接續下來的每一位學生。在本書第三十章談到他如何培訓台灣的傳教者裡，記述說，在淡水的牛津學堂(今台灣神學院)尚未建立時，他們都是在戶外大榕樹下上課，有時也會到基隆海邊上課。他說：「我們會在沙石上研讀到下午五點，然後就沿著岸邊水淺處走走，看到了有貝殼、活珊瑚、海草、海膽等，就會潛入水中把它撿來作研考。有時會讓大家用繩鉤釣個把鐘頭的魚，一方面為自己提供食物，同時也可用來做標本。」

後來，北台灣各地教堂陸續建成時，有時他就帶著學生到各地實地教學。他說：「在旅途中，一切都可成為討論的事物，包括福音、人們、如何向人傳講真理以及創造一切的上帝。而在旅途中，每個人每天都會習慣性的去收集某種東西的標本，像是植物、花、種子、昆蟲、泥巴、黏土等，到了休息的地方時，就對所收集到的東西做研究。」誠如馬偕所說的：「我們把每一刻都用來培育學生身、心、靈的發展。」而每位被訓練出來的學生都能唱歌、講道、辯論並向人傳福音。

馬偕在一百二、三十年前台灣的社會情境下，能用那麼踏實、生動、有趣及高效率的方法教學，又豈是今日進步的台灣與世界許多地方的教學方法所能比擬的？而馬偕當時不僅重視教學方法，也把校園建造整理得美輪美奐，讓每一位到學校的漢人和清朝官員都讚嘆不

已。他認為這樣做，也是宣教的一部分。他說：因為「我個人來到異教徒之中，要努力提升他們，來讓他們知道上帝的本質和目的。上帝是個秩序井然的、是喜愛美景的，而我們應該從花草樹木間來看見祂神奇的造化，我們更應該從見到上帝所造宇宙萬物的井然有序上來努力跟隨主的腳步，讓一切也井然有序與美好。」

馬偕有時雖然難免會有一些偏見，像是他對於當時歐美的天主教徒，覺得他們行為不佳；或批評當時艋舺人低矮的房子是顯示他們性格的低落；或認為原住民不如漢人優越；或對於原住民在慶典時，半裸的身子跳前跳後同時又不停的有旋律似的吆喝狂叫，覺得非常怪異。然而，馬偕更常以寬闊的心來欣賞他所接觸到的人、事、物。像本書二十一至二十八章裡在談原住民時，他對原住民有不少的稱讚。他稱讚他們並沒有那些文明或非文明社會上所具有的各種道德敗壞行為，幾乎沒有賭博或吸食鴉片，也幾乎不曾聽說有謀殺、偷竊、縱火、多妻或多夫、姦淫等。稱讚他們是天生的獵手，稱讚他們有任何東西，都願意和別人分享。他也稱讚南勢蕃（排灣族人）對馬路及耕地的照料，使得整個村落看起來令人覺得「無拘無束，悠遊自在」。該族人有完善的部落式政治，農人勤於工作，族人善於用金屬製造和修理各種工具，善於陶製，全村並設有功能極佳的公共浴場。

前衛出版社囑咐我寫一篇約一千字的譯序，但我拉拉雜雜已經寫了三千字。翻譯的工作有時雖然很辛苦，但在翻譯時，我的心思則是沉浸在本書中馬偕所做的各種記述裡，而且每每受到極大的感動。我在這裡只是舉出幾項讓我感動的事來先與大家分享，等讀者有機會來讀整本書時，必會與我一樣陶醉在書中的每樣記述裡，也與我一樣，深受許多記述事件的感動。

　　最後，我要特別感謝鄭仰恩老師，不僅在漢字的人名、地名上讓我可以依靠，還有幸得到他對整本書從頭到尾詳細的校稿。因為鄭老師精湛的中、英文造詣，使得我原本不怎麼完善的翻譯，得以變為更加完善。而本書因為有了鄭老師的專業注釋及精闢論述，也大大的提高了它的內涵。在此同時，我也藉此一角謝謝我的哥哥林心智，在我忙不過來時，盡全力來幫忙我。

二〇〇六年十二月十五日
於台南善化

馬偕夫婦及三個子女全家福

編者序

　　福爾摩沙對西方世界曾是個遙遠陌生之地，如今，因處在中、日戰爭的暴風中心，乃引起大家的矚目，也因此與西方拉近了。不過，早在戰事發生前二十多年，就有一些人在關心這個遠在海洋彼端的美麗島，因為有一位信仰如保羅，[1] 並能自我犧牲的人，奉獻自己來到這裡，期盼台灣這個島嶼能因而從過失與罪惡中得到救贖。這位人士，就是加拿大長老教會[2] 長久以來視為宣教英雄的馬偕（George Leslie Mackay）。

　　馬偕第二次年休回國述職時，被選為加拿大長老教會的議長。[3] 因此直到他在一八九五年十月十六日結束年休從溫哥華啟航回台灣前，他訪問了加拿大、美國及蘇格蘭的許多地方，並在地方教會或中會、總會的會議中對大家演說，大家都覺得他既高超又英勇。許多朋友都知道，他對台灣的認識與了解比他同時代的任何一位都更深廣與可靠。[4] 這些朋友也都相信有關他的經驗與工作的記述，必將鼓舞教會的信仰與熱誠。但因他在台灣的工作隨時都處在危險與不安中，這些朋友擔心，萬一有關他的服事工作尚未記載下來公諸於世，他就出了事故，那就很遺憾了。於是大家都催促他要盡早把他的工作與生活好好的記述下來，因為這事有它的迫切性。但對於他這種慣於不停熱心工

作的人，要他坐下來做長篇的記述，是一件厭煩的苦差事。他寧願花時間去向一位凶暴的異教徒傳教，也不想坐下來為這本記述寫上一小篇。[5]不過他也認同這件事的緊要性，乃在馬塔維斯牧師(Rev. W. S. McTavish)[6]的大力協助下著手這件事。一連數個禮拜，他不停的翻箱倒櫃找出他過去所做的記錄及保留的報導，同時把一切記憶中有關的都挖出來。

　　幾個月前，馬偕博士[7]把一大堆的資料交到我手中，包括他的簡短筆記、觀察心得、日記與報告的摘述、科學方面的研究、斷簡殘篇及人物的描述，並囑咐我得把這些資料整編成書。雖然在編輯上他讓我做全權的決定，但我不僅沒有因而覺得輕鬆，反而倍感任重。因為我知道，編寫這種東西很容易失去原味。誠如英國著名的歷史兼評論家麥考萊(Macaulay)在談到歷史的編寫時所說的，即使你所寫的每個細節都真確無誤，但可能讓人讀後卻對事件未能有完整的概念，或產生偏差的認知。所以，我把他交給我的每一份資料都和他重新讀過，並確定其真意，必要注解的地方，也都是由他來口授。而整本書要如何分類和編排也都先得到他熱誠地贊同。當在編輯時，若發現有何處難以銜接時，他就會再補充一些資料。關於每篇的最後定稿，也幾乎都是由他做修訂的。[8]我編寫此書，不僅力求保持作者馬偕博士的原意，同時也力求保留他的原味，就是他那種充滿活力、勇氣及他的塞爾特人的(Celtic)熱情，就如同聽他在演講時所讓人感受到的滋味一樣。

　　相信讀者必會欣賞本書中的寶貴真確資訊及生動故事描述，馬偕博士希望對於一些平淡無奇但卻極具教導性的東西要特別給予重視。本書因為受限於整本的篇幅，所以作者雖然提供了有關台灣島的資源及島民方面極豐富的資料，但在第二部「島嶼」的章節中，我們只能

做精簡的描述。本書中許多有關馬偕的故事與個人經驗都是從我與他的對談中得到的，所以本書中有關馬偕博士的個人描述，都是編者自己寫的，馬偕勉強給予同意，為的是要讓讀者能從中了解到做為一位外國宣教師的生活與工作會是甚麼樣。本書在進行編輯時，台灣的政治情勢起了變化(譯注：意指由滿清統治變爲由日本統治)，這個變化雖然對於宣教工作不致於造成傷害，但對於實際的運作卻可能會有很大的影響，不過，漢人的觀點會繼續存在。

近數個月來，我一直不斷地和馬偕博士保持密切的聯繫，因而對他有了如莫逆之交的認識。像他這樣充滿活力、勇氣與意志剛強的人，卻一點都不武斷，也不因別人的批評而惱怒，這對那些只知道他善於演講和行動的人是一種多麼好的啟示。從他的謙虛、對信仰的確信及與上帝的親近，就窺知了他成功的祕訣。在教會的任何一個時代裡，都很少人能像他感受到與上帝如此的親近。他所服事的上帝在他的心靈裡是極具尊儀又充滿力量的。這樣的一位先知是基督給他的教會最好的禮物。對他，不論一切事情會如何變遷，都不致於失敗。[9]

在出版本書時，出版社認為一切都讓他們能很順手處理。所有地圖都經特別準備，其中三張有關北台灣的地圖，是從馬偕博士所繪製的地圖複製的，而台灣地圖是依英國海軍部的台灣地圖翻印的。書中的照片都是用馬偕博士的學生柯玖[10]所拍的照片。封面的設計代表著稻穗，有關稻米的收割在本書第二十二章有詳細的記述。本書也極為小心，使書中內容不會像在介

紹外國生活的書那般的平述無奇。

　　最後，要向加拿大長老教會海外宣道委員會的幹事馬偕牧師(Rev.
R. P. MacKay, B.A.)[11] 致謝。因為我即使能在百忙中將本書編輯完成，但
若沒有他的指教與協助，本書必未能如此完善。

　　在編完這本《福爾摩沙紀事》(*From Far Formosa*)把它寄出時，我
祈願本書能成為上帝激發聰明才智者對世界宣道事工感到興趣的器
皿。

　　　　　　　　　　麥唐納(J. A. Macdonald)[12]

　　　　　　　　　　一八九五年十一月

　　　　　　　　　　於加拿大安大略省聖多馬市

〔注釋〕

1 保羅: 生於大數(Tarsus)，具羅馬公民身分，是基督教《新約聖經》中多本經卷
　的作者。他不但奠定了基督教神學的基礎，也是協助將基督教傳遍地中海世界
　的主要宣教師。保羅的宣教觀點對馬偕有相當程度的影響。
2 加拿大長老教會: 十九世紀上半葉起由數個自英倫三島移民到加拿大的長老教
　會團體所組成，先後歷經幾次聯合運動，信徒以蘇格蘭裔的移民居多。
3 議長: 每一個國家的長老教會通常會依教會行政區的範圍(由小而大)劃分為地
　方教會、中會、(大會)、總會等三個(或四個)層級。總會是全國性的，也是最
　高的行政和決策單位。長老教會的行政和治理體制採代議制，議長(moderator)
　是會議主席，是一個榮譽職，對內負責整合、協調，對外則代表全體教會。馬
　偕於一八九四～九五年度被加拿大長老教會選為總會議長，代表全體教會對他
　的尊敬和肯定。
4 值得注意的是，本書中論及台灣島嶼、土地和人民的部分足足佔了將近三分之
　二的篇幅，確實有別於一般宣教師傳記的形式。馬偕對台灣的認識深刻廣博，
　在西方人士中相當罕見，可以說是反映了當時西方開明進步思想(progressiv-
　ism)的典型。

5 這應該是編者麥唐納較爲誇張的說法，因爲事實上馬偕相當勤於寫日記、書信、工作報告書，甚至是刊登在雜誌上的文章。

6 馬塔維斯牧師：是加拿大長老教會牧師，在多倫多從事文字工作，曾出版數本有關加拿大國內外宣教師的書，內收有馬偕小傳等。

7 馬偕博士（Dr. Mackay）：一八八〇年當馬偕第一次返回加拿大述職時，位於京士頓（Kingston）的皇后大學（Queen's University）授與他榮譽神學博士（D.D.），從此許多文獻慣以「馬偕博士」稱之。

8 到底這本書算是「傳記」或是「自傳」？屬於「第一手」或是「第二手」史料？這些其實都是頗值得玩味的問題。編者麥唐納是加拿大長老教會最有影響力也最出色的新聞工作者、主筆、作家、演講家，他在「潤飾」和「撰寫」之間的拿捏取捨，也是值得探討的問題。後來麥唐納曾和出版商爭奪本書的版權，更突顯他在本書寫作、出版過程中的自我角色認定。

9 本段有關馬偕性格的描述，既生動又傳神。其實，馬偕的性格一直是學者深感興趣的話題，他的學生們認爲他「要求嚴格、脾氣壞、但心存仁愛」，麥唐納在馬偕死後則曾在報紙上評論說「要他退讓一步或將首位與人分享是不容易的事」。

10 柯玖：即柯維思，大龍峒人，是馬偕的門生，隨馬偕四處旅行、傳道，同時在牛津學堂和滬尾偕醫館工作。一八九三年馬偕返回加拿大述職時曾跟隨前往，一八九九年娶馬偕的二女兒偕以利（Bella Mackay）爲妻，由吳威廉牧師證婚，成爲馬偕的二女婿。馬偕過世後他曾服務於馬偕紀念醫院，也曾任自由傳道。

11 這位馬偕牧師漢名「偕彼得」，是加拿大長老教會海外宣教委員會（FMC）的幹事，負責監督、支援台灣區的工作，曾於一九〇七年來台訪問，著有數本介紹「台灣馬偕」的小冊子。

12 麥唐納：本書編者，是加拿大長老教會牧師，一八八七年畢業於馬偕曾就讀過的諾克斯學院（Knox College），一八八七～八八年至蘇格蘭做研究，一八九一～九六年在多倫多附近的聖多馬教會當牧師，一八九六～一九〇一年任多倫多婦女學院（Toronto Ladies' College）院長，一九〇三～一五年間更擔任加拿大第一大報《全球報》（The Globe）的總編輯和主筆。他的思想開明進步，筆鋒銳利且具說理，被喻爲當時期「加拿大新教最具影響力的文字工作者」。

目　次

第1部　導言

第2部　島嶼

第3部　漢人

第 *4* 部　被征服的原住民

第 *5* 部　山上的生蕃

第 *6* 部　淡水的宣教總部

插圖目次

地圖

第一部

導言

Introductory

第一章 作者的早年

Early Years of the Author

觀點－祖先－在左拉的生活－賓威廉－國內傳道事工

遙遠的福爾摩沙是我所摯愛的地方,在那裡我曾度過最精華的歲月,那裡也是我生活關注的中心。望著島上巍峨的高峰、深峻的山谷及海邊的波濤,令我心曠神怡。我也喜愛島上的住民,這二十三年來我對著那些深膚色的漢人、平埔蕃及原住民傳講耶穌的福音。為了在福音裡服事他們,即使賠上生命千次,我也甘心樂意。在我現在所寫這本書尚未出版前,我會再次朝西往遠東去,在上帝的帶領下,必將平安到達太平洋彼端我心愛的福爾摩沙之家(譯注:馬偕在寫這本書時是在台灣傳教二十三年後,正好回加拿大返國述職時)。我期望剩餘的生命都在那裡服事,當服事之日完結時,願在那裡找到一處有海浪聲及搖曳的竹蔭下得到永遠的安息。[1]

我愛我的台灣島,但這些年來也從未曾忘記童年的故鄉,並且時時以它為榮。當我初到台灣,人生地不熟、話語不通、無人願聽信福音、路上常有匪徒呼嘯,當我到山中傳道遇到凶蕃、夜晚聽到他們飲酒作樂狂叫,當我獨自在可怕寂靜的原始林中、在從未曾有白人涉足的荒僻之地時,每每令我在過去的二十三年中,常會從遙遠的福爾摩沙思念起我的左拉(Zorra)故鄉,心中跟著吟唱早晚詩篇。記憶中的加拿大對我一直是甜蜜的,而如今,當我在講述一些在那個遙遠的島上

的生活時，我是依我的出生地的生活觀點來描述的。

我父親喬治・馬偕(George Mackay)是蘇格蘭高地人，一八三〇年帶著妻子海倫・撒德蘭(Helen Sutherland)自撒德蘭郡移居加拿大。在蘇格蘭曾發生「撒德蘭郡驅逐事件」(Sutherlandshire Clearances)，在那段黑暗期，那些曾為郡主公爵流血流汗耕作了已有兩、三代的數百戶佃農及其妻小全被驅逐。[2]原本在山坡上及幽谷中常可聽到他們所吹的野地風笛聲及用蓋爾語(Gaelic)吟唱詩篇的歌聲，也被羊的聲音和管獵犬者的呼喚聲所取代。他們心中帶著小屋被拆毀、教堂被荒廢、祖墳被凌辱的憂鬱記憶，離開了蘇格蘭，越過大海來到加拿大時，卻又正逢加拿大的黑暗叛亂風暴期。他們只好到北邊荒野的 Upper Canada 省(譯注：為現在安大略省的南部)開墾。我的父母在那裡的左拉鎮自己的農地上扶養了六個小孩，我是最小的。雙親去世後，都安葬在那「古老木造教堂」旁的墓園裡。

願這些勇敢開拓者的英靈得以長息。他們雖歷經自然界最嚴酷的環境，卻都英勇無比。他們沒有甚麼家當，整天都在林中不停的砍伐，晚上才回到柴煙嬝嬝的小住屋。就這樣，他們克服了一切艱難，使原本荒野的林地變成了安居的田園。他們不僅砍除樹林、開闢馬路、建造房屋，使沼澤之地變為良田，他們更不忘記敬拜服事永生的上帝、教導子女熟讀及相信聖經、凡事依著良心而行、喜愛且謹守安息日，並敬愛教會的牧者。他們的神學可能狹窄，卻既高又深。他們留下真理的遺產，追憶他們往往會令人受到鼓舞。他們的子女也都成長使父母得榮。在「古老木造教堂」聚會的會友中，至少已有三十八位青年成為長老教會的傳教者。[3]

一八四四年三月二十一日我就在這種的家庭環境下出生。這一年

加拿大的蘇格蘭教會起了分裂，左拉教會的會友和他們的麥肯齊牧師（Rev. Donald McKenzie）一起加入了自由教會（Free Church）。[4] 這種教會的型態是極蘇格蘭高地式的，大家心中都深信並感受到上帝，卻很少開口把個人內心深處的靈性體驗說出來。在五十年前時的左拉，並沒有所謂的主日學或青年勉勵會，孩子們平時由父母在家裡教導聖經和簡短的教理問答，[5] 禮拜天在教會則聆聽牧者以忠實有力的聲音傳講上帝恩典的福音。今天有些人可能以不屑的口語偶爾來提說那「嚴苛作古的加爾文主義」，然而他們若能對它的結果有所認知，就必不會這樣說它。還有甚麼其他的教理像加爾文主義這樣在各方面的生活上都嚴苛的力求真理，使得人們必以良心行事，在上帝面前不覺得有愧呢？這種嚴苛的加爾文主義正是今日教會所需的。以前我們的宗教生活雖大多是在談論罪惡與教條，然而也從未對愛與恩惠有所忽視。[6] 孩童們在教堂中雖然怯怯不語，但都明瞭罪惡所帶來的悲慘，也都喜愛來到十字架前。在我還未十歲前，每聽到耶穌之名，就覺得甘甜與聖潔。而每個安息日晚上在我母親的膝上，重複聽她吟唱著「夜裡當牧羊人在伯利恆草地上看守他們的羊群」，這樣起頭的詩歌時，都會令我深受感動。[7] 也就在我十歲時，我開始想到要立志成為一個宣教師。賓威廉（William C. Burns）[8] 那時在加拿大各地巡迴時，也去到武德斯多克（Woodstock）和左拉，更為當地已有的宗教生活注入了一股新流。那時家鄉人人都極推崇他，我小小的心靈也受到他精神的感召。我祖父曾參加滑鐵盧戰役，他的勇武之血也流傳到我身上，因此一旦我認基督為主為王，基督的命令「到普天下去為萬民傳福音」，使我願成為十字架的戰士，自此一心要成為一個宣教師。也因此，後來數年我不論是在 Maplewood 及 Maitlandville 當老師，或在 Woodstock 及 Omemee

的小學當特約教師，或到多倫多當文學院學生，及暑期到 Blue Mountain, Port Burwell 及 Vienna, Lucan 及 Biddulph, Forest 和 MacKay 等地做神學生實習時，要成為宣教師一直是我心中主要的念頭。

自從我在家鄉為本國的地方教會服事至今，已過了二十五個年頭，而這其中大部分時間我都是在異邦人的地方傳教，所以我現在被稱為是一個國外宣教師。然而，我從來不曾認為，做為國外宣教師就比做為本國宣教師更為優秀或偉大。國內在那些沒落的鄉下、羅馬天主教盛行的魁北克省，[9]或加拿大新墾殖地辛勤傳教的弟兄們，和在國外傳教的宣教師們是同樣的偉大和盡忠的。不論是我或其他的國外宣教師都不能自高或視國內的傳教師是較自私、不忠或不真。我們都同樣是宣教師，都受救主君王的差遣，因此不在乎我們工作的場所，只在乎我們是否有忠於主。許多在教會裡最前頭的人物，當救主來臨時，可能變成末尾的人物。

〔注釋〕

1 馬偕這一段感言可能是近年來「馬偕研究」熱潮中，最通俗也最為人所熟悉的心靈告白了，有人將它改寫為詩體、也有人將它重新改寫成歌，成為相當盛行的聖詩，名為〈最後的住家〉。

2 指一八一一～二○年間撒德蘭郡公爵為要養羊圖利，命令土地代理人全面驅趕共約一萬五千名小農戶的事件，史上稱「不名譽的撒德蘭驅逐事件」（infamous Sutherland Clearance）。這些無家可歸的農民後來就遷移到澳洲、紐西蘭和加拿大等地。

3 這是左拉教會引以為傲的歷史，因為小小的信仰團體總共出了三十八位的神職人員和宣教師，到一九八○年時更增加到五十四名。

4 自一八三○年代起，由於蘇格蘭長老教會神職人員的任免權仍控制在貴族和大地主手中，而非由全體信徒選舉，遂引發了三分之一左右的神職人員於一八四

三年脫離該國家教會，另組蘇格蘭自由教會(Free Church)。此一分裂事件也影響了加拿大的蘇格蘭裔教會，馬偕所屬的左拉教會就在他出生那年(一八四四)加入了自由教會。麥肯齊牧師是馬偕所屬左拉教會的牧師，前後在該教會擔任牧師達三十七年之久(一八三五～七二)。他出身蘇格蘭高地的羅斯郡(Rosshire)，能用英語和高地特有的蓋爾語(Gaelic)講道，很受信徒尊敬。他也非常重視教育，曾任左拉鎮的教育局長。

5 又譯《小教理問答》，指針對孩童的宗教教育所撰寫的基本信仰教材，以問答的方式寫成。

6 約翰·加爾文(John Calvin)是法國人，一生主要在瑞士的日內瓦從事改革工作，和德國的馬丁·路德(Martin Luther)齊名，都是十六世紀最著名的宗教改革家。他的神學思想和他所建立的教會制度形成一個新的傳統，一般通稱「加爾文主義」(Calvinism)。此一傳統深深影響了後來全世界的長老教會(Presbyterian Church)、改革宗教會(Reformed Church)和會眾派教會(Congregational Church)的發展。因其教義和紀律嚴謹細密，有時被批評為古板、嚴峻。

7 見現行台灣基督長老教會《聖詩》第八十七首。

8 賓威廉是英國長老教會所派首任海外宣教師，一八四七年起在中國的香港、廣州、廈門、上海、汕頭、北京和東北的牛庄工作達二十年之久，曾翻譯基督教名著《天路歷程》，並將「Christian」一詞譯為「基督徒」。賓威廉於一八四四～四六年間曾至加拿大做佈道旅行，途經左拉村，馬偕自稱其「小小的心靈也受到他精神的感召」，後來更因而將在三貂嶺西北海岸屬於平埔蕃「新社」的一所教堂(現今遺址不確定)命名為「賓威廉紀念教會」(Burn's Church)。

9 馬偕的原文是「盛行教宗絕對權力說的魁北克」(untramontane Quebec)，確實，從移墾初期到今天，加拿大的魁北克省一直是法語系羅馬天主教信徒的移民區，現今法裔移民仍佔人口的九十五％以上。由於該地人民熱誠信奉天主教，馬偕以此一名號稱之，明顯反映出他對天主教的反感和偏見。事實上，這種介於新舊教之間的緊張和偏見在當時是極為普遍的。

第二章　在普林斯頓和愛丁堡
At Princeton and Edinburgh

普林斯頓神學院－志願海外傳道－愛丁堡指導教授杜夫博士－蘇格蘭
高地－被總會接納－拜訪地方教會

　　一八六七年九月初，我在多倫多讀完預備課程之後，[1]立刻前往普
林斯頓神學院進修。[2]我註冊做為全職學生。在這所歷史悠久的神學
院，我完成了三年的神學基本課程和訓練。在這所學院，我非常愉
快，也受到很多啟發。教授各個都是飽學之士，而且都很熱心並且都
充滿奉獻的精神。教希伯來文的 Green 博士，精力旺盛，見解深入。
大學部的 James McCosh 博士每個禮拜日演講基督的生平，他的演講
充滿活力。但是對我的心和我的一生影響最大的，是賀吉博士(Dr.
Charles Hodge)。[3]普林斯頓的人都喜歡他，但沒有人知道他真正的本
領。從他在系統神學上的不朽作品並無法看到他最好的一面；在課堂
上，或在禮拜天下午會議的對談中，才能看到他最好的一面。在那
裡，你會看到他的真面目以及他的威武。普林斯頓的人，哪一個在普
林斯頓待過的人能忘卻那個神聖的時段？那時，他那迷人的臉顯得極
為光彩，那對發亮的眼睛在顯出關愛時變得多麼的溫柔！在激動時，
他的手顫抖地垂放桌上，雙唇顫動的說出奇異而神聖的話語，令我們
感到肅然起敬！在當時普林斯頓的課堂裡，人們確實可以看到真正的
尊敬是什麼樣子。

　　一八七〇年四月二十六日，我修完所有神學課程而畢業，那是令人忘不了的一天。依照普林斯頓的傳統，教授和畢業班同學在校園相遇。畢業生將可貴的畢業證書扔在地上，和教授們手牽手圍一個圈。我們一起唱〈從綠島的冰山〉（From Greenland's icy mountains）[4] 以及〈相繫相伴有福氣〉（Blest be the tie that binds）。[5] 賀吉博士走入圈圈裡，他以顫抖的聲音，舉起雙手，為我們所有人祝禱。多麼感人的祝禱！他以濕潤的眼睛跟我們說再見，我們在眼淚中互相道別。一八七〇年班的畢業生不久即分散開。那天晚上，我啟程回加拿大。

　　一八七〇年夏天，我在多倫多的長老教會工作，先後在 Newmarket 及 Mount Albert 兩地。當時馬可蘭教授牧師（Rev. Professor MacLaren, D.D.）在渥太華（Ottawa）牧會，他是國外宣教委員會的召集人。我向他表示想要去國外宣教的意願，他鼓勵我，並邀我在十月初和委員會見面。那次的聚會，我永遠不會忘記。當時的情況並不樂觀，委員們也不熱衷於我的想法。對委員們來說，那是一個新的經驗。他們幾乎不知道如何處理一個想去國外工作的人。當我正式在長老教會講道時，我請求被派到一個異教徒的地方，一個會眾對我說：「馬偕先生，你最好再等幾年吧！」另外一個人建議延遲，他說：「他既然要去蘇格蘭，就讓他去吧。等他回來後，我們再用一兩年的時間來思索他的問題。」第三個人建議我考慮將來去馬達加斯加島。召集人請求立即接受並派遣我。最後他們告訴我，他們將考慮我的請求，並適時做出決定。

　　兩週之後，我坐在 Allen 航運的「奧地利號」船上，從加拿大的魁北克繞道到英國的利物浦。我沒什麼錢，因此坐在統艙便覺得很滿意。船上的日子相當沈悶，而我是第一次坐船，沒做什麼準備。還好

在統艙裡有一位英國人為大家表演餘興節目，稍微紓解了枯燥的旅程。他邊唱邊跳，每天晚上必唱一首關於喬治國王的歌，以表達他的忠心。從利物浦到格拉斯哥(Glasgow)是坐一艘叫做「企鵝」的沿岸航班。船上的人酒醉、吵吵鬧鬧，整個行程甚為難受。在格拉斯哥時，我和Patrick Fairbairn博士有個愉快的相會。兩天後，十一月四日，我抵達愛丁堡。愛丁堡是我的目的地，而我橫過了大西洋，只為了和一個人見面。那個人就是我所敬佩的達夫博士(Dr. Alexander Duff)，[6]他是一位宣教英雄。我曾因他的一生所為而心靈感動，現在親睹其人也不覺失望。我是一個沒有名氣而窮困的年輕人；但當他知道我人生的目標，並且橫渡海洋來找他時，他以蘇格蘭高地人虔誠熱烈的心來歡迎我。

在愛丁堡那段時間，我修了一門研究所的課，同時到大學去聆聽John Stuart Blackie博士的講課，並在新學院(New College)上Smeaton, Blaikie, Rainy，以及達夫等博士的課。達夫博士是佈道神學(evangelistic theology)的教授，在他的指導下，我研究了回教及佛教。因為將來想去印度宣教，因此也跟愛丁堡學院(Edinburgh Institution)的Johnston先生學習印度語。達夫博士的講課，內容豐富、啟發人心。講到高潮時，他會脫掉外套，顯出賽爾特人的本性。他對我特別仁慈，我也常到他的研究室和他家裡。我還記得很清楚，有一天晚上，他給我看一本聖經，那是他的船在非洲海岸遇難後又被找回來的，這本聖經在我眼裡因而變得加倍神聖。我最後一次見到他是在一八七一年三月十三日。他當時是到艾伯丁(Aberdeen)去向「自由教會學院」(Free Church College)的學生上課。我三月初就抵達，上第一節課時，我坐在門邊。他還是一樣的仁慈，而他對學生們所說的開場白，確實給了我一個非常窩心

的歡迎:「各位先生,這位是我加拿大的朋友,他要去異教地區傳道。讓我們向他表示『花岡城』的愛心吧。」數日之後,當他的課程結束時,我們一起走在聯合街上。快走到皇后紀念碑時,他站住,臉望著我,雙手握緊我的手,對我說一些極為仁慈而神聖的話語,這些話語我無法在此重述。說完話,他便轉身離去。英勇的達夫啊!讓蘇格蘭、印度以及基督教的教會為你高超的心靈、熱烈燃燒的精力、高貴的英勇事蹟作見證吧。

　　愛丁堡有一些很棒的牧師,聽他們講道是一件愉快的事情。誰能忘記肯牧師(Candlish)或格牧師(Guthrie)?還有 Arnot, Lindsay Alexander, Cairns, MacGregor 及 Alexander Whyte。我後來認識了肯牧師與格牧師。他們兩人都很偉大,但多麼不同!我曾在肯牧師家和他聊了近兩小時,直到晚飯的鈴聲響了才停止。談話中,他走來走去,有時突然轉身,問一些關於加拿大的事情。然後,用左手理一下蓬亂的頭髮,快速來回走幾遍。這些舉動,會讓一個後進的年輕人覺得不很自在。格牧師則是一位和藹可親的人。他的家人陪他一起坐在房間,旁邊坐著他的愛狗。他坐在搖椅上,伸出長腿,談笑風生。

　　在愛丁堡的那個冬天,我經驗了城市的宣教工作。我和其他學生一起為 Cowgate 及 Grassmarket 兩城市裡一些被社會冷落、遺棄的人們服務。如同所有自認為是正統的蘇格蘭人一樣,我愛上了這個老城市;我愛它的城堡、教堂、皇宮、歷史名勝,以及千百個珍貴的古蹟。我因到過愛丁堡而感到驕傲。雖然我繞了地球兩次,但不管是在東方或西方,沒有一個城市可以和這個「蘇格蘭人寶城」相比。

　　三月學院結束後,我到北部撒德蘭郡(Sutherlandshire)訪問我祖先的發源地,主要是在 Dornoch, Tain, Golspie 及 Rogart 等地。我開始為我

　　的一生工作問題煩惱。加拿大方面尚無消息，我開始對加拿大教會感到失望。然而在四月十四日，禮拜五，當我正認真考慮去一個蘇格蘭或美國的教會服務時，我收到馬可蘭博士寄來的一封信，說國外宣教委員會已經決定向總會推薦我，並希望總會同意派遣我為第一個往異教地區宣教的人。我感到無比的興奮，自己已被所愛的教會所接受！

　　隔天我離開石南叢生的山坡地區，三天之後我搭著「Caledonia 號」輪船，從格拉斯哥往紐約。我再次坐統艙，不過這次有七百多位愛爾蘭的羅馬天主教徒移民與我為伴。從那時候開始，我看到了人生的底層，看到了人類各種墮落、各類污穢；但沒有一項比我在回家旅程中的所見所聞，更深刻的留在我的記憶中。[7]經過了三週之後，我終於再次呼吸到上天純潔的空氣，而美好、清淨的景色使我心境煥然一新。

　　加拿大長老教會總會於六月的第二個禮拜三在魁北克召開會議，國外宣教委員會邀請我參加這次會議。這個莊嚴的會議是由退任議長，也就是已過世的 Michale Willis 院長所召開。會中選出多倫多鄰近的倫敦鎮的聖安德魯教會牧師 John Scott 擔任新議長。這次會議面對著相當「棘手」的問題：具有爭議性的「管風琴」開始被引介到教堂裡，而加拿大長老教會和「蘇格蘭老教會」(Old Kirk)合一的問題即將被討論。[8]但我最關心的是國外宣教委員會的報告。總會會接納委員會的推薦嗎？如果會，那我又將被派去哪裡呢？委員會的報告在六月十四日禮拜三被提出，委員會期望總會「特別注重異教地區的宣教」。報告中說：「已經有人自願，而教會也似乎已做好準備，擔負一切責任。馬偕先生，一個教會的學生，去年冬天受過達夫博士的指導，如今，他在此城市，準備接受教會的派遣。」三個可能被派遣的地區是印度、南太平洋的海布里地群島 (New Hebrides)[9]以及中國。委員會的

報告建議派我去中國。總會最後決議：

「馬偕先生申請去異教地區宣教，本會誠懇的歡迎。總會在此宣告，他將代表加拿大長老教會到國外宣教。」

「馬偕先生被派遣的地方是中國。」

「本會授權給多倫多中會，封馬偕先生為牧師，並依照國外宣教委員會的決定，安排他任職。」

當天晚上，我在總會中被介紹為「加拿大長老教會第一位國外宣教師」，並受邀在會議中發表演說。那天晚上，老少同工們都對我很好，其中有些人認為我是「狂熱者」而可憐我。紐約的 John Hall 博士在議台上，是美國長老教會來的代表。當我演說完畢時，他帶領大家禱告，祈求永恆的上帝照顧「這位年輕的宣教師」，並祈禱「旅途平安」，及祈求以色列的耶和華確實引導我。

當時，加拿大的教會分裂而無力。一八七五年，企圖將英國的北美洲長老教會聯合成一個和諧的、強壯的、積極的教會，使加拿大長老教會成為改革教會大家庭的一份子，這項工作並未完成。教會的宣教工作幾乎完全侷限於國內地區。現在既然有了新的走向，就必須為此而準備費用。為了激發教會對國外宣教的興趣，我在一八七一年夏天，被派往魁北克及安大略兩省，去拜訪兩省的各個教會。我拜訪了魁北克和 Goderich 之間的不少教會，帶給他們保羅寫給提摩太的訓諭。[10] 但是當我討論到「主的訓令」，[11] 並開始進行「責難、勸誡」時，有些教會不大高興。他們說了一些很不友善的話，說我是「一個興奮的年輕人」。教會表現得很無情、冷淡。我覺得好像處於「冰河時期」一樣。但是有幾個例外。在蒙特利爾(Montreal)市，有幾場很棒的聚會，而我也因 MacVicar 校長以及偉大的地理學家 Sir. William

Dawson 兩人仁慈及鼓勵的話，而感到無比的欣慰。在渥太華有一場由諾克斯(Knox)教會的馬可蘭牧師及河堤街的慕牧師(Dr. Moore)的聯合聚會。他們讚美及激勵的話語，使我受到極大的衝擊。在 Ayr 時，我慶幸遇到一個教會的英牧師(Rev. Walter Inglis)。他本身是一位退休的宣教師，曾經在非洲度過二十五年。他感覺出來教會的冷漠，但是他高雅的個性，使我在冷漠的氣氛中感覺到一股溫暖和陽光。他說：「不要擔心，年輕人。人們會教訓你、忠告你、計較費用。但你只要把這些話放進你的口袋，你走你自己的路。事情會改變的，你會看到更光明的日子。」

　　我回顧當時第一次巡迴教會的經驗，然後將當時和我現在的情況相比。我確實發現當時所預言的改變已經發生了。這種改變，李伯大夢故事中的 Rip Van Winkle 夢醒的時候，也不可能看到比這更大的改變。現在的牧師都像我二十三年前那麼「興奮」，並且比我當時的資訊更多。教會很有組織的在進行宣教工作，宣教變成一個熱門的話題，人們爭著想要聽國外宣教的故事。每一次開總會時，都會有「宣教」之夜的節目，每年都有派遣宣教師到國外。「更光明的日子」已經來臨了。感謝上帝，我可以在有生之日看到它。過去的痛苦已在今日的歡樂中被遺忘，而將來會孕育出更偉大的事。明天將如今天，而且更加豐富。

〔注釋〕

1 指他在加拿大長老教會所屬諾克斯學院(Knox College)所作的一年神學研究。
2 普林斯頓神學院是美國長老教會歷史最悠久也最具規模的神學院，也是當時北

美洲最好的長老教會學校。該校創立於一八一二年，在神學思想方面著重加爾文主義，並以同時注重學生的宗教敬虔與學術研究聞名於世。

3 近代美國神學家，先後在美國和德國受教育，一八二二～七八年間在普林斯頓神學院教授系統神學、新約神學、長老教會神學和近東文學等課程，著作甚豐。他是早期普林斯頓最著名的學者之一，也是塑造且影響美國長老教會傳統的最重要人物之一。

4 見現行台灣基督長老教會《聖詩》第二○三首，曲名〈天下遍遍各邦國〉(台語)。

5 見現行台灣基督長老教會《聖詩》第三四二首，曲名〈在主愛疼內面〉(台語)。

6 達夫是蘇格蘭教會派往印度的第一位宣教師，三度在該地工作(一八三○～三四，一八四○～四九，一八五六～六四)。他於一八三○年創辦第一所英語學校(後成為加爾各答大學)，一八四三年加入自由教會，成為該會重要領袖(兩度擔任總會議長)，一八六七年起更成為愛丁堡自由教會學院的第一位佈道神學(宣教學)的教授，也是基督教界的第一位宣教學講座教授。

7 喻指這些天主教信徒(即七百多位的愛爾蘭移民)倫理生活的敗壞。我們再一次看到馬偕對羅馬天主教的觀點。

8 當時在加拿大尚有不少來自蘇格蘭長老教會傳統的新舊小教派，相當分歧，後來經協調、重整而於一八七五年聯合成加拿大長老教會(Presbyterian Church in Canada)。

9 位於澳洲東方西太平洋上的一群小島嶼。

10 指保羅在寫給他的助手提摩太的書信(即《新約聖經》中的〈提摩太前後書〉)中指示他應「責難、勸戒、教導眾信徒」的部分。

11 應該是指耶穌指示門徒要到普天下去傳福音的命令，記載在《新約聖經》〈馬太福音〉二十八章十九節，基督教傳統通稱為「大使命」(Great Commission)。

第三章　多倫多到淡水
Toronto to Tamsui

封牧－離開－路上－證件－獨自－日本－和英國長老教會宣教師－在
南台灣－在淡水－就是這個地方！

　　多倫多中會依照總會的指示，於九月十九日禮拜二安排我的封牧
及遣派事宜。我當天下午在中會面前陳述我的「宣教試煉」。當天晚
上，在 Gould Street 教會舉行封牧典禮。目前在溫尼伯市(Winnipeg)擔
任 Manitoba 學院校長的金牧師(Rev. John M. King, D.D.)當時用「祂的名
字將永遠存在」的題目講道。當晚坐在我旁邊的，是另一位聖職的候
選人伯來斯(George Bryce)。[1]他被派往加拿大中部 Manitoba 教區擔任宣
教及教育方面的工作。伯來斯博士在教會的工作上曾有卓越的成就，
並且是加拿大傑出的教育家及作者。那天晚上，我們一起站在中會議
長 Pringle 牧師面前，一起跪下，並受「中會牧師們按手在我們身
上」，一起接受傳道工作，並被派遣到各自的場所，他往新開發的西
方，我往古老的東方。國外宣教委員會召集人從渥太華趕來，將「任
務」交給我。我的同伴也一樣，由目前在 Dundas 牧會的 Laing 牧師，
以國內宣教委員會的名義賦予任務。演講者皆認為這是一個代表著國
內外宣教工作向前邁進的重要時刻。他們並呼籲要為聯合的目標和利
益而努力，因為教會工作是一體的，若相互衝突則會帶來災難。
　　一八七一年十月十九日，封牧一個月之後，我跟左拉的家人道

別。下次要再和家人團聚,真不知道要等到何時了。大家互相說的話,和內心的感覺,不必要在此敘述。有的人內心也許極傷痛,但沒有表現出來,不過上帝是知道的。

當西向的火車駛出武德斯多克火車站時,已近中午時分。我們的第一段旅程是到底特律,第二段旅程到芝加哥。芝加哥的情景真可怕,到處是灰塵和煙霧。「大火」剛掃過整個城市,而仍繼續在悶燒、冒煙。第三段旅程是到歐馬哈(Omaha),在此城市,我度過第一個安息日,並且很榮幸,能在市郊對一群聚集在戶外的人們傳福音。

旅行在當時,並不像現在這麼容易。從多倫多到香港並沒有直達的車票。宣教師必須繞道好幾條路,並且與好幾家不同公司交涉。當時並沒有宣教師的優待價,幸而鐵路當局很慷慨,給我優待。當我抵達歐馬哈市時,我跟鐵路人員說,我是宣教師,希望能夠獲得像前三站一樣的優待價,他懷疑的看著我說:「但是我不認識你。你有沒有證件?」我沒有證件,也沒有任何足以證明我的身分之正式文件。我一時不知所措,周圍又沒有一個人認識我。剎那之間,我想到聖經,那是加拿大國外宣教委員會送我的離別禮物。我從包包裡把它拿出來,請那位人員讀一下扉頁上的題詞:

贈予

馬偕牧師

國外宣教委員會贈予加拿大長老教會第一位到中國
的宣教師。在他即將離開本國,遠到異教地區工作
的時刻,我們在此表達我們的敬意。

召集人 William MacLaren

一八七一年十月九日，於渥太華
馬太福音二十八章，十八～二十節　　　詩篇一二一篇

這就是我的證件，沒有一個證件比它更好，其他的證件都不需要了。我馬上又上路，而在十月二十七日抵達舊金山。在舊金山受到一位好心的加拿大人甘先生(William Gunn)之招待。十一月一日，我乘著「美國號」汽輪，往香港出發。甘先生和兩位城市宣教師，Condit 先生及 Loomis 先生，送我上船，跟我道別。做了開船的信號、鳴了槍之後，大船起錨，慢慢駛出「金門灣」，而我終於剩下孤獨一個人。這種經驗，現在很尋常，但是當時，我的感覺卻是很新鮮、很奇怪。我並不害怕，也不覺得懊悔或高興。我想起了家，想起了親人，他們已在三千哩外；我想到將來不知會是什麼樣子。海很大。遠處的地方，那裡有異教黑暗的夜晚，那裡有憎恨的殘暴。我有機會再回到我的故鄉嗎？而我的生命，它經得起這種可怕的遭遇嗎？我會做了錯誤的抉擇嗎？

　　像這樣的時刻我們每個人都會遇到。我們的主也曾遇到。這是挑戰和考驗的時刻。早晚我們都會進入客西馬尼園。[2] 那天我就是如此，在窄小的艙房裡，我的心神猶豫了一會兒，但不很久。上帝的話讓我曉悟。委員會送我那本聖經的扉頁，上面所題的詩篇，它的開頭是：「我舉目望群山，」而上帝的允諾是：「看啊，我會永遠與你同在。」然後是詩篇四十六篇！啊，這篇詩常常帶給了我多麼的安慰和平安！當海浪洶濤時，我讀它。當暴風雨在太平洋激起最瘋狂、最無情、最可怕的風浪時，當異教徒的憎恨和殘酷如飢餓的海水升起時，聖經上，「上帝是我們的避難所，是我們的力量，」這些話啟開了進到上帝跟前

的大門。那天在艙房裡，我把這篇經文一遍又一遍的讀——珍貴的真理；榮耀的避難所；永恆的上帝；傾聽吧，我的心靈，傾聽上帝所說的話：「我一定會與你同在。」懷疑的心靈，再見吧！天上的神是我心靈的保護者。榮耀的主說：「看啊，我永遠會與你同在。」

現在在太平洋航海是一件愉快的事，但是二十五年前並非如此，當時並沒有堂皇的加拿大太平洋汽輪。二十六天後，我們終於高興的看到了富士山積雪的山頂。船上尚有數位宣教師，和他們交談讓我感覺提神並有助益。從船上的圖書館，我愉快的閱讀了一些書，像 Justus Doolittle 寫的《中國人的社會生活》，S. Wells Williams 寫的《中間王國》，John L. Nevius 寫的《中國和中國人》，及 Spears 寫的《中國與美國》。

當我們的船在橫濱港靠岸時，我第一次看到東方人的生活。每一件事情都覺得很新鮮、很有趣。港口船伕所穿的防水稻草外衣，讓我想起魯賓遜。大的木製車在路上慢慢的滾動，常常需要車伕幫忙拉、推，並不時發出咕嚕咕嚕的吵雜聲。靈巧的人力車，看起來像大型的娃娃車，急速而過，車伕用日語嚷著：「讓路，讓路！」

離開橫濱之後我們沿中國海岸行駛，最後駛進一條狹窄的海峽，循著彎彎曲曲的路線前進，不久便抵達寬廣的香港港口。景色很美！房屋沿著陡峻的花岡石山坡層層而上，最高處飄揚著英國國旗。一些苦力用竹棒互相推擠，爭著要取得工作機會，替我提行李。我剛把他們打發走，就聽到一個操英國口音的聲音，問道：「你是從加拿大來的馬偕嗎？」那天晚上，我便在 Eitel 博士家作客。隔天，我坐汽船去廣東。在碼頭遇到一位普林斯頓的同學 McChesney。當天晚上住在 Happer 牧師家，他是一位退休的美國宣教師。

　　從香港回來後，我坐上「Rona號」的汽輪，並在次一個安息日抵達汕頭。船剛靠岸，就有兩個英國人爬上甲板，叫著：「從加拿大來的馬偕在船上嗎？」其實，當這兩個人乘著舢舨慢慢靠近我們時，我們就已注意到他們。他們很快就找到我，而這兩位陌生人就是在大清海關工作的Hobson先生和汕頭的英國長老教會宣教師Thompson博士。

　　在我被遣派之前，加拿大的國外宣教委員會曾跟英國長老教會的委員會聯絡過。英國長老教會的Matheson先生寫一封信給加拿大教會，邀請他們參與中國的工作。而當加拿大總會指派我到中國時，他們還特別提及和英國長老教會宣教師合作的事。[3]因此在汕頭的同工們知道我要來，並且誠摯的歡迎我的到來。

　　他們提出留在汕頭的有利條件，但我決定先到台灣看看。我乘一艘沿海岸北上的汽船到廈門，然後改乘一隻「金陵號」（Kin-lin）的英國式帆船橫渡海峽到台灣。我沒有預先計畫，但一條看不見的繩子把我拉到「美麗島」。這段海峽之旅，是自離開加拿大以來，最後的旅程，也是最難受的旅程。晚上黑漆一片，烈風怒吼、海浪洶濤。我們在島嶼南部的打狗（高雄）靠岸。一位高雅年輕的萬醫師（Dr. Manson）[4]來接我，他用舢舨帶我上岸。接著的禮拜日，我在打狗的一間英國商行，對著一群聚集的人，包括船長、職員、輪機師及商人，傳十字架上耶穌的福音。那是一八七一年的最後一天，也是我在台灣的第一場講道。

　　一八七二年的新年那一天，我從打狗出發，去找一位英國長老教會的宣教師李麻牧師（Rev. Hugh Ritchie）。[5]他住在二十六哩外的阿里港（譯注：今日的里港）。雖然我的嚮導「說話很奇怪」，但那段路走起來很

有趣。傍晚，我們走到村口時，我看到一個穿一件藍色嗶嘰，帶一頂草帽的人。我想他應該是李麻先生，因此就跟他打招呼。他說：「你是加拿大來的馬偕先生嗎？」然後用雙手歡迎我來到台灣。我在他家享受二十六天的友善招待，發現他是一個心腸寬大的朋友，一位有理想的基督徒，一個完全不求自己利益的宣教師，而他可敬的夫人也和他同一條心。從他那裡，我學到許多有關台灣的知識，以及在南台灣工作的方法，並到他負責的九個教區去看了許多遍。我也好好的利用他的漢人老師，並學會了台語的八個音調。[6]

　　我要定居在哪裡呢？我必須要對這個問題做個決定。中國那邊的宣教師勸我在汕頭工作。南部這裡的宣教師告訴我說，北台灣有人口密集的城市、有平原及山地，但卻沒有人照顧他們的心靈。那裡沒有宣教師，宣教事業尚無基礎。我立刻感覺到，我被呼召去做這份工作。有一天，我向李麻先生說：「我決定在北台灣定居。」他高興的說：「馬偕，上帝祝福你。」

　　一八七二年三月七日，李麻先生和我出發，去探索我將來的工作場所。我們乘船往淡水，那是台灣北部的一個海港。當我們路經台灣府(台南)時，德馬太醫生(Dr. Dickson)[7]也加入我們的行列，剩下甘為霖牧師(Rev. Campbell)[8]一個人負責南部的教會。台灣府在島嶼的西南部，是台灣的首都，一八六五年馬雅各醫生(Dr. Maxwell)[9]開始在此展開英國長老教會的宣教工作。坐在「海龍號」汽船上，顛簸了兩天，終於抵達淡水河口，並在那裡靠岸。我向北看、向南看、再向內陸遠處深綠的山嶺看，我覺得很滿意，有一種平靜、清楚、預言式的念頭，相信這就是我的家。我聽到一個聲音對著我說：「就是這個地方。」

〔注釋〕

1 伯來斯是和馬偕同受差派的國內宣教師，在溫塔里奧省往西的曼尼托巴省工作，亦即當時加拿大亟欲開拓的「新西方」。他後來在 Winnipeg 創立一間專為訓練往西部宣教者的學院，即曼尼托巴學院(Manitoba College)。伯來斯後來也成為加拿大長老教會著名的教育家和歷史學者。

2 指耶穌被釘十字架之前向上帝祈禱，經歷內心掙扎，並猶豫是否自己可以不必去承受被釘死的苦楚的園子，參見《新約聖經》〈馬太福音〉二十六章三十六～四十六節。

3 當時英國長老教會已經在廈門(一八五一)、汕頭(一八五六)、台南(一八六五)等三地進行宣教工作，他們也早在馬偕受派之前就已去信加拿大長老教會表達願意合作之意。事實上，馬偕受派時也接受指示應和英國長老教會合作，但他後來卻選擇自行到台灣北部工作，一方面是時勢使然，但應該也和馬偕的個性有關。

4 這位萬醫師應該是萬大衛醫師(David Manson)，即曾與馬雅各醫師同工的洋商公醫萬巴德醫師(Patrick Manson)的弟弟。

5 李庥(Hugh Ritchie, 1840-79)是英國長老教會派駐台灣的首位牧師，一八六七年十二月十三日抵台，在高屏平原「南路」的漢人當中傳道(協助設立阿里港、東港、琉球、阿猴、竹仔腳、杜君英、鹽埔、橋仔頭等地的教會)，也在西拉雅平埔蕃(木柵、拔馬、柑仔林、崗仔林等地)當中工作，並曾設立頭一間的客家教會——南岸教會(一八七四年)，後來更前往「後山」——東部工作，在蟳廣澳(今成功石雨傘)、石牌(富里)、迪階(觀音山)等地設立教會。一八七九年九月三十日李庥死於熱病，葬於打狗。李庥和他的夫人伊萊莎(Eliza Ritchie)努力提倡女子教育，在他死後伊萊莎被任命為首位駐台女宣教師，仍致力籌設女學，終促成後來長榮女子中學的設立。

6 對到台灣來的外國人而言，學習台灣話(福佬話)最困難的部分就是其聲調(intonation)中的八聲了。

7 德馬太(Matthew Dickson, M.D., 1844-1909)畢業於亞伯丁大學，是英國長老教會駐台第二位醫療宣教師，於一八七一年二月十日抵台，一八七八年一月八日返英，在台共七年。他的醫術高明，甚至獲得府城道台的信任。

8 甘為霖(William Campbell, 1841-1921)畢業於蘇格蘭的格拉斯哥大學(Glasgow University)，於一八七一年十二月來台，在中南部四處展開傳道旅行。他首先提倡澎湖宣教，開拓嘉義教區，也在台南創設訓瞽堂，是台灣盲啞教育的濫

觴。他也是出色的語言學家和十七世紀荷蘭領台史的學者，編著有俗稱《甘字典》的《廈門音新字典》（一九一三）、《福爾摩沙佈教之成功》（*An Account of Missionary Success in the Island of Formosa*, 1889）、《荷治下的福爾摩沙》（Formosa Under the Dutch, 1903）、《福爾摩沙素描》（*Sketches from Formosa*, 1915）等。他於一九二一年九月七日過世於英國故鄉格拉斯哥。

9 馬雅各（James Laidlaw Maxwell, M.A., M.D., 1836-1921）畢業於愛丁堡大學，曾在柏林、巴黎大學深造，是伯明罕市總醫院（General Hospital, Birmingham）出色的駐院醫師，也是該市布洛街教會（Broad Street Church）的長老。他是英國長老教會派駐台灣的首任宣教師，醫術高超，熱心傳道，為南部長老教會奠定深厚的根基。他開展對南部西拉雅平埔蕃和中部巴宰平埔蕃的宣教工作，設立傳道人養成班，並推展白話字運動。

第四章　初見台灣

First Views of Formosa

美麗的教區－第一眼－期待－在客棧的第一夜－瘧疾－平埔蕃村落－
和山地的原住民－離開同伴－獨自在淡水

　　從淡水港的汽船甲板上初次看到的北台灣確實很美。我們都站著
凝視，印象深刻。傍晚的時候，我們漫步於廣大的平原，走向海岸。
打狗附近看不到的、美麗而高大的杉樹，吸引了李麻的注意，讓他聯
想到他的故鄉蘇格蘭。但是當他看到淡水的地勢，前面對著一千七百
呎高的孤立山峰，東南方背向層層的山脈，二千呎、三千呎、四千呎
高，他的心靈大為激動，用手拂向地平面，大聲的說：

　　「馬偕，這就是你的教區了。」

　　德馬太醫生也同樣強調的說：「並且比打狗美麗得多。」

　　隔天是禮拜日，那天沒有講道。我沒有能力用台語講道，而李麻
和德馬太也都認為時機不對，最好不要講道，以免引起人們的反對。
在淡水或北台灣的任何地方，都從來沒有人講過道。於是我們就讓人
們自己去猜測，隨便他們要怎樣想我們。當天我們就在淡水第一個英
國商人 John Dodd 的商行裡安靜的度過。

　　李麻和德馬太兩位先生北上的目的是要從淡水繞道內陸，去探訪
他們最北的工作站。我決定和他們同行，順便探查我即將工作的領
域。他們最北的工作站離淡水一百一十哩。禮拜一我們一大早起床，

準備上路。這次旅行是要用步行的方式，李麻和德馬太各帶一個挑夫。我們的裝備簡單，因此很快就準備好。我們的食物是一些醃牛肉、幾罐濃縮的美國牛奶、壓縮的肉、餅乾及咖啡。李麻穿一件藍嗶嘰，德馬太穿一件蘇格蘭粗呢，我穿加拿大的灰衣。出發時，我們三人並行，挑夫排成一縱隊跟在後面，沿著淡水河，往海的方向走，不久就抵達渡船口。我們渡船到對岸。在船上，我們把鞋子脫掉、放在挑夫的籃子裡，把褲管捲起來，光著腳從船上跳到閃閃發光的沙上。那是一個陽光普照的早晨。當時已退潮，我們走在清涼的沙地上，大家精神抖擻。不久開始走入田間的小徑，一、二小時後走上高原地。風景迷人。杉樹這裡一叢、那裡一叢。偶而遇到幾間農家，農家四周種著隨風搖擺的高竹子。那時是初春，草叢間長滿了蒲公英、菫花及其他野花。空中傳來老鷹甜美、清澈的歌聲。我們下到一處廣闊的稻田區，不久便遇到大路。傍晚時，我們抵達中壢，那裡人口約四千人。我們在一家最好的客棧過夜，客棧在大路旁，是矮矮的磚頭平房。這是我第一次住台灣的客棧，房間很小，放三張床外，就無剩餘的空間。沒有桌子、椅子。床是用木條墊在磚塊上，沒有彈簧或墊被，只給我們每人一張骯髒的草蓆。這些草蓆乃是苦力們用過好幾年，在上面吸食鴉片的地方。房間裡連一個窗戶或通風口都沒有。從一盞花生油燈發出的微光，顯露了黑而濕的土地，牆壁骯髒又發霉。三代同堂的小動物們到處爬，但我們這些「蕃仔」並沒有因為這些小動物的陪伴而感覺更舒服。一股讓人昏迷的鴉片味道、門口餵豬的餿食臭氣、整個環境的吵雜聲，實在令我這個尚未習慣的人受不了。我想，我的同伴們真是給我嚐了一劑「強藥」。然而不久我就發現，中壢這家客棧還算是一級旅館呢。因為有一些方面，它的確比台灣其他

地方我看過的客棧都更好,我們因此將此客棧稱為「皇后旅社」。別的客棧沒有提供給旅客用餐的方便,但這家客棧在戶外院子裡有一個土灶,並有一個戶外房間,裡面放一張桌子、兩張椅子及一張長凳。我必須感謝他們,因為我們有好幾次都用那土灶炊食,並在那個房間用餐。地面既然是土的,因此雞、鴨隨時可以走進房間,而豬也是在門口進進出出。但是,這個地方可以說是我們在島上旅行到過的公共場所裡面,最像家的一個地方。

離開中壢後,開始上坡,到了一處高地,叫做「桌山」。從那三百呎高的地方,可以眺望底下富庶的平原及許多小農田。田中房子的四周都種竹子,整個地區看起來好像是一個波動的森林。走下石階,我們經過農田和竹林。傍晚進入人口四萬人的竹塹市(新竹市)。當晚所住的客棧,和中壢那家比較起來,中壢的客棧就像皇宮一樣。隔天,我們經過一些大麥田和小麥田,吃力的走在沙丘上,晚上幸運的找到一個苦力們休息的亭子過夜。一隻母豬也帶著小豬們來到他們的總部,睡在我們的床下。

次日,李麻先生感染了瘧疾。他來台灣只有四年,但他的身體系統已經被病毒侵蝕。那天,他不得不坐轎子。我們抵達的下一站是城牆骯髒的大甲。然後我們沿著鄉村的低窪地,走向大社,那是一個平埔蕃的村落。這時,我們已進入英國長老教會的宣教領域。大社有一個小教堂以及一些信徒。他們知道我們要來,因此大約有五十個信徒出來迎接我們。他們非常高興,因為以前傳教師只來過這裡一次。我們在那裡停留了快一個禮拜。禮拜日那天,教堂擠滿了平埔蕃的信徒,住在附近城鎮的許多漢人也被我們這些西洋「蕃仔」吸引而來。我們的下一站是內社,那是距離不遠的一個平埔蕃村落。我們在那裡

逗留到下一個禮拜日，然後再回到大社。禮拜一我們向埔社（譯注：今日埔里）出發。埔社位於野蠻地帶，是深山裡的一個平埔蕃村落，從來沒有白人到過那塊平原。那裡的許多居民是大社遷移過去的。當天，有五十五個住在大社的親戚陪我們去埔社。他們自己攜帶途中所需的食物。男人腰帶佩著刀子，並攜帶數枝火繩槍，因為害怕山裡的部落會把他們視為叛徒。第一個晚上，我們在林中度過。他們生了火，並且燃燒整夜。

埔社的入口是經由一條窄狹的通道，這條通道是由火山爆發形成的岩石小道。有些地方，寬不到六呎，而岩石兩邊則垂直下落二百呎深。

星期二，我們進入一個六哩長、五哩寬的平原，四面環山，山上林木茂密。這就是埔社，有六千個平埔蕃居民住在這裡。在岩石的盡頭，我們遇到一隊看守的人，是被派來迎接我們的。他們沿途獵捕野豬。朋友遇見了朋友，大家非常高興。他們熱烈的歡迎我們，而因為我們沒綁辮子，他們稱我們為他們的親族。當晚他們宰了一頭公牛，並舉行一個盛大的儀式，歡迎我們的到來。他們唱著山歌，歌聲在山中回響。我們在那裡住了一個多禮拜。李庥先生每天晚上都做禮拜。到了禮拜日，一大群人來聚會。那裡沒有教堂，也從來沒有人去那裡傳過福音。因此，這是基督教有自我傳道能力的一個例證。住在這裡的平埔蕃中，有些人曾經在南部的英國長老教會教堂裡聽過福音。他們依照基督的吩咐，回到自己的家鄉，向族人見證主為他們所作的偉大事蹟。

回到大社後，我們在那裡分手，李庥和德馬太繼續往台灣府，我與一個漢人回到淡水。我們回程時走另一條路，而於四月六日回到離

別二十三天的淡水。在這裡，我自己一個人，沒有翻譯者，處身於憎恨、蔑視「蕃仔」的人民之中。我所學的一點台語，現在必須拿出來用，或拿出來獻醜。四天之後，我終於租到了一間漢人的屋子。這間屋子是本來預備給一個滿清軍官當作馬廄用的。房屋很髒，每月的房租十五元。它是蓋在一個陡峻的山坡挖出來的一塊地上，前面隔一條路便是河流。在這樣的居住環境下，要保持健康是很困難的。在乾燥的季節，氣候炎熱得令人難受；雨季來臨時，水沿著斜坡沖下來，流進屋裡，流過地板，再流入前面的河裡。屋裡的地板，一個房間是鋪粗木板，另外一間鋪地磚，第三間是自然的黑土。我搬進新屋時，家具只有兩個松木箱，之後英國領事 Alexander Frater 借我一張椅子和一張床；一個漢人 Tan Ah Soon（陳阿順）送我一個老油燈；而我雇了一個漢人水泥匠，把整個屋子刷成白色。房子徹底的清掃，用報紙塞住牆壁上的一些空隙，門口掛上紅色的布簾子。我完全住進這個房屋的感受，記錄在一八七二年四月十日的日記上：「我已經住進這房子。耶穌從我的家鄉左拉帶領我來到這個地方，好像是直接在我的行李貼上要運往『中國，台灣，淡水』的標籤。啊，我有幸能在這個頑固的異教地區建立基督教會的基石。願上帝幫我用聖經來完成此工作。我再次發誓效忠於祢，我的君王耶穌，我的領隊。願上帝幫助我！」

第二部

島嶼

The Island

第五章　地理和歷史

Geography and History

地理位置－氣候－雨水－憂悶－瘧疾－第一次得瘧疾－颱風侵襲－豪雨－歷史描述－美麗島

　　台灣島位於中國東海岸外面，與福建省相對。它與大陸之間隔著一個台灣海峽。海峽寬度不一，由八十至兩百英里不等（譯注：三英里等於五公里）。東北海岸及東南海岸受到太平洋海水的衝擊。南北相距兩百五十哩（譯注：哩就是英里），平均寬度約為五十哩。面積約一萬五千平方哩，約為愛爾蘭的一半大。森林茂密的山脈，高度從七千呎（譯注：就是英尺，一英尺約等於一台尺）到一萬五千呎，由北往南，貫穿島的中央。山腳下有廣大的平地、高地和峽谷。在北台灣東邊的這塊平原，由三條大溪所灌溉，此三條溪最後流入淡水河。陡峭的懸崖，三千到六千呎不等，除了向海的一面外，都長滿了植物。北台灣東邊有兩個大的和許多小的平原，這些小平原是泥沙沖積的海口地。

　　台灣處於熱帶區，位於北緯 20.58 度和 25.15 度之間，及東經 120度和 122 度之間。北回歸線橫過離中央不遠的地方，因此，只有南部是真的熱帶區。由於它的位置和山脈的高度，台灣的氣候變化很大，不僅南部熱帶區如此，北部也是如此。

　　北台灣的氣候對於外國人是非常難受的。在東方國家旅行過的人都能了解這句話，但一般西方人就無法了解這句話的意思。其實，除

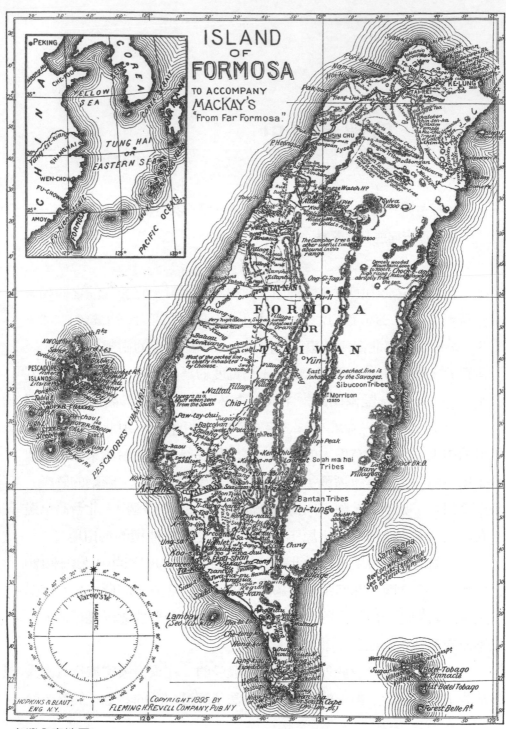

台灣全島地圖

非你在這種氣候的地方住了幾年，不然就無法完全體會它。從一月到十二月，花都在開，而樹木都是綠色。新樹葉長出來的速度和落葉一樣的快。這裡沒有霜或雪，習慣涼爽氣候的人，無法了解，在台灣，有時我們多麼盼望吸一口寒冬早晨那種清涼的空氣。大約每年一次，可以瞥見清新悅人的白雪，但只是瞥見而已，因為白雪是在高山的山頂才有，而淡水周圍的山頂，雪只能停留數天。

　　三、四、五月可以算是島嶼的春天。六、七、八月及九月的一部分，天氣很熱，並且很可怕，因為淡水和雞籠（基隆）的氣溫，雖然是介於華氏四十二至一百度之間，但濕度很高，使這種熱度遠比中國南部或其他氣候比較乾燥的地方，更令人難受。八、九月是颱風季節，颱風使空氣清淨了一些。十一月和十二月的北部氣候，通常很舒服。十二月底開始雨季，延續到一、二月。下雨季節來臨時，今天、明天、後天都是下雨、下雨、下雨；一週、兩週、三週，繼續不停。屋外是風和雨，屋內是濕氣和霉氣，往往連續好幾週都看不到太陽。整年我們都要抵抗憂鬱的心情，只能盡量愉快的對自己說：

安靜吧，憂悶的心，不要再怨嘆；
烏雲上面，仍然有陽光照射著。

　　不僅是在雨季，幾乎全年，厚厚的雲層都可能被阻擋在山嶺後面，隨時會下起大雨來。在北部的雨季期間，這種情形更是常見。當日本「黑潮」的暖流沿台灣東海岸向北流時，蒸氣上升，吹向島嶼，變成厚雲，濃縮之後，碰到山頂，就形成豪雨。這就是島嶼東部比西部多雨的緣故。當西南部雨季來臨時，風把這些蒸氣從北部帶走，使

北部的氣候變得很好。

　　只要記得台灣的濕度很高，陽光很熱，就不難了解，為什麼植物在這裡生長如此迅速。幾乎看不到一塊光禿的地方。岩石長滿了青苔和藤蔓；野外的樹蓋上一層爬藤。生長既然迅速，相對的，腐化也迅速，因此引來了人類的敵人——瘧疾（malarial fever，譯注：俗稱瘴氣），它是覆蓋在我們美麗島上最黑暗的雲。因為它的緣故，引起了許多疾病和死亡，造成居民莫大的損害。幾乎各種疾病的來源，都與它有關。每三個月就會有一個或多個家人受到它的侵襲。在炎熱的季節裡，本地人會突然被侵襲，並往往幾個小時內就發作。霍亂和瘧疾的細菌被風帶著，像瘟疫一樣，橫掃全國。有時候，惡劣的氣候，連續幾個月都沒造成致命的影響，但是它會毫無警訊的突然出現，使醫生來不及挽救生命。因此，我們常被叫去，跟在親愛的社區居民後面，送他們到山坡上永息之地。

　　我第一次染上瘧疾，是在我來此島的整整一年後。那年，我和Bax 艦長乘他那艘皇家軍艦做一次深入旅遊。我們進入山區，在原住民的地域度過相當長一段時間。出發時，Bax 健康而強壯，但卻是被人用轎子抬著回來。回到淡水時，我發現屋裡又冷又濕又發霉。我離開時，屋子無人住。我回來後，當我躺下來睡覺時，覺得渾身冰冷，身體顫抖得像一片白楊樹的葉子。我的牙齒因顫抖而咯咯作響，聲音大得連住在屋外的 A-hoa（譯注：阿華，就是馬偕第一個學生嚴清華）都可以聽到。他來照顧我，並整夜守在床邊。屋子裡沒有火爐，因此無法使房間溫暖。服了大量的奎寧後，我的發燒退了，但我身體的內在系統卻好幾年後才恢復。許多次去巡迴內地教會或山區旅行時，都會出現瘧疾的發燒階段，並因大量流汗把墊被都濕透了。

　　根據我個人的經驗，很少外國人能夠抵抗台灣氣候的打擊。因此，我提出一個以「本地傳道人才」(native ministry)來推動宣教工作的訴求。如果歐洲來淡水或雞籠的商人，住在他們那種很好的建築物都無法保持健康，那麼，讓他們住在東海岸一般漢人的房子或讓他們到內地去旅行，後果更是不堪想像。

　　台灣的位置和地形使可怕的颱風易於侵入。在颱風橫掃馬來群島，經過菲律賓，北往日本的行徑中，台灣成為中途的過路站。英文的 typhoon 這個字，源由於中國字「颱風」或「大風」。南半球強烈的熱氣，加上其他因素，導致這個可怕的颱風，造成每年無可計數的生命和財產的損失。因為颱風主要的路徑是沿著中國的海岸，因此最大的受害者是船和島嶼。樹木連根拔起，房屋像小草一樣被颱走，大船被摧毀、搗碎，或從拋錨停靠的地方被移至另外的地方，千百人喪失生命。我第一次的經驗是在一八七四年，那年強烈的颱風襲擊台灣，我正由雞籠趕回艋舺。我來到一條深溪，正在一個狹窄的木板橋上摸索前進，突然聽到怒吼的巨聲，在我還未抵達對岸之前，颱風已到。瞬間我被吹掉，頭先著地，猛力的栽進下面的泥水中。後來我如何爬上濕滑的河岸，穿過風雨中蕩漾的竹子，循著狹窄彎曲的小路走出來，我也不知道。當我抵達艋舺時，已經是半夜。真高興，能在幾個學生住的地方找到了避難所。那天晚上，一艘開往淡水的英國商船，在雞籠港外被颱風侵襲。隔天早上，只發現一些船的碎片，幾乎所有船上的人都喪生。如今在一個岩石上，立了一個十字架，紀念這些喪生者。

　　幾年後，我和一個學生 Sun-a（譯注：順仔，葉順）一起去雞籠。當我們走到最後一座山時，我們往海邊一看，哇，有一道黑牆挺立在洶

湧的海洋和海上的天邊之間，原來是有好幾千隻海鷗在那裡長聲高叫。我們知道這是什麼徵兆，快速趕路。剛好在我們要進入城裡時，狂風暴雨開始來襲。先是幾滴雨水，然後開始颱風，接著傾盆大雨。所有動物馬上尋找避難處。我們衝進一個尚未完工的亭子，一些受困的黑豬也來與我們作伴。我們在那裡停留了一整夜，聆聽可怕的狂風和洶湧的海浪聲。隔天早上，我們環顧周圍，看到街道陷在兩呎深的水中，庭院和稻田全部淹水，每個地方都有毀壞和損失的痕跡。

　　講到台灣的歷史，我們發現，有許多記載都不值得採信；它們既不正確又充滿猜測和幻想。中國方面說，他們在隋朝時（隋朝在西元六二〇年被推翻）曾派遣大使到台灣。這個說法極有可能。以中國幾百年前所擁有的大帆船，並且每年由台灣海峽經過，不大可能不會來這個島嶼探望。最早來台灣的歐洲人是葡萄牙人，他們於一五九〇年在此停留。荷蘭人在一六二四年登陸。兩年之後，西班牙人隨之而來。荷蘭在一六四二年驅逐了西班牙人，後來自己又被國姓爺（鄭成功）所驅逐。國姓爺是著名的中國海盜，忠於明朝。當韃靼人從滿州南下，而順治稱帝時，國姓爺拒絕屈服於篡位者。他繼續騷擾中國沿海，使皇帝不得不在一六六五年，命令所有人民向內陸退卻五哩，以避免國姓爺的攻擊。我們會認為，一個能夠制服人民的強盛帝王，應該很容易就能防衛沿海各省，使之不受攻擊，但為何不能呢？這就是中國也強也弱的地方。國姓爺無法接觸到帝王的人民後，轉而橫過海峽，把荷蘭人趕出台灣，自己宣稱為島上的國王。他統治的時間短而多難。一六八三年，他的繼承人被中國帝王推翻，台灣成為福建省的轄區。一八七四年，日本入侵島嶼東部，但是當中國政府賠償日本帆船因受蕃人攻擊而遭受的損失後，日本即馬上離開台灣。一八八七年，台灣第

一次成為中國王朝的一省。一八九四年，中國和日本戰爭，戰爭結束時，台灣被割讓給日本。如今台灣在日本統治之下。

　　台灣的原住民或馬來亞人稱呼島嶼是 Pekan（北港）或 Pekando。一四三〇年，中國稱它為雞籠山，台灣北部最好的海港現在仍然保留此名稱。後來把它叫做台灣（有台地的港灣），到現在，所有漢人都使用這個名字，而島嶼的首都就叫做台灣府（Tai-oan-hu）。「Formosa」這個字是葡萄牙語。它是一個形容詞，「美麗」的意思，在一五九二年首次被用來稱呼這個島。當時，葡萄牙一些勇敢的航海者，行經島嶼的東海岸，看到綠油油的山脈，山峰凸出於浮雲之間，小瀑布在熱帶的陽光下閃閃發光，土地上面搖擺著羽毛般的竹林，不禁高興的喊叫：Ilha Formosa, ilha Formosa!（美麗島，美麗島！）

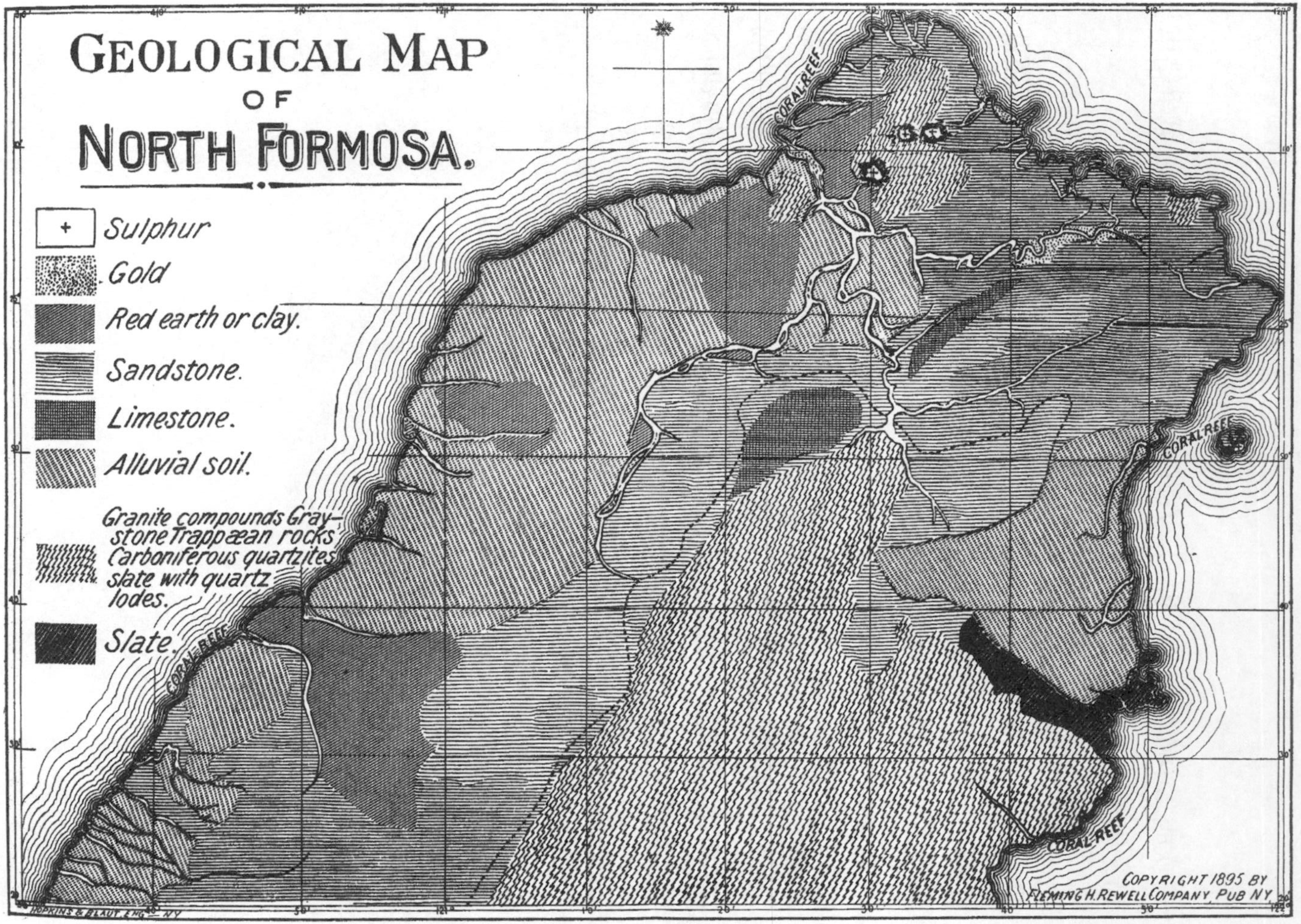
GEOLOGICAL MAP
OF
NORTH FORMOSA.
Sulphur
Gold
Red earth or clay.
Sandstone.
Limestone.
Alluvial soil.
Granite compounds Gray-stone Trappæan rocks Carboniferous quartzites slate with quartz lodes.
Slate.
CORAL REEF
CORAL REEF
CORAL REEF
CORAL REEF
COPYRIGHT 1895 BY
FLEMING H. REWELL COMPANY, PUB NY.
HOPKINS & BLAUT ENG. NY

北台灣地質學地圖

⊡硫磺 ■金 ■紅土或黏土 ■沙岩 ■石灰石 ■沖積土 ■花崗岩混合物、灰色火山岩、斷岩石、含碳素石英石板及石英石礦脈 ■粘板岩

第六章　地質

Geology

台灣沒有自然史的記載－大下陷－島嶼再隆起－地質構造－發現礦物
－地理環境改變－地震－地層的侵蝕與補償－永遠的避難所

　　台灣的自然博物史至今尚未被記載於書本。甚至最權威的記述，
其所提供的資訊也是極貧乏而不可靠。任何所謂是中國科學的東西，
都是只憑經驗而來，因此必須再加以過濾。外國科學家則很少對台灣
做過調查。然而台灣博物史是個很重要的主題，不可忽視。因此，我
每次出去旅行、設立教會，或者探索荒野地區時，都會攜帶我的地質
槌、扁鑽、透鏡，並幾乎每次都帶回一些寶貴的東西，存放在淡水的
博物館。我曾經試著訓練我的學生，用眼明察、用心思索，以了解自
然界蘊藏在海裡、叢林裡、峽谷中的偉大訊息。為了使讀者感到興趣
而不致於負擔太大，我僅在本書中簡述山和平原的形成、沈積物及其
內容，然後簡單提到改變島嶼地形的一些影響因素。

　　台灣是大陸島嶼，約在第三紀時，因和大陸中間的陸地下陷，和
中國大陸分離。類似的下陷，也發生在中國沿海各地。從堪察加半島
的南端開始，接著千島群島、日本、琉球、菲律賓、婆羅洲、爪哇及
蘇門達臘，形成亞洲大陸的東邊界限，而台灣則居於此一環線的中央
位置。鄂霍次克海、日本海、黃海、中國海及台灣海峽，它們淹蓋著
陷於底下的陸地。台灣和大陸之間，仍然由一個陷下的地盤相連，地

盤最深處為一百尋（fathoms，譯注：一尋＝六呎）。但在島嶼東方三十哩的海外，用測錘所探測出來的深度則達一千尋，而再遠一點則達二千尋、三千尋、四千尋，直到太平洋未探測過的深黑之處。

在地質史上，台灣島嶼曾經有半陷和全陷的時期。證據顯示，在全陷的時期，島嶼陷於至少一百尋底下的海面，而在這時期，建立在地面上的珊瑚層，高度相當可觀。然後突然隆起。大型的火山爆發，釋放出地層內部強烈的能量。火成岩被往上推出海面一千五百呎。台灣又重見天日。珊瑚被推到山頂上，然後沿著山的邊緣大量的崩塌下來。暴風豪雨將它們的碎片帶入海裡。如今，珊瑚的遺石還能在二千呎高的地方找到，並且也可以看到海岸四周一些珊瑚的手臂伸入水裡，這些，都證明了史前時期島嶼地質的騷動和變化。

岩石：島嶼的岩石，主要是沙岩（sandstone）、粘板岩（slate）、灰色火山岩（graystone）、片麻岩（gneiss）、石灰石頁岩（limestone）、頁岩（shale）、花岡岩（granite）、斷岩的混合物（trappean compounds）、玄武岩（basalt）、響石（clinkstone）、煤（coal）及珊瑚藻（coralline）。在北部、東北部及西部，有含鐵的、含黏土的、多沙的、矽質的沙岩、含炭素的石英岩，及堅固的片岩。東部的峭壁有美麗的片麻岩及大塊的灰色火山岩。石上之曲線，畫出清楚的層次。在東海岸的蘇澳灣（So Bay）附近及其南、北一帶，以含黃鐵礦的粘板岩為主。整個島嶼，蘊藏著豐富的黃鐵。灰色、褐色及紅色的頁岩，普遍見於北部。雲母片岩和雲母沙岩，無秩序的混雜在片麻岩之間，其中充滿了八分之一吋至數吋的石英礦，這些石英礦是當岩塊在溶解狀態時流進裂縫裡的。大量的藍灰色石灰石，被發現和頁岩、沙岩等混在一起。雞籠河的右側河岸，在八芝蘭（Pat-chiaN-na）附近，有一種有趣的石英沙岩，由石英粒和氧

化鐵合成。顯然，它們是被水沿著山谷攜帶而下，囤積在火山岩側腰，經融化後，凝結成現今珍貴的硬石(quarry)。大屯山脈本身就是深藍色的火成岩，在其西南邊有一個二千五百七十五呎高的明顯火山口。觀音山也是同樣的地質材料，曾被大量的開採，做為門檻、楣石、柱子及房屋之基石。本地人將這種岩石稱為觀音石。

煤：島嶼三分之二的地區都蘊藏豐富的煤礦。從北到南的地層，很可能在不同的深度地方，都有煤礦。最有名的煤礦是在雞籠的八堵(Poeh-tau)。這裡的煤礦全是煙煤，並且因受到地層的推擠和壓縮而排列秩序甚為混亂。在煤層分佈的地方，有很多斷層和裂縫，減少了開採的價值。由政府雇用的歐洲人，以掘豎坑(shaft)的方式開採，但是因為必須做太多爆破及切割沙岩的工作，因此開採煤礦一直無法成為有利潤的事業。本地人從山坡邊緣露出地面的煤礦開始開採，然後隨著煤層，沿坡而下。他們用鋤頭及小鏟子把煤挖出來。在新店教會的對面，有一個二呎厚的煤層，差不多垂直的傾斜著，兩旁由混亂的沙岩夾著。西側坡地上的沙岩層裡有一些褐煤。

石油：在西峰(West Peak)和後龍(Au-lang)之間，被發現有石油。我在海邊裝了一滿瓶，並保存了十年。它看起來像橄欖油，容易點火，火光明亮。漢人雇了兩個美國人來開採，但在三百呎深的地方，鑽子斷掉，因此工作也停頓。

自然瓦斯：在數個地區都發現有自然瓦斯。只要把上面的黑土挖掉一、二呎厚，點一枝火柴，洞裡便會產生火焰。

鹽：島嶼上沒有發現過岩鹽。但在宜蘭平原的原住民運用一種方法，從海水中提煉鹽。他們在海灘的熱沙上澆以大量的海水，直到一兩吋厚的沙完全無法再吸水為止。然後把這些沙放在一個大鐵盆濾器

裡，一面加熱，一面再加進海水。被過濾出來的水，帶著鹽分，等蒸發後，就形成美麗的白鹽。

硫磺：島嶼的硫磺非常豐富，尤其在北部地區。最好的硫磺泉是在雞籠和附近的關渡（Kang-tau）。一八七二年我曾去過那裡，那是我第一次看到這麼奇怪的景象。我們從一處可以眺望艋舺平原的山上走下去，發現一條彎曲的小徑，繞入山谷，最後抵達溫泉。當我們比較靠近時，我們的腳步在地上發出一種如遠方打雷的隆隆回響聲。這個狹窄的山谷是一個有趣而美麗的地方。十幾處的溫泉，沸騰的咆哮著，發出如同 Mogul 機車引擎的嘶嘶聲。送出如雲的蒸氣，湧出大量的熱硫磺水。大石頭的側面以及岩石的裂口處，都點綴著金黃美麗的硫磺。你可以任選不同水溫的地方泡溫泉澡。但是台灣人不曉得硫磺泉有醫療作用。政府設置一個很有價值的硫磺工廠，雇用硫磺泉附近的人來做工，挖掘硫磺原料，是一種似如火山岩漿的物質，呈灰色。這些物質在大鍋裡熔化時，硫磺便浮出表面，而沈澱物硬化之後，變成美麗的火成岩標本。另外一個地區，在東北偏北地區，也有硫磺泉。但目前最大的硫磺泉區是在五千六百五十呎的 Vulcan 山峰的面海方向，往金包里的途中。在那裡，可以聽到咆哮、怒吼的噓噓聲，猶如數噸的油在沸騰的大鍋中燃燒的情景。海上的船長們，常以為 Vulcan 山峰是一座活火山。從新店往裡面走，在深山裡，有一個地區，它的火在不到一百年前才消失。

鐵：在台灣島的底層，必定存在著某種形式的鐵，因為在海灘上，把一塊磁鐵放在沙裡，便可以輕易的從附著於其上的顆粒中，採集滿杯的赤鐵礦。在許多山坡和山脈的山腳下，也可發現含鐵鹽的泉水。

金礦：一八九○年，一位曾經到過加州及澳洲的漢人，因為參與雞籠河上一座鐵路橋的開發工程，而發現了金礦。事情被傳開後，大量的人群，從清晨到傍晚，都在那裡挖寶。含金的岩石，內部成分是含煤的石英岩、粘板岩、片岩和石英岩。金礦每年的收穫量很難估計，但一定是相當可觀。

島嶼的地理環境，不斷的產生很大的變化。現在肥沃的艋舺平原，曾經是一個美麗的大湖。暴風雨和洪水，從山上夾帶許多植物下來，使湖底逐漸升高。同時，流水不斷磨損、壓擠著大屯山和觀音山之間的支脈，形成了湖的下岸。這個支脈在某一個時期，曾受強烈地震的影響而破裂，水經由缺口狂奔而下，流入海裡，造成肥沃的沖積平原，並形成今日的淡水河三角洲。

島嶼經常有地震，並造成巨大的損失。一八九一年，一日之中發生了四次地震，一個月之後，又有兩次。幾年前，雞籠地方隆隆發聲，港水倒退，大魚小魚在泥巴裡和低窪的水窟中翻滾。婦女和小孩們趁機趕緊抓魚。岸上的人向他們急聲呼叫，警告他們海水會再回來。海水果真回來了，洶湧如一群戰馬，越過原來的潮水界線，沖毀了沿岸所有低地的建築物。這個海浪的故事成為歷史中最悲慘的傳說之一。不久之前，金包里有一次地震，稻田突然下陷三尺，硫磺水湧出，至今還淹蓋著這個地方。現在種植甘蔗的許多廣大蔗園，在一八七二年時，是船伕划船的地方。而二十三年前（譯注：就是一八七二年）我傳福音的許多地方，乃是當時淡水河流經之地。沿岸地帶也發生了很大的變化。也許有人認為，東海岸那些堅硬的岩石能夠拒抗任何打擊和影響。但不是這樣，廣大的太平洋會穿鑿隧道並沖刷、侵蝕岩石的基部，造成尖細、孤立和拱狀的岩石。在西海岸，則有補償過來的

現象，因為在此，陸地迅速的向海伸展。每逢大雨，河流從山上將大量泥沙帶進台灣海峽，形成沙灘、泥岸及廣大的沙洲，好像島嶼想要築一條路，連結到自己原來的地方。

多麼龐大的改變！多麼無法拒抗的力量啊！大氣層、有機物、水、化學、火山，各種因素不斷的活動，把山脈降低、把海升高，使自然界變貌。但要記住：他們雖是盲目而強大的力量，但都在神的控制之下。神把祂的房間的棟樑安置在水裡，雲是祂的馬車，火焰是祂的傳教師；祂藉風的翅膀行走，祂奠定了大地的地基，而這個地基將永遠不會毀滅。雖然大地在變，雖然山脈被帶進海裡，我們並不害怕。永恆的神是我們的避難所，在祂之下會得到永久的庇護。我活著的每一天都要對神唱歌；我存在的每一時刻都要讚頌我的上帝。

第七章　樹木、植物和花卉
Trees, Plants, and Flowers

　　肥沃的土壤、潮濕的氣候，提供了台灣的植物絕佳的生長環境。整個土地上長滿了樹木、植物和花卉。除了幾個突出的岩石之外，所有的岩石裂縫、懸崖、大石，都蓋滿了各式各樣的蕨類、植物、草和爬藤。樹木不高，但是很大，並且枝葉茂盛。山的側面，從山頂到山底，生長著各種黃色、綠色的樹木和耐陰性的灌木。以下將敘述我在這個自然的植物園裡面所發現的各種類別。為了簡單起見，以下只提及尋常的或不重要的植物和花卉的名稱。

一、森林植物

1. **肖楠**(Shaulam, *Thuya Formosana*)：這種樹長在山上、岩石地帶及光禿的岩石上面。這是極佳的材木樹，木紋漂亮，用某種中國漆料處理後，表面會很光滑，像鏡子一樣反映物體。它是台灣最好的家具木材。通常削成二～八呎寬的木板。
2. **長青橡樹**(Oak, *Quercus ilex*)：它是漂亮的長青樹，有數個類種。質硬、色紅，用來製作犁、斧之柄。
3. **脂濁樹**(Tallow-tree, *Stillingia azebifera*)：這種樹的果實，脫皮後，約與紅豆大小相同，呈白色，一串串吊在樹枝上。從脂濁樹果實搾取的脂，做成蠟燭，塗以紅色，被用來祭神，尤其廣被用

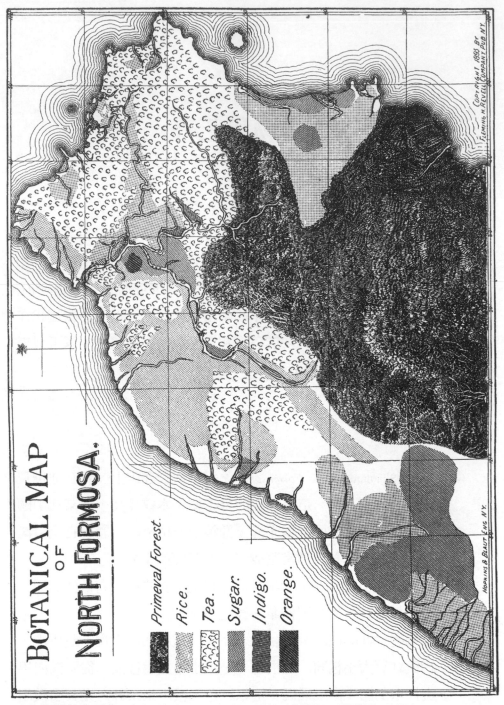

BOTANICAL MAP
OF
NORTH FORMOSA.

Primeval Forest.
Rice.
Tea.
Sugar.
Indigo.
Orange.

北台灣植物分佈圖　■原始森林　稻米　茶　■蔗糖　■靛青　■橘子

COPYRIGHT 1895 BY
FLEMING H REVELL COMPANY PUB N.Y.

HOPKINS & BLAUT ENG. N.Y.

在佛寺裡。

4. **桑椹**：這是台灣的原生種，各地都有。台灣曾經試圖以此樹建立絲業，並且引進了蠶。但台灣的桑葉比大陸的桑葉更粗，而生絲的質地也較差，因此沒繼續從事此事業。

5. **杉**(Fir)：此樹被用來保護茶園，以阻擋大風暴雨。

6. **松樹**(Pine)：只發現一些小松樹，長在山的側面。

7. 樟樹：樟樹是森林裡面最大的樹。我測量了一棵樹，發現其樹的周圍為二十五呎。我現在擁有一塊樟木，是一百年前一位酋長房子的遺物。它是一片大於八平方呎的木板，上面刻有許多原住民圖案。樟樹脂不像糖楓的樹汁那樣流出來，也不像松脂那樣分泌出來。它的攝取方式如下：用一枝厚度半吋、柄長二呎的釜頭，削砍樹根、樹幹及樹枝。再將這些砍下的樹片，放入蒸鍋裡滾水中，將鍋蓋蓋好，一段時間後，樹脂就被蒸餾出來，在鍋子裡面昇華，如白霜一樣。這個蒸餾過程一再重複，直到採集了足夠的數量，然後裝在小桶中輸出。因為在歐洲國家的需求量很大，樟腦業成為台灣一項最重要的工業。

8. **通脫木**(Paper-plant, *Aralia papyrifera*)：這種樹的木髓可製成宣紙(rice paper)。製作時，將半吋到三吋直徑的木髓依照紙的厚度之所需，切成片。然後放在一個很平滑的石版上，壓成像一塊石版的樣子，周圍匡上一個和紙同樣厚度的銅框。然後師傅把木髓做成很平滑的圓柱形後，用左手將它滾回石版，右手持一把長而銳利的後背刀，從外圍部分開始，將它一片一片的削掉。刀沿著銅框，穩定的來回拉動，美麗的紙張就被切出來。這些紙可用來作假花，或輸出到香港，製成遮陽帽。中國藝人常用

它來畫成圖卡，賣給歐洲和美洲的遊客。

9. **楓香樹**（Pung-tree, *Liquidambar Formosana*）：這種美麗的樹很像軟槭（soft maple）。樹葉有香味，尤其用手指搓揉時，味道更濃。

10. **苦楝樹**或稱**苦苓**（Bead-tree, *Melia Azedarach*）：這種樹生長迅速。當它長到樹幹直徑約為一呎寬時，它那闊展的樹枝和可愛的紫花，構成一幅迷人的圖畫。

11. **榕樹**：榕樹壽命很長，是無可置疑的。我親自在淡水牛津學堂種了數百棵榕樹，每棵開始時都只是二吋至五、六吋高的樹枝。這些樹枝是我從數百年，飽經風霜的老樹剪下來的。榕樹是長青樹，氣根從樹枝垂下，如果不加以修剪，最後會著地生根，成為樹的支柱。樹以此方式不斷擴展、繁殖，直到由氣根所支撐的樹枝覆蓋了一大片面積，而本來的樹變成一個長青的樹蔭，讓成千的人得以在其下避蔭。

12. **柳樹**：如所期待，不同類種的柳樹生長在低窪地以及河邊。

13. **林投樹**：這種樹的葉子以螺旋狀，排成三排，有點像鳳梨的葉子，這也就是英文叫做 screw-pine 的緣故。果實成熟時也是長得像鳳梨，只是不可食。這種樹種在沙地，做為籬笆用。枯葉可做燃料，根部砍成一呎長，搥平後，可做掃帚。

14. **漆樹**（Varnish-tree, *Rhus vernicifera*）：這種樹的分泌物，可做成極佳的漆料，但是它必須用在暗室裡，並且上漆後的東西，必須放在暗室裡風乾。它有劇毒，影響因人而異。有一次我到做櫥櫃的家具工廠，只待了數分鐘，就因漆料的毒性，而使我連續三天，手指腫大三倍，臉也發腫，眼睛幾乎張不開。雖然不怎麼痛，但是很癢，也極不舒服。以前本地人將它的

汁液塗在箭頭上，做為致命的利器，現在本地人則食其果實。

15. **荊刺**：這種樹或地面爬藤，長著長短不一的刺，通常見於坡地。

16. **樹蕨**或稱**蛇木**（Tree-fern）：這種可愛的樹，比雄壯的棕櫚更美麗。在多蔭的山谷裡，他可長到五十呎或六十呎高，其羊齒葉則十～十五呎長不等。它的樹幹可當作柱子，木材可製成雪茄煙盒。

17. **黃藤**（Rattan, *Calamus rotang*）：它是棕櫚的一個類種，長到十二～二十呎高時，開始攀爬在其他樹或樹枝上，直到它長到五百呎長為止。當工人採集它時，常被獵人頭的蕃人所害。藤是一個重要的出口工業。

18. **紅竹**或稱**朱蕉**（Red bamboo）：它是一種觀賞用的樹，樹幹和樹葉都呈紅色，但它不是竹種，屬龍舌蘭科。

19. **檳榔**：它是一種雅觀的樹。直直像一根棒子，有時長到五十呎高。樹葉只長在樹頭，它的果實就是眾所周知的檳榔。台灣及其他島嶼的馬來亞人大量食用它，做為興奮劑。它可做為和解的禮物，當一個人把它獻給對方，而對方接受時，表示雙方已經和解。

20. **荖藤**（Betel-pepper, *Chavica Betle*）：原住民常將這種爬藤種在檳榔樹旁，讓它沿著檳榔而上。它的葉子味道美，原住民很喜歡它，整天都將它和浸過石灰的檳榔一起嚼食。這是一種不衛生且有害的習慣。

21. **蓖麻**：在北部有兩個類種，一種的樹幹和樹葉都呈綠色，另

一種比較可愛,它的樹幹、樹枝和樹葉都呈紫色。雖然它是一種原生植物,並且生長迅速,但本地人並沒利用它的子來製油。

22. **無患子**:它的果實和彈珠一般大小,灰色、硬核。蕃人和偏遠地區的人們,用它來洗衣服。洗衣的方式很特別。不管是在湖邊、溪邊、河邊,洗衣時,衣服放在水邊的一塊木板或一塊平石上。用一根一吋厚、兩呎長的木棍搥打,用無患子的子揉擦,把衣服翻過來,再反覆的搥打、揉擦。衣服足夠乾淨後,把衣服在水中最後再漂洗一次,然後帶回家。

23. **板栗**(Chestnut-tree, *Castanea vulgaris*):這種樹長在山上,樹高五十呎或六十呎。所結的果實,和美洲的差不多。

24. **扁柏**(Cedar, *Thuya orientalis*):這種樹不大,供觀賞用,較無實際用途。

25. **辣椒**:這種樹的所有類種,墨西哥人都稱為 Chilli。在台灣的類種是二、三呎高的一種灌木。其果實普遍被用於本地人家裡。

26. **九芎**(Kiu-kiong, *Lagerstraemia Indica*):這種樹的木質非常硬、堅韌、結實,被用作圖章、門柄或其他類似的物品。

27. **海檬果**(Wild mango, *Cerbera Odollam*):它是長青樹,葉片油潤光澤,可長至二十呎高。它的果實很特別,形狀如雞蛋。開始時呈綠色,後來漸變為美麗的粉紅色。但可別上當!裡面除了乾纖維外,什麼都沒有,既無觀賞用途,也無其他用處。

28. **朴樹**(Pho-chhiu, *Celtis Sinensis*):這種樹類似桃樹,但它的樹材軟而白,沒有做為木材的價值。

二、水果和果樹

1. **龍眼**：它的大小如櫻桃，果實外面一層樹皮狀的薄殼，裡面一層可食的果肉，中央一顆外黑內白的果核。

2. **枇杷**：此果色黃、汁多，有一果核，可生食或做成蜜餞。

3. **柿子**：柿子有數個類種，在台灣的類種很特別。最普遍的一種呈紅色，大小形狀如蕃茄，故可能會被誤以為是蕃茄。另一種呈綠色，摘下來後，經水浸泡，方可食用。

4. **楊梅**（Arbutus or strawberry-tree, *Arbutus Unedo*）：長得像草莓，但要先嚐一口，才知其味。通常醃漬後，做為調味品。

5. **楊桃**：此果呈角狀，很奇特。長約二吋，黃綠色。成熟時多汁、美味，類似醋果(gooseberry)的味道。

6. **柚子**：此果的橫切面很像橘子，但比橘子大得多，和佛手柑(citron)大小差不多。它有數個類種，其中一種呈紅色，另一種呈白色。外國人喜歡白色的類種。

7. **香蕉**：香蕉樹幹軟，不似一般樹木。老樹的果實成熟後即倒下，旁邊長出新樹。每年可連續長出三串果實，每串重約四十磅。香蕉樹的周圍土地常保持濕潤，因此種植香蕉之地，附近容易有瘧疾。

8. **橘子**：本地有甜橘和澀橘。森林裡也有野生橘，但比培植的橘子小得多。有一種品種，開著白花，並同時結著金黃色的果實，本地人把它叫做「四季橘」。

9. **李子**：在台灣人沒有特意栽培的情況下，此種果實可以說是非

常好的果實。其中一種裡外透紅，做成蜜餞，味道極佳。

10. **梨子**：此果硬如木質，類似西方野生的梨子。

11. **野蘋果(鳥梨)**（Crab-apple, *Pyrus Malus*）：它是台灣的原生種。有趣的是，台灣這個類種，竟然是 northern spy, maiden's-blush, pip-pin, baldwin，以及現在世界存在的所有類種的原始類種。而這些漂亮的果實和本地瘦小的果實之不同，卻只是農作栽培上的差異而已！

12. **番石榴**：這種果實的樹在各山坡地都可見到，樹高八～十呎。但也有栽植在果園裡的，品質較佳。未熟的番石榴，本地人以鹽醃之；已熟的番石榴則生吃。

13. **石榴**（Pomegranate, *Punica granatum*）：它暗紅色的花，真是美麗，但和巴勒斯坦種的石榴相比，則此果並不多好。

14. **檸檬**（Lime, *Citrus Limetta*）：此果的果皮厚，呈黃綠色，成熟時是一種很好的果實。味道有點澀。有一種同時開花和結果的品種，叫「四季」檸檬。

15. **佛手柑**也稱爲**香櫞**（Citron, *Citrus Medica*）：它比檸檬更大，果皮厚而呈結節狀。果肉不像檸檬那麼酸。

16. **桃子**（Peach, *Persica vulgaris*）：野桃小而圓，且多毛。但接枝的桃子成熟時味道甚佳。

17. **鳳梨**：種植在硫磺泉附近的沃土上，所長出的鳳梨，風味最佳。鳳梨高約二呎，從遠處看起來，鳳梨園好像甘藍菜園。在加拿大所買到的進口鳳梨比其他進口水果都慘，因為若吃過台灣本地可口鳳梨的人，在加拿大就是買到最好的鳳梨，也會覺得難以下嚥。

18. **芒果**：北台灣的芒果實在無法讚美，因為它的味道像松節油一樣。

19. **木瓜**：木瓜樹約有二十呎高。果實成熟時，色黃、風味佳。它會產生一種乳液。台灣的媽媽將生木瓜和肉一起煮來吃，她們認為這樣可以補身體，有助於餵哺嬰兒。

20. **棗子**（Jujube, *Zizyphus Jujuba*）：棗樹可長至三十呎高。本地人吃其果實，但不覺有什麼滋味。

21. **麵包果**（Breadfruit, *Artocarpus incisa*）：麵包果只有原住民食用。果樹有一種黏黏的乳液。

22. **荔枝**（Lichi, *Nephelium Litchi*）：它的果肉非常好吃。常被加糖晒乾，製成乾果。

23. **風鼓**（Hong-kaw, *Nauclea cordifolia*）：它是一種黃色的水果，比一般灰鳥(gray-bird)的蛋大一點。

24. **覆盆子**（Raspberry）：沒有樹蔭的山坡上，到處可看到紅色及黑色類種的覆盆子。果實成熟時，看起來飽滿誘人，但沒有西方莓果的美味，因此除了放牛孩子有時會採來吃外，沒有人會吃它。

25. **愛玉子**（Fig, *Ficus*）：本地原生的無花果是一種爬藤，寄生在別的植物上。它一開始就依附於旁邊的樹，然後緊攀著樹幹，往上爬到樹頂，把整個樹都罩住。漢人把果實煮成果凍，認為它有醫療效果。

26. 有一種攀爬植物，會長一種和草莓類似的果實。

三、纖維植物

首先說明，北台灣沒有大麻、亞麻或棉花。

1. **黃麻**（Jute, *Corchorus capsularis*）：它可以長到十～十二呎高，用來製繩、袋子和粗索。

2. **苧麻**（Grass-cloth or rhea, *Baehmeria nivea*）：培植苧麻需很用心，施以肥水，最後做成草衣和繩索。它也生長在阿薩母（Assam）、尼泊爾（Nepaul）和錫金（Sikkim）。

3. **鹹草**（Truabgykar rush, *Cyprus tegetiformis*）：它生長在有鹽分的水中。在我們宣教區隔壁的大甲地區有種植，大甲因使用此物製作床蓆而出名。床蓆每個二～五元。

4. **香蕉**：用它樹幹的纖維可以製成薄的夏布。

5. **鳳梨**：用它的葉子，也可以製成一種令人感覺舒服的布，類似用香蕉纖維製成的布。

6. **矮棕櫚**（Dwarf palm）：它的樹皮可製成繩索。

7. **棕櫚樹**（雨衣樹，Rain-coat, *Chamaerops excelsa*）：此樹葉片附近的褐色纖維可以用棕櫚線縫在一起，然後製成農夫、漁夫們大雨天穿著的雨衣。這種雨衣非常耐用，任經日晒雨打，十五年後還是不爛。

8. **構樹**或稱**鹿仔樹**或**楮樹**（Paper-mulberry, *Broussonetia papyrifera*）：從此樹的樹幹及較低的樹枝剝下樹皮，浸在水桶中，放數日。製紙時，先作一個四平方呎的骨架，骨架上面綁一條像袋子一樣的粗布。然後把骨架放斜斜，將水漿緩緩倒在布上。然後將下

邊的骨架抬起，使水漿平均展開在整個布面上。等它開始凝固時，就可以把骨架回復到原來斜斜的角度。等它被太陽晒乾，最後就會形成一片灰色的紙，類似黃蜂巢中的臘片。這種紙經過油染後，被用來製做雨傘，而不是做成布。

9. **月桃**（Getho, *Alpinia Chinensis*）：它在山坡上、草叢間，到處生長。葉子長形，花白色而光滑，裡面帶黃色。纖維用來製做一種草鞋的鞋底。

四、豆科植物

1. **靛青**（Indigo, *Indigofera tinctoria*）：它有兩種。一種葉小，種在沙地；另一種葉子較大，狀似愛爾蘭馬鈴薯，種植於新土，有時在殘樹幹周圍。

2. **土豆或花生**：這種植物在田裡看起來好像幸運草，開漂亮的黃花。豆莢長在地下，因此漢人稱它為「落花生」。挖花生是一件很辛苦的事，因此漢人以一種叫做「蜜蜂」的方式，五十～一百男人、女人、小孩一起挖。挖時，右手一邊用小鏟子挖，左手一邊撿花生。花生通常用水煮，加些鹽，或用火烘燒。全國各處的飯攤子，桌上都會擺花生。從花生搾取的油，可以食用及做油燈。

3. **豆類**（Beans）：有很多種類，廣被種植。

4. **豌豆類**（Peas）：較不普遍，種類也較少。

5. **相思**（Siusi, *Arbus precatorius*）：這種植物的葉子細長，圓形黃花非常可愛。淡水的牛津學堂，種了好幾排的相思樹。當所有樹

枝開著黃花時，景色真美。幾乎所有茶園，四周都種植這種
樹，做為防風之用。

6. **含羞草**：此種草在開墾的地區，到處可見。

7. **蠶豆**(Vetch, *Vicia Cracca*)：這種豆類似菜豆，野生的和種植的都
有。

8. **芝麻**（Cessimum，有時稱 til)：它是一種 *Cessimum orientale* 科，
種子黑色，可製成黑色、性質溫和的油。漢人很讚許此種油，
幾乎是每家的必須品。

五、草本植物

1. **稻米**：稻米是這塊土地上的主要物產。它的文化詳述於另一
章。

2. **小麥**：這種穀物十一月下種，五月收成。小麥的收穫量一直不
好，但是現在有美洲進口的麵粉，因此小麥的種植迅速的減
少。

3. **大麥**（Barley, *Hordeum vulgare*)：島嶼上面很少種植大麥。

4. **玉米**：漢人和原住民都種植玉米。當顆粒相當硬時，便拿來
煮，從穗軸上咬下來吃。

5. **粟或稱小米**（Millet, *Punicum miliaceum*)：粟有不同種類。有一
種，只三呎高(為一般的小米)；另一種，叫做高粱（*Sorghum vul-
gare*)，在好的土壤上，可以長到十呎高。

6. **燕麥**沒有種植。我曾經用加拿大的燕麥種子試種，結果長了四
呎高，好像蘆草一樣，但是長出來的顆粒卻微不足道。

7. **甘蔗**：島嶼上的甘蔗有兩種，一種是讓人咬來吃的，另一種是製糖外銷用的。

8. **竹子**：有一種體型大的竹子，劈開後，可以製籃、籤之類的東西。另一種大小如一枝大的釣魚桿。此外，還有一種較小的竹，長著羽毛般的葉子，用來做籬笆。剛長出來的竹，砍下來後可以醃成食物。竹子是不可或缺的製作材料，凡是船、屋、橋、籃子、椅子、雞籠、鳥籠、壺、盛水器、管、燈、床、桿、門、籤、蓆、紙等等，皆以竹製成。原住民用竹製成耳環，而他們唯一的樂器也是竹製的。它之於漢人，就如椰子之於南島民族，或棗椰樹之於非洲人。竹子很少開花或結子，因此迷信的人認為，竹子如果開花，就表示某種大事很快就會來臨。

9. **茅草**（Couch-grass, *Triticum repens*）：它是野生植物。

10. **沙草**（Sand-grass, *Psamma arenana*）。

11. 一種非常有用的**蘆草**（*Saccharum procerum*）。

　　台灣的草本植物種類很多，其中許多會長出紅色、白色或黑色的種子，這些種子被山地人做成珠子。一種最有用的蘆草，叫做蘆葦（lo-tek 或 arunde），可做為建築材料。而蒲草（*Lepironia*）的心髓，早期則被用在小竹燈裡面。

六、球莖植物

1. **蕃薯**：蕃薯有漂亮的花、爬行的卷鬚及地下的大球莖，確實是

一種旋花植物。它和一般長有營養豐富的球根之馬鈴薯不同，後者是屬於不同類種，叫 *Solanum tuberosum*。蕃薯的球莖在三月下種，經過六週後，將蕃薯藤剪成八吋長的小段，再把這些小段成排種植。球莖因為被剪藤而成長，在六月末即成熟。用同樣方法在七月種下第二次，並在十一月收成。球莖不會直接長出球莖，而必須經過剪藤的手續。蕃薯有三個種類，大小、形狀、顏色各不同。

2. **山芋**或稱**山藥**（Yam, *Dioscorea sativa*）：有好幾個種類。地上長著爬藤，地下長著一呎長的球根。一種是白色，另一種紅色，第三種長在水裡，另外有數種種植於乾地及山坡地。染色山芋（dye-yam）種在山地裡，主要是被漁夫們拿來染漁網、衣服及繩索。

3. **番割**或**樹薯**（Hoan-koah）：它的葉子成掌形，分成七部分。晒乾、碾成粉後，可做成食物。

4. **芋頭**（Taro, *Aracaceae*）：類似山芋，可食。

5. **鬱金**（Turmeric, *Curcuma longa*）：根枝可做染料、醫藥及調味之用。從根莖碾成的粉呈檸檬黃色，咖哩粉的成分中一大部分是這種粉。

七、蔬菜

1. **南瓜**（Pumpkin, *Cucurbita maxima*）：果實可以長得很大，有時可達六十磅重。原住民有一種較小、較甜的南瓜。

2. 另一種**南瓜**（Squash, *Cucurbita Melo-pepo*）：可以長得相當大。

3. **黃瓜**（Cucumber, *cucumis sativus*）：一般類種長得比美洲的黃瓜更大。另外還有一種大而軟的優良類種，醃製後，成為下飯的常用菜。

4. **甜瓜**（Melon, *Cucumis Melo*）：它比西方的甜瓜更好。

5. **西瓜**（Watermelon, *Cucumis Citrullus*）：此瓜在沙地上大量種植，風味清新可口。

6. **葫蘆瓜**（Bottle-gourd, *Cucurbita Lagenaria*）：幼嫩的葫蘆瓜有時會被食用，但一般都是拿來做水瓶、水杯、水壺，或者裝珊瑚灰（coral-lime）。

7. **水芹**（Water-cress, *Lepidium sativum*）：在流動的溪水中可以找到極佳的水芹。奇怪的是，本地人各種各樣的藥草、蔬菜都吃，卻從來不吃有益健康的水芹。歐洲的船員，尤其是英國海軍船員，很快就發現此物，而現常常可以看到他們用帽子裝了滿滿的水芹，回到船上享受一番美食。

8. **蕃茄**（*Solanum* or *Lycopersicum esculentum*）：蕃茄確實是台灣的原生植物，因為它在山地的空地上、在草叢間、在路邊，到處生長。我努力了好幾年，試圖勸平埔蕃種植蕃茄，但至目前為止，還沒有成功。這真可惜，因為種植大顆的蕃茄，並不需花太多功夫。

9. **茄子**（Brinjal, *Solanum Melongena*）：果實成楓木色，長五、六吋，厚一吋。種植在園裡的茄子約十八吋高時，有點像直立的蕃茄株。烹調時，切成長條片、燙熟後沾醬吃。

10. **白菜**（White cabbage, *Brassica*）：有好幾個類種，都是來自 *Brassica oleracea* 這個原種。國外高麗菜曾被引進，並且栽培

成功。偶而會看到一棵二十磅種的高麗菜。

11. **蔥**(Onion, *Allium Cepa*)：球莖很小，整株蔥用開水燙，把磷酸去掉，便成為下飯的美食。

12. **韭菜**：和蔥的食用方式相同，但人們喜歡在其開花時食用。

13. **蒜頭**：種植很廣，廣被認為有刺激、利尿的功能。

14. **芹菜**（Celery, *Apium gravcolens*）：趁其青綠、未變白色時食用。用開水燙過，切成一吋長的小段，供配飯用之菜。

15. **菠菜**：是一種可食之蔬菜。

16. **白蘿蔔**：數個類種都是白色。一種大型的白蘿蔔和西方的很像。人們把它切片、醃製，以備將來食用。小而圓的品種，甜而多汁。

17. **豆**(Bean, *Papilionaceae*)：種類很多，有白的、黑的；扁的、圓的；大的、小的，都可食用。一種長在森林裡的，其豆莢可長到二呎長，而用格子棚種在水上的豆莢，則約十八吋長。一種叫做 *Dolichos soga* 的豆，可以稱為油豆。

18. **豌豆**(Pea, *Papilionaceae*)：它是用種的，不是用撒子的。豆莢幼嫩時收採，煮後食用。

19. **萵苣**(Lettuce, *Lactuca sativa*)：一定煮熟才吃，絕不生食。人們咸認為它有減痛和幫助睡眠的功能。

20. **洋芫或稱洋香菜**(Parsley, *Petroselinum sativum*)：用豬油烹飪過後才食用。

21. **芥菜**：醃製過的芥菜，是農夫們的一種主菜。

22. **芫或稱香菜**（Coriander, *Coriandum sativm*）：做為生菜，沾醬油吃。

23.**茴香**(Fennel, *Faeniculum vulgare*)：有時當作食物，但大都當藥物用。

24.**薑**：這種很有用的植物約有一呎高，葉長而尖。根莖還是綠色時，即可切片做成菜。在竹塹的附近，有一個製薑工業，用糖醃製，乾存在陶罐裡，賣到市場。它和廣州製作而賣到西方市場的薑，完全不一樣。李子、桃子、梨子也和竹塹的薑一樣，製成蜜餞，放在小陶罐中。

25. **茭白筍**（Ka-pek-sun, *Cyperus*）：這是長在陰溝、水道、小河裡的蘆葦，它是秋天每餐食用的菜。切片時，呈白色，帶黑斑。它確實是味美可口的蔬菜。

八、其他植物

1.**菸草**（Tobacco, *Nicotiana Tabacum*）：在東海岸，菸草有時長到十呎高。有一天我在設立牛津學堂時，一隻毒蛇躲在一堆磚塊下。一個工人用一支棍子把牠頂在地上，另一個工人從自己的煙斗裡，取出少量的尼古丁，放入毒蛇的口中。瞬間，毒蛇本能的縮蜷、展開、顫抖，放開之後，將牠翻身，白肚向上，就死了。我從來沒看過任何動物這麼快就能被弄死，如果我不是親眼看到，我一定不會相信。在此必須提一下，剛剛所說的那支煙斗，已經相傳四代，難怪尼古丁特別強。

2.**茶**（Tea, *Camellia theifera*）：茶樹生長在高地及山坡地。通常種植成排，樹高可達數呎。採茶者，彎著腰，走動於一行一行之間，用雙手採茶，將茶葉放入背在背上的籃子裡。茶葉先晒

乾。有時先用腳踩，然後用熱鍋烘半乾，然後放進袋子裡，送到城市的茶屋。在那裡，小心的再用火燒、揀選、分級。在產茶季節，可以看到數百個婦人和小孩，坐在矮凳上，做分類的工作。不同的花，被用來添加茶味。茉莉花(gardenia)尤其常被種植在園裡，做為茶葉的調味物。茶是一種普遍的飲料，被用來招待客人。一個人一進屋，不管多小的屋子，屋主就會馬上吩咐「煮茶」(Tsoa te)。在杯子裡放進少許茶葉，將開水倒進杯子，讓茶葉泡開。本地人喝茶不加牛奶或糖。

3. **蒲公英**(Dandelion, *Leontodon Taraxacum*)：與美洲的蒲公英類似。

4. **普通薊草**(Common thistle, *Carduus*)：和普通的薊草相似，但較小。它是島嶼上唯一的類種。

5. **薄荷草**：台灣有三種薄荷草──peppermint, spearmint 及 penny-royal。

6. **車前草**(Plantain, *Plantago major*)：聽說這種草會認人，我相信如此，因為只有高明的植物學家，才能分辨加拿大、蘇格蘭和台灣的車前草。

7. **燈心草**(Rush, *Juncaceae*)：和英國北部及美洲一樣，這種草被用來清潔桌子、桶子和椅凳。

8. **菱角**(Water-caltrop, *Trapa bicornis*)：菱角生長在淺水地方，漢人把它叫做「龍角」。它的外表是黑色，確實像水牛的角。菱角於煮熟後食用。

9. **洋齒**(Fern)：種類多得無法計數，最平常的是蕨類(brake)。其中有一種美麗的盤爬類種，除非是很高明的植物學家，不然同一種植物的不同亞屬(sections)會被誤以為是屬於不同種類。

10. **水萍**(Duckweed)：這種植物給農夫們增加了許多稻田裡的勞苦工作。

11. **曼陀羅花**（Thorn-apple, *Datura Stramonium*）：它有多刺的小囊，有些地方長很多。

12. **艾屬植物**（*Artemisia*）：人們將它和綠色的榕樹枝放在門上面，認為這樣可以給全家帶來健康和如意。

13. **酢漿草**（Wood-sorrel, *Oxalis Acetosella*）：開美麗的花，葉子有三瓣，類似愛爾蘭的酢漿草(shamrock)。

14. 台灣這種氣候，可以料想得到，會有很多菌類(fungi)、菇類(mushrooms)、馬勃(puffballs)、粉菌(mildew)、鏽菌(rust)、乾腐菌(dry-rot)、黴菌(mould)。一種叫做 *Penicillium glaucum* 的菌，在濕熱的天氣裡，非常容易破壞書本，它可以在幾天內把裝訂最好的書本完全毀壞。

15. **仙人掌**（Cactus）：仙人掌在台灣很普遍。

16. **海藻**（Seaweed, *Algae*）：長在淺水地方，有綠色、紅色和黑色等不同類種。海邊沙灘上可以看到被海浪衝上來的大量的海藻。

九、花

1. **牽牛花**(Convolvulus, *Convolvulus Byroniae folius*)：它可以一直生長，而把整棵樹蓋住。太陽出來後，這種花實在很美。

2. **玫瑰**(Rose)：有一種攀爬在地上的玫瑰，還有一種白玫瑰(white single rose)，以及開紫色花的 *Zephyranthes rosea*。它們生長在

山坡上及無樹蔭之地。

3. **含笑**(Magnolia, *Fuscata*)：花香別緻，台灣人最喜歡此種花。它甜美的香味，使婦女們對它的喜愛比別種花更甚。島上也有 *Magnolia pumila* 這個類種。

4. **金粟蘭**(Chloranthus, *Inconspicuaeus*)。

5. **茉莉花**(Gardenia)：為了添加茶葉味道而種植。

6. **木槿**(Hibiscus)。

7. **雞冠花**(Crested cockscomb, *Celosia cristata*)。

8. **忍冬**(Honeysuckle)。

9. **萬壽菊**(Marigold)。

10. **百合花**(White lily)；在三月、四月、五月期間，四處的山坡都開滿了這種美麗的花。這種花是西方溫室裡的珍品，被稱為復活節百合(Easter lily)；我在淡水一塊肥沃的鬆土上種了數棵這種花，它們長了四、五呎高。

11. **杜鵑花**(Azalea)。

12. **蜀葵**(Hollyhock)。

13. **日日春**(*Vinca rosea*)：這種花紫色中帶白色，可以連續開半年。它的生命力如此堅強，因此在海邊及各種土質的地方都有生長。只要留一點根在土裡，它就會長起來，並繼續長大。

14. **野生紫羅蘭**(Wild violets)：此花摻雜在可愛的小黃花叢中，美化了所有的高地。

15. **風鈴草**(Bluebells, *Campanula rotundifolia*)。

16. **虹膜**(*Pardabtgys Chnensis*)。

17. **方草花**（*Asclepias curussavica*）：這種小黃花，狀如杯子，溫柔迷人。長在小山丘上。

18. **馬茶花**（Be-te, *Tubernaemontana recurva*）：開出迷人的白花。

19. **桂花**（Kui-hoe, *Olea fragrans*）：漢人婦女很喜歡用這種花來做髮飾。

20. **鳳仙花**（Balsam）：種植在花園裡。

21. **蓮花**（Lotus, *Nymphaea Lotus*）：生長在池塘裡。

22. **菊**（Chrysanthemum）：種類很多，人們用心栽培，品質趨近完美。

23. **倒吊蓮**（To-tiau-lien, *Bryophyllum calyeinum*）：它的白花常常攀吊在牆壁及岩石上面。

24. **恩慈蕉**（Un-tsu-chio, *Costus speciosa*）。

25. **金針花**（Kim-chiam, *Hemerocallis disticha*）：此花也可當蔬菜。

26. **牡丹**（Peony, *Paeonia Moutan*）：被栽培的花。

27. **仙丹花**（Sien-tan, *Ixora apperis*）：開深紅色的花。從中國引進數個類種。

28. **蘭花**（Orchids）：一種普通而有趣的類種，叫做 lady's tresses（*Neottia spiralis*），漢人稱之為 corkscrew。我覺得，蘭花比島嶼的其他花都更美、更香。在溫室裡，蘭花看起來很美，但是要看它真正的美，必須要去茂密的森林，在它的老家和它見面，看它長在土地上，看它長在樹枝上。有些蘭花具有高雅的香味，有些具有多樣的形狀和顏色，看起來像蜘蛛、鳥、蝴蝶，使它們具有難以相信的美和魅力。有時候讓人覺得好像置身於幻想的世界。在原始森林裡，遊客突然會有一種舒

適、迷人的感覺，使他一時忘卻所有其他之物。那無比的香
味，使蘭花一年復一年「在荒野中浪費它的芬芳」。

台灣的植物學對一個深思的學者，是一個極其有趣的探討對象。
對宣教師來說，每一片葉子都是一種言語，每一朵花都是一個聲音。
我們是否如偉大的博物學家華萊士(Alfred Russel Wallace)所說的，「對自
然之道有了更完整、更清楚的領悟，對於我們所看到的一切周遭之
物，更相信它們不是沒有計畫的？」當我們走在長青的草毯上，看到
樹、藤及草叢上五彩繽紛的花朵，仰望著糾纏交錯的竹林，看見棕櫚
樹、高雅的沙欏厥類，或莊嚴沈靜的森林，我們難道不會讚嘆上帝的
話語和祂的創作之間的和諧？在了解了台灣的花卉之後，一個宣教師
難道不會變成一個更好的人，以及一個能傳遞更豐盛福音的人？一個
改教者難道不會成為信仰更堅定的基督徒？我們以由衷的喜悅和羨慕
之心，高呼：「主啊，祢的作品多麼豐富！祢以智慧創造了一切。地
上充滿了祢的美好恩典。」

第八章　動物

Animal Life

哺乳類－鳥類－爬蟲類－魚類－昆蟲類－軟體動物類

　　台灣的動物學其實不是短短的一章能講完，如果要詳細討論的話，需要整本書才有辦法。這個主題還沒有受到博物學家的注意，也沒有人曾經列出什麼清單，或做過任何分類。在東方和美洲都已經顯示一種需求，想知道本島上的動物。為了滿足一部分這樣的需求，我做了一份清單，將動物分為哺乳類、鳥類、爬蟲類、魚類、昆蟲類及軟體動物類。有興趣的人，可以依此大綱再做補充。一般的讀者，也可由本章獲得一些知識。

一、哺乳類

台灣特有的哺乳動物

1. **猴子**（袋類，Monkey, pouched, *Macacus cyclopis*）：這一類的猴子在台灣很多。我們養了六隻，從嬰兒看著牠們長大，發現牠們和最早的化石很像。
2. **樹麝貓**（Tree-civet, *Helictis subaurantiaca*）。

3. 山豬（Wild boar, *Sus taivanus*）。

4. 飛鼠（Flying squirrel, *Sciuropterus kaleensis*）。

5. 白胸飛鼠（White-breasted flying-squirrel, *Pteromys pectoralis*）。

6. 紅飛鼠（Red flying-squirrel, *Pteromys grandis*）。

7. 田鼠（Field rat, *Mus losea*）。

8. 野鼠（Country rat, *Mus canna*）。

9. 一種較小的鼠（A smaller rat, *Mus Koxinga*）。

10. 食果蝙蝠（Fruit-bat, *Pteropus Formosus*）。

11. 鼴鼠（Blind mole, *Talpa insularis*）。

12. 山羊（Mountain goat, *Nemorhaedus Swinhoii*）。

13. 鹿（Deer, *Cervus Swinhoii*）。

14. 梅花鹿（Spotted deer, *Pseudaxis*）。

不是台灣特有的哺乳動物

1. 松鼠（Squirrel, *Sciurus*）。

2. 栗鼠（Squirrel, *Sciurus castaneorentris*）。

3. 印度鼠（Indian rat, *Mus Indicus*）。

4. 鼠（*Mus bandicota*）。

5. 玉面麝貓（Gem-faced civet, *Peguma larvata*）。

6. 斑點麝貓（Spotted civet, *Viverricula Malaccensis*）：所有麝貓都是野生，並且凶猛、難馴。

7. 中國虎貓（Chinese tiger-cat, *Felis Chinensis*）。

8. 貂（Marten, *Martes flavigula*）。

9. **麝香鼠**（Musk-rat, *Sorex murinus*）。

10. **大耳蝙蝠**（Large-eared bat, *Nyctinornus cestonii*）。

11. **黑橘色蝙蝠**（Black-and-orange bat, *Vespertilio Formosus*）。

12. **豹**（Leopard, *Felis pardus*）。

13. **熊**（Bear, *Ursus Malayanus*）：我們養了一隻熊，讓牠和猴子作伴。猴子喜歡作弄、凌虐這隻可憐的熊，直到牠生氣、跺腳。然而當熊高興的時候，牠會把兩隻前腳抱住頭，在地上翻滾，好像球在滾動。看到這些情景真是有趣。

14. **兔子**（Hare, *Lupus Sinensis*）。

15. **穿山甲**（Scaly ant-eater, *Manis longicuada*）：此種動物遍身鱗甲而無齒，山裡很多。牠會挖地洞，而以本島氾濫的螞蟻為主食。牠有辦法掀起硬而尖的鱗甲，而當牠挖開螞蟻窩時，可以讓螞蟻爬滿在身體上。然後，用力合閉鱗甲，把螞蟻搗碎，或者跳進池裡，把螞蟻釋放到水面上。此兩種方法都可以確保捕到螞蟻。漢人形容一個人利用弱點來達成勾當的人為「假死捉螞蟻」。他們也因為一種迷信，而會摘取穿山甲尾巴末端算來的第七片鱗甲，掛在小孩頸上，做為避邪之用。

16. **野貓**（Wildcat, *Felis viverrina*）。

17. **獺**（Otter, *Lutra vulgaris*）。

家禽

1. **黑羊**（Black goat）：比西方國家的褐色羊更小。

2. **狗**（Dog）：此種動物的外表和習性都如狼。

3. **貓**（Cat）：外表、習性皆和西方的家貓一樣。

4. **馬**（Horse）：島嶼上的馬很少，而僅見的幾隻馬，是從大陸帶過來的。牠們的體型小，只供人騎。

5. **水牛和牛**（Water-buffalo and ox）：外界對此兩種動物似乎有些誤解。華萊士說，*Bos Chinensis* 這種中國南方的野牛和台灣的牛相同；Wright 稱其為台灣野牛；而 Blyth 說，牠是 zebu 和歐洲 bos 的雜交種，可是我在台灣卻從來沒有看過這樣的一種動物。在 *Bovida* 的牛族之下，先有 ox（*Bos Taurus*），牠是 *Bos primigenius* 的後代，也是所有家畜牛的祖先。台灣牛較小，屬於 Jersey 品種，不擠牛奶，因此北台灣也沒有人製作牛油、牛奶，或乳酪。另外還有一種幾乎已經絕種的 *Bos Americanus*。而所謂 buffalo 牛皮毯，其實是 bison 牛皮毯。台灣沒有 bison 族的牛。這個族的第三支脈是水牛（buffalo, *Bubulus buffalus*）。水牛顯然是東方牛。在台灣，牠取代馬的地位，也是目前台灣最有用的動物。牠之所以叫做水牛，是因為牠必須有池水可以打滾、嬉戲才能生存。（參閱書中述及稻米耕作的章節）

二、鳥類

陸上鳥

台灣的鳥類，也許不如一些其他熱帶國家的鳥類那麼多，或那麼美，但是島上有它自己的鳥，並且有數種其他地方沒有的品種。

台灣水牛載運蔗糖

台灣特有的鳥

1. **鶇鳥**（Thrushes, *Turdida*）。

2. **鶯科鳴禽**（Warblers, *Sylviida*）：三種。

3. **金鶯**（Orioles, *Oriolidae*）：一種。

4. **烏鴉**（Crows, *Corvida*）：一種。

5. **畫眉**（Babblers, *Timaliidae*）：八種。

6. **雉**（Pheasants, *Phasianidae*）：二種。

7. **鷓鴣**（Partridges, *Tetraonidae*）：三種。

8. **鳩**（Pigeons）：三種。早晨在竹林裡可聽到這種美麗的鳥咕咕叫的聲音。

9. **啄木鳥**（Woodpeckers, *Picidae*）：一種。

10. **鶲鳥**（Flycatchers, *Muscicapidae*）：一種。

11. **伯勞**（Shrikes, *Campephagidae*）：一種。

12. **山雀**（Tits, *Paridae*）：一種。

13. **鶯**（Weaver-finches, *Ploceidae*）：一種。

14. **怪鴟**（Goat-suckers, *Caprimulgidae*）：一種。

15. **梟或稱貓頭鷹**（Owls, *Strigidae*）：兩種。

16. **橿鳥**（Jays , *Corvidae*）：二種。

17. **雲雀**（Skylarks, *Alaudidae*）：二種。雲雀是台灣叫聲最美的鳥。許多次，我旅行於高原上，看到早晨陽光下的露珠在茶園裡和高杉木上閃爍發光，聽到雲雀愉快的歌唱聲。聲音忽而從距我很近的地方發出，忽而從遠處的高空傳來。

不是台灣特有的鳥

1. **翡翠**（Kingfisher, *Halcyon coromanda*）。

2. **鷹**（Hawk-eagle, *Spizaetus Nipalensis*）。

3. **鳶**（Kite, *Milvus ictinus*）。

4. **燕**（Swallow, *Hirundo rustica*）。

5. **鵲**（Magpie, *Pica caudate*）。

6. **鵪鶉**（Quail, *Coturnix Dussumieri*）。

7. **梟**（Owl, *Bulaca Newarensis*）。

8. **鸕鶿**（Cormorant, *Glaculus carbo*）。

9. **磯鷸**（Sandpiper, *Totanus hypoleucus*）。

10. **鷸**（Snipe, *Scolopax gallinago*）。

海鳥

1. **普通鷗**（Common gull, *Larus canus*）。

2. **黑鷗**（Black gull, *Larus marinus*）。

3. **燕鷗**（Tern, *Sterna hirundo*）。

4. **野鴨**（Wild duck, *Anas boscas*）。

5. **小水鴨**（Teal, *Querquedula crecca*）。

家禽

島嶼上沒有火雞，但是普遍的做法是，將公雞閹割。這種閹雞的

大小和肉質都不遜於公的火雞。這種安靜、乖乖的在門口走來走去的閹雞，有時體重可達十五磅。鵝、菜鴨及大型的番鴨（Muscovy），是普通的家禽。

三、爬蟲類

蛇

1. 有一天，從鄉下回來，在淡水家門口要走上台階時，我發現一條八呎長的蛇，躺在門檻上。我請人來幫忙，把牠移開。隔天，我正要離開書房時，撞見了牠的配偶，長度與牠相當，很兇的樣子。我大聲喊叫，來了兩三個學生，結束了這條蛇的性命。這種蛇屬於錦蛇（*Plyas mucosus*）類。

2. 有一次，我走進一個類似雞籠的草棚，一隻像箍蛇（hoop-snake）的蛇，捲曲著身體，從屋頂掉到我面前。牠的頭抬起來，準備攻擊。我往後跳。在別人的幫忙下，我成功的保有這條稀有的蛇，放在我的博物館做標本。

3. 幾年前，我們有一個鴿籠，用竹子依我的需要製成的。一天晚上，這隻可憐的鳥驚慌的飛來飛去。探察之後，發現一條屬於蟒蛇類（python）的大蛇，彎著腰，頭在鳥籠的洞口動來動去。我用力一擊，將牠擊倒。把牠身體拉開，測量結果，發現牠身長有八呎多。

4. 在淡水，我住的平房附近，我在一個舊廚房上面建造了一個小

小的二樓房間，做為我的書房。一天晚上，大約十一點鐘，我聽到地板上的紙堆裡有聲音，這堆紙是我用來蓋住地板上的一個洞用的。本以為那是老鼠發出的聲音，因此我叫樓下的人來。柯玖(Koa Kau，譯注：就是柯維思)立刻上來，查視我的房間，然後馬上又跑下樓，隨即從樓下把一隻大蛇露在外面的部分釘在牆上。這時候，蛇從樓上房間地板的洞口，伸出三呎長的身體，非常凶猛，準備攻擊。我用一枝中國矛將蛇頭刺進去。蛇有九呎長，牠的三角形頭部有九個護盤，身體上許多花紋，毒牙不很尖，牙齒小而向後傾斜。那次半夜的情景，決不是一個愉快的回憶。這隻蛇類似印度種的大眼鏡蛇(*hamadryad*)。來幫忙的漢人受驚不小，等把蛇完全埋好了才敢睡覺。

5. 有一天，我從港口走向高地，在路口轉角的地方，突然發現在樹叢中，有一個綠色的東西。就在那一瞬間，牠跳出來，想咬我的手。幸好沒擊中，但牠用牙齒咬住我的衣袖。牠是一隻屬於 *Dryophis fulgida* 種的蛇，身長十八吋，有平扁的三角形頭。我用酒精把牠保存在我的淡水博物館中。

6. 在往高山地區的途中，我不止一次，被躲在長草及岩石中的眼鏡蛇(Cobra-de-capello)攻擊。因為草很高，我沒有看到牠，幸而每次都沒被擊中。只要一次被擊中，後果就不堪想像。

7. 我捉了一隻眼鏡蛇種(*Naja tripudians*)的蛇。發現如果把牠放在強烈的氨液裡，只會讓牠痛苦的掙扎、憤怒的亂甩尾巴。牠身長四呎半。

烏龜

1. **綠龜**(Green turtle, *Chelonia viridis*)：台灣東海岸的海邊有許多綠龜，身長三～五呎，重量二百～四百磅。牠們晚上從海裡爬上海灘，用雙臂在沙中挖洞，下蛋，把蛋蓋好，然後抬起頭，走回海裡的老家。好幾百隻的綠龜從此永遠回不到老家，因為原住民點著火，在沙灘上等候牠們。綠龜勇敢的應戰。但是因為動作不靈活，不久就被翻倒，四腳朝天，一點辦法都沒有。

2. **鷹嘴龜**(Hawk's-bill turtle, *Chelonia imbricata*)：這種龜的嘴和老鷹相似，因此而得名。很多用具及飾品都是用這種龜做的。

3. **泥龜**(Mud-turtle)：這種龜在許多淡水河中都可看到。

四、魚

在海岸邊及河溪裡，魚都很多，而人們想盡辦法捉魚。魚的種類包括：

1. **比目魚**（Flounder, *Pltessa flesus*）。

2. **緋鮋鰹**（Mullet, *Mullus barbatus*）。

3. **青花魚**（Mackerel, *Scomber*）。

4. **鯡魚**（Shad, *Clupea alosa*）。

5. **黑鯨**（Blackfish）。

6. **鯊魚**（Shark, *Carchariidae*）：槌頭鯊魚(hammerhead, *Zygaena malleus*)是窮人的一種食物。在西海岸，約從淡水往南一天的行程，可捉到五～十二呎長的藍鯊魚(blue shark, *Carcharias glaucus*)。藍鯊

魚的魚肉也被食用，但不好吃。魚肝可製魚肝油，魚翅在中國
各地都被認為是上等食品。

7. **飛魚**（Flying-fish, *Exocaetus volitans*）。

8. **鱒魚**（Trout, *Salmo fario*）。

9. **翻車魚**（Sunfish）。

10. **印魚**（Remora）：牠是一種奇妙的動物，有一個吸盤，可以攀住
    其他動物，吸取其血。在淡水河口，曾發現過一隻鯊魚，無
    助的在那裡掙扎。我們把牠圍住，捉起來，發現牠的耳朵裡
    有一隻六吋長的印魚。一隻小魚竟有辦法讓一隻海上的巨霸
    束手無策。

11. **河豚**（Globe-fish, *Diodon hystrix*）。

12. **二齒魨**（Diodon, *Ostracion cornutus*）。

13. **海豚**（Porpoise, *Phocaena communis*）。

14. **鰻**（Eel）。

15. **鯖魚**（Thornback, *Rija clavata*）。

16. **鰈，俗稱皇帝魚**（Sole, *Solea vulgaris*）。牠是台灣各種魚類中最
    可口的水產，也是被中國人和歐洲人最惜以為貴的魚。

17. **彈塗魚**（Periophthalmus）：牠生長在泥巴或泥水中，以兩隻類似
    腳的鰭移動。用此鰭腳，牠可以靈活的跳躍。牠們是我見
    過，眼睛最銳利之動物。牠們從不曾因打瞌睡而被捕捉。再
    小的移動，牠們都會注意到，而剎那之間，牠們就消失在泥
    水中。經過好幾年，我才捉到一隻樣本。

五、昆蟲

1. **蟬**（Cicada）：甲蟲（sacred beetle）是古埃及人所重視的蟲，而蟬是希臘人所熱愛的蟲。荷馬（Homer）和赫西奧德（Hesiod）兩位希臘詩人，都曾讚頌蟬的體輕、無血和無害。近代詩人拜倫（Byron）曾經用蟬的義大利名字，談及「令人振奮的蟬」。公蟬有一個製造音響的發聲器官，母蟬則啞口無聲。台灣有三種蟬：紅色蟬、綠色蟬，及一種大而黑的蟬。其中最常見的，是最後這一種屬於 *Fidicina altrata* 類種的蟬。母蟬把卵下在樹枝上，卵適時孵化，小蟬沿著樹皮爬下，鑽進土裡，吸食樹根和球莖的汁液。長大後，身體沾著泥土，從地下爬出來，再爬回樹上，往往是榕樹。牠選擇陽光照得到的樹枝，爬上一片嫩葉，將爪刺透葉子，然後停留在那裡，背對著陽光。炎熱的陽光使牠肩膀的殼裂開，跑出一種白色、軟翅的動物，離開牠的棺材，飛走，同時「嘎哩嘎哩」的叫(Katy did, Katy didn't)。牠這個後世生活延續數週，然後像暈眩似的，掉落地上，翻身，死去。結束牠的一生。

2. **螳螂**（The praying mantis）：牠的英文名字「祈禱的螳螂」（praying mantis)是多麼不適當！因為這位「祈禱者」，其實是隨時維持一個捕食的姿勢，等待著牠的獵物。牠銳利的眼睛很少錯過捕食的對象。這種昆蟲非常野蠻，並且有殺食同類的習慣。有一天，一隻大的母螳螂來到我的書房。我把牠捉起來，放在一個上面穿孔的紙盒裡，我仔細的觀察牠的動靜。不久，我幸運的

有一個難得的機會，看到牠產下一百個卵。牠將卵放在一個自製的海綿囊裡，並將此囊黏在紙盒的側面。海綿囊逐漸硬化，兩個禮拜之後，跑出九十六隻小螳螂，牠們不久就開始無情的互相吞食。在樹枝上到處可看到這種空囊，但是我遇到過的本地人，從來沒有一個人知道那是什麼東西。

3. **螳螂**（Cockroach, *Blatta orientalis*）：夏天的時候，蟑螂和蚊蠅一樣普遍。在盤子上、櫃子裡、路旁，到處都有。一天晚上約十一點，我在二樓的小書房觀察一隻蟑螂，牠正慢慢的爬上牆壁。突然一隻壁虎出現在離牠三呎的上方，壁虎快速的移動到蟑螂旁邊，用嘴咬住蟑螂的左翅。然後開始拉牠、搖擺頭，並表現其他愉快的動作。當牠們這對動物慢慢向上移動時，出現了一隻小蜥蜴，壁虎用清楚的尾巴動作，警告蜥蜴勿靠近。不久，蟑螂從牠敵人的嘴裡脫落，掉到地上。對於壁虎來說，蟑螂實在是太大而不易掌控。

4. **甲蟲**（Beetle）：台灣的甲蟲有數個種類。漢人小孩很有創意的用一種金色的甲蟲（金龜子）製成非常好看的玩具。他們用的材料是一根約三呎長的繩子，一個四吋長的管子，以及一根比鉛筆大一點的棒子。繩子的一端穿過管子，用一支小鑰匙或其他物將繩子固定，使繩子可以自由旋轉而不會捲纏。繩子的另一端綁在棒子的中央。棒子兩端各綁一隻金龜子。小孩的手握住管子，將手伸直，讓金龜子可以展翅而飛。兩隻金龜子繞著圈圈，越飛越快，到最後，看起來像一個黃色的圓圈。有時候，在棒子上的不同位置添加一些彩色陶物，效果更大。我看過一個外國人，給一個漢人小孩一塊錢，請小孩表演這種遊戲。

5. **蚱蜢**（Grasshopper, *Acrida viridissima*）：台灣有數類蚱蜢。一種大而綠的，可以視為蝗蟲，牠在路上產卵。母蚱蜢在地上挖一個鉛筆大小的洞，低下身體，在洞裡產下一堆卵，藉太陽的熱能使卵孵化。

6. **水蟲**（Water-bug, *Nepidae*）。

7. **松澡蟲**（Water-boatmen, *Notonectidae*）。

8. **臭蟲**（Bedbug, *Acanthia lectularia*）。

9. **螻蛄**（Mole-cricket, *Gryllotalpa vulgaris*）。

10. **蟋蟀**（Field-cricket, *Gryllus campestris*）。

11. **蜻蜓**（Dragon-flies, *Libellulidae*）：種類很多。其中一種身體紅色，非常漂亮。

12. **白蟻**（White ants, *Termes*）：牠們不是螞蟻，而是 *Termis bellicosi*，屬於 *Neuroptera* 類。真的螞蟻屬於 *Hymenoptera* 類。白蟻晚間工作。當牠們從物體表面的一個地方移動到另一個地方時，牠們一定會建築一個用土或灰塵做的隧道，通道大小比寫字用的羽毛管大一點。在通道上，牠們來來去去，執行破壞的工作。牠們對於所有木製品都有極大的破壞力。在幾個月期間，牠們就可以把房子的棟梁從一端穿透到另一端，使整支棟梁只剩下外殼和裡面的硬心。當牠們在一個房子的門檻做完工作後，門檻會只剩下薄薄的一層，有時如紙一般薄。牠們會穿透地板、毀壞櫃子及各種家具，讓這些東西外表完整，裡面中空，用手一壓，就會破碎。有一次，我們離開淡水兩個月，在家裡留了一個櫃子，裡面擠滿衣服。當我們回家時，發現櫃子裡一大堆白蟻，衣服變成一

堆布條，而衣櫃的木板被侵蝕得無法承擔一點點的壓力。

13. **螢火蟲**（Glow-worm, *Lampyris noctiluca*）。

14. **蛀蟲**（Death-watch, *Anobium striatum*）：這種昆蟲會把家具鑽孔，並發出嘀答嘀答的吵鬧聲。

15. **鹿角蟲**（Stag-beetle, *Lucanus*）。

16. **埃及神聖甲蟲**（Sacred beetle of Egypt, *Scarabaeus sacer*）：這種有趣的動物，幾乎每天都可以在學堂裡的走道上看到。牠很小，但很有力。母蟲在一個和李子一般大小的圓球裡面產下幼蟲，這個圓球是利用牛糞之類的草食動物之排泄物製成的。當牠們把球做好後，便把球運送到一個已經挖好的洞口，然後把球滾下去。卵被太陽晒熱而孵化，新生兒破卵而出，變成埃及神話中聞名的聖甲蟲（Sacred flying-beetle）。有時牠們必須把球運送到一個相當距離的地方，而這段運送球的過程，真是一個有趣的情景。幾乎所有推進的物理原理都被牠們用上了。最通常的運球方式是，公蟲在後面用後腳推，母蟲在前面導航，並幫忙拉。

17. **金龜子**（Golden beetle）。

18. **虎甲蟲**（Tiger-beetle, *Cicindela campestris*）。

19. **水甲蟲**（Water-beetle, *Hydradephaga*）。

20. **鼓蟲**（Whirligigs, *Gyrini*）。

21. **磕頭蟲**（Elater or skipjacks, *Elateridae*）。

22. **螞蟻**（True ants）：島嶼的螞蟻有數種。其中一種的巢很大，像黃蜂巢一樣，築在樹上。另一種在地上築小丘。但最令人頭痛的是一種褐色的小螞蟻，除非桌子腳底放盛水的碗，不然

桌上的食物一定會被這種螞蟻蓋滿。在夏天的季節，每一個
地方、每一個轉角，都可以看到牠們排成長長的一排在移
動。

23. **黃蜂**（ Wasps, *Vespa*）。

24. **蜂**（ Bees, *Apis*）：養在蜂箱裡，但往往出現於林中的蜂巢。

25. **蒼蠅**（ House-fly, *Musca domestica*）。

26. **蚊子**（ Mosquito, *Culex pipiens*）：只有母蚊會釘人。但是因為她辦
事效率太高，因此不論是皇帝的王宮或是乞丐的草棚，都要
掛蚊帳，才能安心的睡覺。

27. **天蛾**（ Hawk-moth, *Acherontia atropos*）。

28. **蠹蟲**（ Clothes-moth, *Tinea rusticella*）：這種蟲對衣服的破壞力非常
大，因此必須準備第二套外衣。

29. **大蛾**（ Atlas-moth, *Atlacus atlas*）。我捉了一隻大蛾，牠兩個翅膀末
端之間的長度為九又四分之三吋，非常的美麗。

30. **月蛾**（ Moon-moth, *Atlacus luna*）。

31. **天蛾**（ Sphinx）。

32. **竹節蟲**（ Walking-sticks, *Bacillus natalis*）。

33. **蛸蟲**（ Incased insects, *Psychidae*）。

34. **蚤**（ Fleas）：台灣的蚤和世界各地的蚤一樣厲害。

35. **蝨**（ Lice）。

36. **蝴蝶**（ Butterflies）：

(1) **尾蝶**（ Swallowtailed, *Papilio machaon*）：多而美麗。

(2) **孔雀蝶**（ Peacock butterfly, *Papilio io*）。

(3) **樹葉蝶**（ Leaf-butterfly, *Kallima paralekta*）：當這種美麗的蝴蝶

停在樹枝上時，你必須要有博物學家的觀察力，才不會把牠看成是一片枯葉，因為不論是形狀、顏色和姿勢，兩者都幾乎完全相像。

37. **多足蟲**（Myriapod, *Julus terrestris*）。

38. **蜈蚣**（Centiped, *Scolopendra*）：除了毒蛇之外，本地人最怕此種動物。

39. **蜘蛛**（Spider, *Araneina*）。

40. **蚯蚓**（Earthworms）。

六、軟體動物

為了讓這類動物的外殼保持原來的光澤，我們把活的樣本置於地下。數天之後，再把內部去掉，徹底的清洗。在海灘上找到的死螺、貝，外殼絕不會完整，因為受到水和沙的磨損。這種動物可在沙裡、泥中、木頭上找到，牠們也會棲息在海藻上，隨海水漂流。

1. **泉螺**（Fountain-shell, *Strombus*）。

2. **海螺**（The buckie of Scotland, *Fusus* or *Cehrysodomus antiquus*）：用這種螺殼可以聽到海的聲音。

3. **峨螺**（Whelk, *Buccinum undatum*）：這種螺的舌頭，尖如銼刀。當它尋找早餐時，可利用舌頭銼穿其他軟體動物的外殼。

4. **芋貝**（Cone, *Conus imperialis*）。

5. **芋貝**（Cone, *Conus aulicus*）。

6. **子安貝**（Money-cowry, *Cypraea moneta*）。

7. **子安貝**（Tiger-cowry, *Cypraea tigris*）。

8. **蝸牛**（Snail, *Helix aspersa*）。

9. **石鱉**（Chiton, *Magnificus*）。

10. **牡蠣**（Oysters, *Ostreidae*）。

11. **海扇**（Pecten）。

12. **淡菜**（Mussel, *Mutilus edulis*）。

13. **淡菜**（*Unio littoralis*）。

14. **剃刀貝**（Razor-fish, *Solen vagina*）。

15. **戚貝**（Limpet, *Patella vulgata*）。

16. **穿孔貝**（Boring-shell, *Pholas dactylus*）。

17. **海膽**（Sea-urchin, *Echinus esculentus*）：台灣沿海的地方，用醃漬的海膽做為下飯菜。

18. **海盤車**（Starfish, *Asterias rubens*）。

19. **海葵**（Sea-anemone）。

20. **寄生蟹**（Hermit-crab, *Pagurus bernhardus*）：這是海邊的軟體動物中最有趣的一種。牠身體的前半截有爪和觸腳，有一點防衛的作用；後半身則柔軟、敏感、容易受傷，並且完全無防衛機能。寄生蟹沒有家，是個半寄生物，屬於一種海上的「漂泊者」。牠必須尋找死峨螺或其他軟體動物的殼，來當自己的家。我常常觀察牠們尋找一個適當的殼之情景：第一個殼太大，第二個殼太小，第三個剛剛好，但是已經被佔據，在這情形下，可能會發生一場戰鬥。當寄生蟹找到滿意而尚未被佔據的家時，牠先把軟弱無抵抗力的下半部擠進殼裡，然後背著它的房屋，大搖大擺的走開，好像本來牠就有權擁有此屋。

21. **王蟹**（King-crab, *Limulus gigas*）：這種蟹類似古代的三葉蟲。在雞籠港的淺水地上可以找到。

22. **鱗硨磲**或稱**聖水壺**（Holy-water pot, *Tridacna squamosa*）：牠之所以有此名字是因為，法國和義大利的天主教堂在舉行宗教儀式時，用此種螺殼來裝水。在法國的一所教堂有一個巨大的聖水壺。在麻六甲海峽（譯注：介於馬來半島與蘇門達臘間）的聖水壺可以長得很大，曾發現過數百磅重者。大的聖水壺被當作不值錢的壓艙物，從中國沿岸運到台灣。較小的聖水壺則在台灣沿岸可找到。此種殼的加工，已成為一種工業，尤其在新竹市更為盛行。漢人用一種無齒的鋸子、沙和水為工具，有如鋸花岡岩用的花岡岩鋸子。從這種殼鋸出的碎片，看起來像大理石一樣。牠們被切成各種大小，三、四吋厚，用磨石碾磨，然後製成項鍊、手環，或其他飾品。原住民喜歡佩帶這種東西，把牠視為珍品，並用牠來交換藤條、樟腦、染料根，以及木髓。

23. **玉黍螺**（Periwinkle）。

24. **梭尾螺**（Trito, *Triton variegatum*）。

25. **喇叭螺**（Trumpet-shell）。

26. **法螺貝**（Conch-shell）。

27. **鳥螺**（Cockle, *Cardiidae edule*）。

28. **蜀紅螺**（Harp, *Harpa ventricosa*）。

29. **多刺鷸貝**（Thorny woodcock, *Murex tenuispinus*）。

30. **凹貝**（Trochus, *Trochus Niloticus*）。

31. **干貝**（Scallop, *Pecien maximus*）。

32. **鮑魚**（ *Haliotis tuberculata* ）。

33. **藤壺貝**（ Sea-acorn shells, *Balanus sulcatus* ）。

34. **龍蝦**（ Lobster, *Homarus vulgaris* ）：體大；活的龍蝦帶綠色，煮熟的龍蝦成紅褐色。

35. **蝦**（ Shrimp, *Palaemon vulgaris* ）。

36. **豆蟹**（ Pea-crab, *Pinnotheres pisum* ）。

37. **鸚鵡螺**（ Paper-nautilus, *Argonauta argo* ）：很難想像有任何東西能像此種螺那樣可愛；牠的殼薄而透明，形狀如船，由漏斗中噴出水而使身體前進。

38. **章魚**（ Octopus, *Octopus vulgaris* ）。

39. **烏賊**（ Sepiidae, *Sepia officinalis* ）：放在鳥籠裡餵鳥的「墨魚骨」，就是取自這種動物含石灰質的內殼。

40. **珍珠鸚鵡螺**（ Pearly nautilus, *Nautilus pampilius* ）：它的嘴和鸚鵡的嘴一樣，外面白色，有褐色條紋。

第九章　人種學大綱

Ethnology in Outline

兩類－主要人種－人種表－原住民馬來人種－傳統－外國看法－移民
－習慣－特徵－語言不同

　　北台灣的人可分為兩類人種；第一類是原住民，包括開化及未開
化者，他們屬於馬來亞人種(Malayan)。第二類是漢人，他們是蒙古人
種。當然，還有來自歐洲及美國的「外國人」，但他們的人數太少，
並且他們在島嶼生活中所扮演的角色微不足道，因此不在本章的考慮
範圍。兩類人種完全沒有通婚的情形，所以島上沒有混雜的人種。本
章的目的不在於做完整的研究，而是對北台灣的人種做一個初步的分
類，並提出理由，解釋為何將島上人種分為馬來亞人種和蒙古人種。

　　第一類人種是漢人，他們在人數、智能，及影響力方面都居於優
勢。他們不會給人種學家任何難題，因為他們的來源及人種關係很容
易追溯。他們或他們的祖先是早年從人口密集的大陸橫渡台灣海峽來
此的移民，他們將原來的生活習慣以及家裡所拜的神帶來此地。他們
發現，從山上到海濱都長滿了樹林。而遊蕩的野蠻人，以叢林為家，
他們的長相奇怪、他們的語言粗魯野蠻。任何一個進入野人的入口，
他們都被找麻煩，但是他們因人數及能力的優勢而取勝。蕃人被趕出
一些最肥沃的平原，稻田和茶園替代了叢林和原野。另一人種的粗陋
房子消失了，取而代之的是有明顯中國特徵的城鎮；於是漢人成為台

灣的強權者。他們掌握主要的工業，表現他們人種積極進取的特徵，維持祖先們的生活和崇拜方式。他們大部分來自於福建省，說著廈門話。他們叫做福佬人。一小部分人的祖先源自於中國北方一個部落，他們後來遷移到廣東省的一些地方，再從那裡橫渡至台灣。這些人叫做客家人，他們具有獨特的生活及語言。

　　漢人把所有的原住民叫做蕃人，並依照他們是住在平原或住在山區，以及依照他們是否服從或抵抗漢人統治，而將他們加以分類。住在東海岸大平原的原住民，因為他們承認漢人的權威，並接納他們的敬拜方式，而被稱為「平埔蕃」（Pe-po-hoan）。住在東海岸南部地方第二個平原上的原住民，被稱為「南勢蕃」（Lam-si-hoan）。不屈服的山地人，被稱為「生蕃」（Chhi-hoan）。一些和漢人混雜住在西部的原住民，被稱為「熟蕃」（Sek-hoan）。這些名稱都是漢人的稱呼，也顯示優勢人種和原住民的關係。如今日本已經擁有此島嶼，他們可能會加進一些新的東西。日本人和現在居民的關係目前尚無法確定，但是看起來，他們好像會公平對待原住民。下圖顯示島嶼人民的人種：

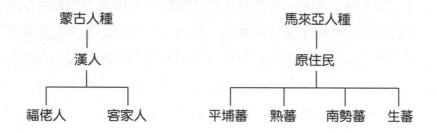

　　把所有原住民歸為馬來亞人種，可能被認為有問題，因此需要做一些佐證。我之所以會下這樣的結論，說台灣原住民是馬來西亞群島

附近島嶼居民的後代，居於以下數個理由：

1.**原住民的傳統**：我從不同部落收集了有關他們傳統的第一手資料，這些資料支持他們是馬來亞人後代的說法。其中一點是，他們的祖先是從南邊的方向來的。他們本來是在船上，船壞掉了，於是他們住在靠近海邊的平地，之後，別人來了，他們就越過山嶺，往內遷移。他們捕魚和烏龜、捕捉山豬、用弓箭射鹿，他們穿鹿皮，在長草的柄上打結來記錄時間。當他們在一個地方所打的結超過一百個或兩百個時，他們就移到離開一點距離的地方，清理一下土地，把自己叫做「外社」、「南社」、「新社」，或「大社」。他們蓋房屋用茅草、藤和竹。新來的人們，帶著刀及類似的器皿，送給首長。之後，當漢人來時，他們以鹿皮和鹿角和漢人交換槍、刀和砲藥。他們還記得「紅毛親戚」(red-headed kinsmen，譯注：指西班牙人或荷蘭人)曾經來過，並對他們很好，而他們之間自由的從事商品交易。後來漢人把這些人趕走，自己定居下來。從此仇恨開始產生，而原住民開始獵人頭，恢復從前他們的祖宗在家鄉所做的事。

從另外一個傳統及告別儀式也可獲得同樣的結論。在東海岸南勢蕃居住的奇萊(Ki-lai)平原上，保存了兩艘獨木舟，以紀念他們先父們來到此島。獨木舟如有腐朽之處，則加修理或換一個新的。它們平時置於一個草棚下面，放在離海不遠的原野上。每年一次，南勢蕃聚集，把這兩艘獨木舟搬到海邊，一些人上船，把它划出海邊，走一小段距離，再划回來。然後歡樂的把獨木舟搬回草棚。南勢蕃說，他們的祖先們，來自台灣的南方和東方，划著類似的獨木舟而來，因此這個習俗就是為了保存那個傳統。

在南方澳靠近蘇澳的一個平埔蕃村落，一些八旬老翁們告訴我，

在他們祖父的時期，漁夫們不喜歡噶瑪蘭(Kap-tsu-lan)平原的多雨氣候，常想回老家。於是他們把木板拴在一起，做成簡陋的船，向南方出發，回去他們的祖家。他們認為，他們是來自菲律賓群島中的一個島。

在新社的村民說，他們的祖先不是來自島嶼，而是來自中國大陸，但不是蒙古人種。一件可以確定的事是，在噶瑪蘭平原的村落中，只有另外一個村落，和新社說同樣的語言，而此兩個村落也互相認親，並且其他的村落也都認定他們的關係。他們這兩村落很可能是如他們所說的，從中國的某個原住民部落遷移過來。

2.**外國人的一致見解**。遊客在台灣的不同部落中，所看到的特徵和行為，與他們在呂宋、波里尼西亞、馬來半島、琉球、巽他群島、婆羅洲、泰國及雲南所看到的一樣，因此，他們一致的認為，台灣的原住民，是來自馬來群島及中國海上一些島嶼。然而，有些人認為，台灣的原住民是黑人種，被馬來亞人趕進山裡。我不認同此種說法，因為我在原住民身上看不到任何黑人成分，而在山裡的任何部落，也都找不到這樣的人。為了求證，我很謹慎的在南部高雄附近的部落做了調查，包括位於中央地帶的埔社之一些部落，以及在平埔蕃和熟蕃裡的十幾個部落，我所得到的結論都是一樣。我所訪問的原住民都非常確定，在山中或島嶼的任何地方，沒有那種「羊毛頭的人」。膚淺的觀察者，往往意見很強烈。幾年前，有人告訴我說，山裡可以找到漂亮而灰眼的白人種。他說得很確定，因此，我決定去搜索證據。我一路找到他說這些人居住的地方，結果發現，這些人並不是荷蘭人的後裔，而是身材矮小、棕色皮膚、黑色直髮的馬來亞人。

3.**自然的遷移**。海流一方面從巽他群島、爪哇、蘇門達臘，另一

方面從婆羅洲，往北流過中國海，並流過台灣海峽和大陸之間。另外
一股海流，由婆羅洲與西里伯斯島之間，流經西里伯斯海，和北太平
洋海流相遇，形成一股黑流，橫過台灣東邊。這股海流可以輕易而自
然的把來自馬來群島的貨船或漁船帶至台灣海岸。這種事情，在我的
時期，就曾發生過。在我來台灣幾年後，有一些形狀奇怪的小艇開進
了雞籠港。小艇裡面有一些面容飢餓的船伕，身上從頭到腳都有刺
紋。他們受到仁慈的接待，過了一段時間後，被送到香港，然後從那
裡回到他們帛琉群島的家。好幾次，從琉球島嶼來的貨船，都因發生
船難而在台灣上岸。

　　4.**習俗**。台灣原住民的習俗，在以下的章節裡會有詳細的敘述。
在這裡，我只說一點，就是他們的每一個習俗幾乎都和婆羅洲原住民
的習俗一樣。所用的圖騰都是同樣一種固定的圖案。他們的衣服和飾
品很類似。他們的房子有共同的建築特性。和馬來群島的人一樣，他
們敬拜祖先。而在深山裡，他們顯然還有婆羅洲迪雅克人（Dyak）的獵
人頭習慣。

　　5.**身體特徵**。台灣漢人的頭是圓形的，而原住民的頭則中等長、
寬。至於頭蓋骨縫，或頭蓋骨相接的接合線，我發現年幼者的頭蓋骨
縫，不是很明顯，而頭骨形狀則似如圓球。這是島上低等人種(lower
races)的特徵。突額情況，或額部突出的情形——「上頷骨角度」、
「面容角度」——也是一樣，可以看出和馬來亞居民同屬一型。頭髮是
圓狀的，因此沒有「羊毛頭人種」的痕跡。頭髮呈黑色，和馬來亞人
一樣。眼睛和馬來亞人一樣顏色，而鼻子的形狀也相同。

　　所有原住民都是同源的說法，可能有人不同意，因為原住民的語
言分歧不一。然而，並不能根據語言的不同，就做出一個結論。在凱

斯內斯(Caithness)、芬蘭、奧克尼(Orkney)，及冰島上的斯堪地那維亞
(Scandinavian)人，他們所說的語言，和在挪威及瑞典的宗親所說的語
言就很不相同。不同的環境會造成不同語言，台灣各地漢人的語言也
有類似的變化。大陸的漢人和台灣的漢人，很容易就能辨認出來。而
「噶瑪蘭腔」就是該平原上漢人的口音。同樣的道理，馬來亞旅客在
台灣海岸因船難而上岸後，他們會受到當地優勢居民的影響，並學習
其語言。但是當部落之間互相隔絕，沒有往來時，他們的語言就自然
會發生變化。住在加拿大高地的居民，就發生這樣的情形；此地居民
的子孫們，已經完全無法了解他們祖先們所喜愛的蓋爾語（Gaelic）。在
宜蘭平原我們有一個教會，我去那裡時，就注意到一件很有趣的事
情。有一個因船難而上岸的人，他幾年前和其他幾個人從菲律賓群島
渡舟而來。他們經過巴士海峽時，被風浪驅趕，而偏離了原來的航
線，結果在台灣上岸。他是唯一生還者，上岸後，他發現自己能聽懂
幾句當地原住民的話。不久，他就學會平埔蕃的語言，娶平埔蕃人為
妻，而理所當然的成為平埔蕃的一員。

　　從以上的論證，讓我覺得，似乎可以毫不猶豫的下一個結論，就
是許多探險者、漁夫、商人，他們來自中國海南方和東方的諸島嶼，
可能有一小部分來自大陸，他們在不同時期來到此島嶼，形成了現在
所謂的原住民人種，而這個人種就是馬來亞人種。

第三部

漢人

Among the Chinese

第十章　住民
The People

台灣的漢人－福佬人－客家人－語言－「蕃仔」

　　在這個島上住有約三百萬的漢人，其中約一百萬是住在加拿大長老教會有在從事宣教的四個地區。這些漢人分為福佬人和客家人二類。在台灣北部的漢人中，八分之七是福佬人，他們是從島的對岸福建省來的移民或移民的子孫。自從中國的海盜國姓爺把荷蘭人逐出台灣後，這個豐富又美麗的島嶼就讓中國人可自由移入，也成為人口過多的福建省民外移的好去處。他們來到時，發現此地已有原住民部落住著，雖然原住民對於荷蘭人的來到很友善，卻對漢人的侵入極力抗拒。慢慢的，漢人把原住民擠入山裡，自己擁有北部和西部廣大富庶的平原。漢人，除了已定居於此島的人外，每年也約有一、二萬人從廈門過來這裡從事茶葉的工作，而其中一部分人會留住下來。台灣的漢人具有他們福建同鄉的各種特徵，只不過，因為移民，使他們在習俗和觀點上有某些的改變。他們講的是廈門話，婦女和廈門一樣都纏足，也穿同樣的服飾。

　　客家人，據推測是從中國北部某一族人，移到福建然後又移到廣東的後裔。台灣的北部有約十萬人，他們勇敢又健壯，在中國大陸和台灣都為自己力圖發展。客家婦女因為不纏足，因此，比福佬人的婦女更為強健。她們幫助丈夫耕田，也做各種戶外工作，非常勤奮。因

為如此，在福佬人無法經營而原住民會餓死的地方，客家人卻能興起並致富。他們大多住在新竹和苗栗的城鎮和鄉間，是漢人與原住民交界地的開拓者。他們說的是廣東的一種方言，但是年輕的一代都學福佬話，因此將來客家話恐怕會消失掉。

有一件事必須記得的，就是在台灣和中國的每個地方，說的話雖然非常不同，但卻都用同樣的文字書寫，這一點西方人很難了解。每個字的寫法對所有的漢人都是一樣並具有同樣的意義，不過，字的說法在不同的省份各不相同。不僅如此，在台灣，事實上得學二種語言，一種是文學上的讀音，一種是日常說的口音。譬如，「人」這個字，讀音是羅馬拼音的「jin」，而口音是「lang」。不過，漢語並不像西方語言一樣有格或詞的變化，他們主要是靠「聲調」的不同來辨識。像台灣口語就有八個聲調。對說英語的人聽起來像是同個音，但這個音在說的時候，因其是快、高、低或八個聲調的其他任何一聲，就可能代表八樣不同的事物中的任何一樣。而每個聲調都有自己的字，因此，漢文有六萬多個字。還有其他一些不同和複雜的地方，使得學漢文不是一件簡單的事。要想在公眾之前能說流利的漢語，學習時就得耳尖、舌巧，而且模仿能力很強。許多外國人雖然一直無法把漢語說得流利，不過在其他工作場合，還是派得上用場。

在台灣的漢人對於原住民很輕視，和他們以物易物、欺騙他們、並把他們推趕到他們的山地據點，對待他們就如同美國人對待印第安人一樣。他們稱在平地的原住民為「平埔蕃」，漢人雖然對待他們比對待「生蕃」好些，但也是漸漸地把他們的財產奪去，而迫使他們回到山地，再去向山地部族要回土地。

第十一章　政府和司法

Government and Justice

政府的形式－辮子－台灣成為行省－吏治的腐敗－衙門的不公－「官吃錢」－刑罰的方式－金錢萬能－「整肅吏治」－由人代理受刑－對基督徒的迫害

中國的政府是家長式的，皇帝在理論上是二億五千萬百姓的父親。清朝在一六四四年接替了明朝，現今的皇帝光緒，是清朝第九代皇帝，而第一代皇帝順治，是來自滿州。順治的一項「改革」就是要大家留辮子，所有的男人都必須依滿州人的習俗，把前頭剃光，後頭的頭髮編成一條辮子。留辮子是對皇帝一種忠誠的標誌，不留辮子的人會有喪命之憂。西方人很慢才明白辮子並無宗教或迷信的意味，純粹是為了政治，它是清朝帝國的「老旗幟」，是對統治的皇朝忠誠的記號。漢人現在對它已感習慣，過去曾視它為恥辱，現在則對它感到光榮。而沒有留辮子的人，就是叛徒或賣國賊。當自我尊重的西方人對這種實情有所了解後，中國人這種忠誠的象徵就不會再被認為可笑，英文中以「豬尾巴」（pigtail）做為戲稱的字眼也會被除掉。

理論上皇帝統治著全中國，不過實際上，帝國的事物是由六個部門在掌理，全國各省的高官們都由這六個部門在指派。

國姓爺在一六八三年被廢黜後，台灣乃隸屬於福建省，一八八七年被升為帝國的一個行省，並和其他的省一樣，由北京皇族派任一位

巡撫。在巡撫之下有四位縣知事管理著台灣北部的四個縣區。在這些知事下面，又有較低階層的官吏，掌管較小的區域，他們都是被指派的。而在這些小官吏之下，還有地方官和頭人，他們的權力相對的就小許多。除了頭人外，其餘的都是從大陸來的，而頭人通常則由地方上的人來擔任。

所有大小的官都擁有管理與司法的權力，司法行政權全都在巡撫和他的僚屬的手裡。每個當官的職位能不能保，都看他直屬上頭的心意。而為官的薪俸並不足以維持他們所必須供養的隨扈，因此，整個官場上上下下就都貪污。在台灣的中國官員，從上到下，每個都有一隻貪財手，做官就必得收取賄賂。滿大人補償其收入的方式就是從他的隨從及所有落入他掌中的人的身上「敲詐」。而他的隨從們又可向那些拜託他們在滿大人前說好話的人「敲詐」。就收受賄賂這方面的伎倆，台灣的中國官員遠高過美國華府或加拿大渥太華那些最懂得尋覓官位和收取賄賂的官員們。

貪污最好的時機就是在判案的時候，官府衙門在辦案時全是一套謊言、欺詐和迫害。滿大人由他的隨從護著坐轎子來到，進入衙門大廳坐正，右邊站著通事(翻譯官)。因為是滿大人，從中國來的，就理該不懂得本地話，所以旁邊必得有個通事。而左右兩旁站著二排面相向的皂吏(巡兵)，而近旁，有刑吏和劊子手。衙門裡常擠滿了訴訟人的親友和看熱鬧的人，沒有律師或法律顧問，也沒有陪審團，一切都由這位滿大人決定。他帶著「龍廷」的威儀，莊嚴的坐著，案子被稟報，而被告則卑屈可憐的跪在他的座位前。滿大人經由通事來審理被告：

大人：「問他是否叫做林。」

通事：「大人在問你是否叫做林。」

被告：「小子叫做林。」

通事：「他叫做林。」

大人：「問他是否犯了被控訴的罪。」

通事：「大人問你是否犯了被控訴的罪。」

被告：「小子不敢犯下這種事。」

案子就這樣一問一譯一答的審下去，有時也會呼喚證人，不過，這得看滿大人的心意，因他的判案主要是受比證據更重要的其他之物的影響。「萬能的錢」能變更司法的權衡。訴訟當事人及其親友的財力通常都被盤查過，而誰能送最多的銀錠，審判就對他最有利。當然，這一切都是祕密進行的。從外表看得到的審判，都是最公正無私的，即使稍有暗示到送錢的事，都會令人吃驚。不過，人人都知道事實是怎麼回事。所以說到中國官員，一般都會說他們「官吃錢」。

判官可以隨意判案，而刑罰的輕重並不在於判官的心情如何，倒是在於賄賂款項的多寡。最通常的刑罰就是罰鍰，而罰鍰的數目是按著罪犯的財力及私下已送了多少給判官而定。

其次常有的刑罰就是「批頰」，這種通常是對做假證詞的人所作的刑罰。事實上，通常當證人所做的證詞令判官不悅時，常立刻就被批頰。當大人在聽證詞若面露不悅時，皂吏常就一把抓住證人的辮子，使他的臉仰向刑吏，刑吏就依指定的次數打臉頰。而證人若依然堅持他的證詞，就會被一打再打。

還有一種刑罰是「笞刑」，罪犯在判官面前被皂役脫去衣服，在

兩邊大腿用竹板子打十到千下。有時刑具是用九尾鞭來打。受了笞刑的都非常痛，而且常因皮肉裂開，被感染而發生壞疽，以致因而喪命。

「項枷」，不僅是一種羞辱人而且是很痛的刑具。它是用橡木做成約三呎見方的厚重木板，中間有個孔，受刑人在公共場地把它穿戴在頸子上約一、二個月，有時日夜都得戴著不可取下。

犯人被關在牢裡一段時間或關終生是很常有的刑罰。監牢都是又暗又髒，而且雖然照法不得虐待犯人，但事實上犯人常被殘忍虐待，其目的就是要向犯人及其家屬敲詐。

殺人犯、竊賊、造亂者及其他犯嚴重罪過者，會被斬首，小偷或縱火的，也會受到此刑罰。通常是用雙手握著的利劍快刀斬首，至於弒親者，甚至被斬剁分屍。

強盜受刑時，是先把他們的雙手反綁在柱子，讓他們面向太陽，並割去雙眼的上眼皮，這樣折磨數天後，才用極殘忍的方式斬首。

對於這種種案件，只要能花錢就有辦法買通判官的判決、刑吏和劊子手下手的力道，以及地方官對屍體的處置。例如判「笞刑」時，刑吏就有機會「敲詐」，他看收到的錢的數目來決定要鞭打得輕或重；而劊子手也看拿到多少錢，來決定要一刀就讓頭落地或讓斬首拖得又久又痛苦。

我曾看過對於四個被控偷竊的士兵的處決，其中的一個是跪著，他一下子就被解決了；第二個被鞭打了三下後才被處決；第三個的頭被用長刀慢慢的鋸下；第四個被拖了約四分之一哩路遠，一路他都不停的哀叫並申說冤枉，然而他在受了一陣凌辱後，才被斬首。

整個系統顯然的都這麼貪污，以致很難讓有勢力的犯人被繩之以

法。所以，每過一陣子就有「整肅吏治」的必要。北京的皇朝每十或十二年就會派遣一位具有比各省巡撫權力更大的官員巡視全國各地，去查明一些久久無法解決的冤案。這種雷厲風行的做法確實有助於整肅吏治，也使得清朝得以長久延續。有一次，當這位「為民雪仇者」來巡行時，我剛好在竹塹（Tek-chham，新竹），在該城附近有一位地方官，多年來一直欺壓當地的農漁民。他因很會賄賂上司，所以得以一直勒索市民而沒受懲罰。當地方聞知這位朝廷大人會到竹塹巡視時，就準備向他申訴這位地方官的惡行。但是因為一般百姓不得隨便晉見大人，所以他們就想辦法做了一個稻草人，把它擺放在巡按大人要來的路邊，並把要申訴的案情寫好放在草人的手裡。當巡按大人的行列經過那裡，他的隨從看見了這個假人，並把案情呈上，這個巡按大人就在來路的轎子裡讀了申訴書。來到竹塹後，他就查問案情，當他發現一切都屬實時，就把這個地方官召了來，並把一切都事先安排好。當地方官俯跪在大人面前為自己辯說：「小子不敢犯下這種事」時，大官做了個信號，在未預知下，劊子手就已經把他的頭斬了。

犯人有時由別人來頂替受刑，這是在找不到罪犯或罪犯賄賂官員時，只要給一點錢，就能很容易找個無所事事的人來頂替受罪。有一次我們去申告有一個人搶劫了我們的一所教堂，後來艋舺的官廳向英國領事通知說，那個人已經被逮捕了。我就和幾位學生陪著領事到衙門，我們一到，有個戴著「項枷」的人就被帶出來，我立刻就看出那個人並不是做案的人。當領事告訴這個官吏這個人並不是被告的那一位時，這個官吏承認這位確實只是個頂替的人，不過，他辯說，因為這個頂替的人受了懲罰，必能使那位真的罪犯非常害怕，這樣也能收到殺雞儆猴的效益。另一次是發生在三重埔，在通往雞籠路邊的一間

教堂遭官吏的跑腿們洗劫。我們去申告，官吏調查這個案子後不久，就有兩個人戴著項枷出現在教堂前面。那時，我剛好和我的幾個學生住在那間教堂，大家都知道這兩個人根本沒犯這個案，只不過是被人買通替代來戴上項枷六個星期。我們以愛對待他們，雨天時就讓他們進到教堂裡來，並以其他方式來減輕他們的痛苦。他們沒有把我們的愛心忘掉，幾年後有一次我在艋舺的路上遇到暴民在對我叫囂時，其中的一名就出來袒護我。

　　我第一次經驗到了衙門這種說做不一及不公義的做法，是在我開始工作的第二年。有個住在艋舺附近洲裡(Chiu-nih)這個大村子的商人，他在別處曾聽我講道，就請我到他的村子，並提供一個房間給我做講道堂。在那裡的傳道進行得很順利，沒過多久，村子附近好幾里的人都對所講的道有興趣，禮拜天整個堂及堂外的馬路上都擠滿了聽道的人。來信教的人中有一個是教師和他年老的父親。[1]當來信教的人愈來愈多時，那些敵對的人就愈來愈生氣並開始侮辱信教的人。有個和這位教師同宗族並且很有勢力的人，把這位教師的小田地強佔去，但是地方頭人不肯理睬這件事，這位教師和他的父親就準備向艋舺的官廳申告。可是敵人卻先下手，並誤導衙門的心思，告訴他們整個村子都加入那個「蕃仔」在造反了。又設下計謀，因此，在這個教師和他的父親由一位我的商人朋友等六個教友陪同，去到衙門向官吏稟告，當那個老父親跪在大人面前時，官吏告訴他說，把自己的祖宗和宗教丟棄而去跟隨那個「蕃仔」，是不孝和不忠義的。然後計謀就出現了，皂吏們突然大聲吆喝，衝去抓住每個教徒，揪住他們的辮子推撞他們，又在空中揚出數把長刀，然後跑到官吏面前告狀說：「這些信教的帶了這數把刀子要來殺害你。」官吏就裝作很生氣，命令把門

都關上並把人犯都上銬鍊。人犯中有一個男孩,是這個教師的兒子,因為未滿十六歲,就被放了。但是其他的人都被上了鏈子,拖到監牢去並關在最暗的牢房裡。後來官吏還虛假的開審幾次,每次他們都被逼跪在燒紅的鐵鍊上,之後,也一再遭到笞刑或其他的酷刑,最後他們被押解了七天的路程下監到台灣府(台南)去。後來,有一天上午,這位教師和他的父親都被拖到執刑場,在父親的眼前先把兒子的頭斬了,然後才斬這老人。兩個人的頭顱被放在籃子裡,一路慢慢的提回艋舺。而每到了一處,傳令員就告訴大家,如果去信從那個「蕃仔」的,其下場就是這樣。籃子上並繫著一個告示,上頭寫著「入教者的人頭」。他們以這種方式,使許多人不敢信教。最後,他們把兩個頭顱掛在艋舺的城門上,而其餘被下監的,又被帶回到艋舺來關起來。其中有兩位後來死於虐刑與飢餓。而這位商人繼續活了八年,這期間,他一直忠信基督,且不斷的勸勉其他的獄犯們來接納救主。起初,我很難接到他的信,有幾封信是夾藏在小竹管裡送來的,幾年後,獄方對他不再那麼嚴,我就定期收到他的來信。信裡所說的都是:「我,陳士美(Tan Su-bi),相信一切天、地、天使和人,都是偉大的上帝所造的。我相信我們的救主耶穌成為人並為士美而死。我相信上帝在獄中愛我,他的靈給了我安慰並令我心喜。我感謝上帝讓福音傳到淡水。」他的最後一封信的尾端這樣說:「我相信耶穌我救主,有能力救我並賜給我永生。」之後不久他就過世了。雖然那些指使者和參與計謀的人一直都不曾受到制裁,但數年後,他們都承認那是個計謀而那些基督徒實在是平白無辜的。

這只是我過去二十三年在北台灣所經歷到官吏的腐敗和殘酷,以及基督徒們所受到暴力及不公義對待的一個例子。

〔注釋〕

1根據清季〈教務教案檔〉，這對父子就是李東面和李先登。

第十二章　產業工人及社會的生活
Industrial and Social Life

移向都市－主要的中心－產業工人的類別－耕種－寵物豬仔－鄉村生活－教育－漢學堂－考試及第－戲院、戲劇和演員－娛樂－馬術－新奇方法－婦女－結婚－訂婚－解除文訂之約－首次基督教式的婚禮－輿論的改變

中國人和英國人一樣，喜歡聚居在一起，所以就會聚集住在城鎮和都市。在台灣，為了安全起見，大家更會聚居在一起。因為生蕃都住在不遠的山上，還有伺機要搶劫的人，所以大家不喜歡單獨住在鄉下。住在鎮上雖然不很清幽，但比住在鄉下安全，就是住在鄉下的人，也盡量把住屋建得彼此接近，差不多每一、二十戶成為一個小村莊，男人就在附近的農田工作。

北台灣的三個大都市分別是人口約有四萬五千人的艋舺、三萬五千人的竹塹，以及約三萬人的大稻埕。其他五個中心地是：中港、錫口(松山)、新埔、三結仔街(宜蘭)、貓里(Ba-nih，苗栗)，每個地方約有一萬多人口。還有其他許多小鎮，以及更多的大村，和無數的小農村。

在都市和城鎮裡可看到各類的工人和生意人。所有的工作都是用手在做，聽不到機器聲。工人的種類包括打鐵工、木匠、家具師傅、辦殯葬的、刻神像的、鑲銀飾的、銅錫匠、農具製工、鎖匠、織工、

台灣原住民在吃飯

台灣東部的一個村莊

裁縫師、染工、鞋匠、水泥匠、石匠、窯磚師傅、燒石灰和炭的工人等。生意人都有自己的店或攤子，並把貨品陳列在店面或攤位上。棉被店是很重要的，而水果攤和魚攤買的人很多。技術熟練的工人每天可得三、四角，而普通的工人通常賺不到二角半。他們一般都很節儉，他們的花費和西方的工人比起來也很省，不過他們的生活通常都很乏味而且辛苦。

農人不僅比工人或做生意的人重要，也較受尊重。農人被視為是真正的生產者，他的工作比只把產品送去給消費者的人還受尊重。一般農地都很小，而且密集耕作。稻米一直是主要的農作物，在後面談到有關稻米耕作的章節中會對稻米的文化做完整的解說。種茶現在也變得很重要，而且台灣茶已在英美成為受歡迎的飲料。在二十年前淡水西南部的一片大草原，原本只有零星小塊的稻田散佈其中，現在變成一片極壯觀的茶園。茶葉每年也提供工作給數千人，其中有不少工人是從大陸被帶來的。其他的農作物還有蔗糖、蕃薯和一點小麥。而洋蔥、蒜、芹菜、菠菜、黃瓜、西瓜、白菜，以及別種的菜都有在種。藍靛及樟腦也日漸重要。漢人耕種，與在噶瑪蘭平原的平埔蕃一樣，他們用黃牛耕作旱田，用水牛耕作水田。犁、耙、鋤及鐮是農人的工具，而黃牛、水牛和豬是農人的家畜。他把所生產的放在擔子裡挑到城裡擺在路邊賣，沒賣完的，就沿街叫賣。

豬可說是漢人的特殊寵物，在住家的進門口，就可看到牠，而且牠可在屋子裡隨便出入。我們在佈道的旅程中，常是和黑老母豬以及牠的小豬們同睡一個房間。英國人對狗的寵愛可說比不上漢人對豬的寵愛。外國人在漢人的地方要切記這一點，不要隨便對豬表示憎惡和反感。在我剛到淡水不久，有一次我聽到很吵鬧的聲音和有人急促在

屋前路上的跑步聲。我一開門，看到有數個歐洲的水手從碼頭一艘拋了錨的船那邊，瘋狂的朝著我這裡跑來。他們快跑到時，有一個很生氣的問我有沒有槍，他們的背後有一群很兇的人在追趕他們，而且像似急著要把他們逮住。我帶水手們到一條小巷子，讓他們從那裡溜回去他們的船上。我轉回去那群人那裡，問他們生氣的緣故，他們說，這些水手用他們的拐杖打其中一個人家裡的豬。這群人非常憤怒，要是這些水手被他們逮到，那可就麻煩了。我向他們勸解說，下次這些水手若再這樣，一定會去官廳告他們。

在台灣做農是非常艱苦的事，而且唯有非常的節儉勤勞，所收的才足夠過活。有幾個農人的農地是自己的，但大部分農人的農田是租來的。事實上，北台灣的農地有一半是屬於同一個地主所有，他把地出租，租金通常用農地上的產物來償付。這些佃農通常一生都住在同個地方，兒子結了婚也和父母同住，二代或有時三代同堂。他們一般都是勤奮、誠實、可靠、好德性的人。農夫確實是社會上最良好的份子，很少發生不道德的事情，而他們彼此之間都很友善。晚飯後，鄰居都會在一起閒聊，是鄉下社會的特性。

對於教育，漢人認為是不可忽視的事。科舉制度在中國已施行了一千多年，能及第的人就成為社會上最光榮的人。他們不僅被大家看重，也會被派去當各種官。所以父母都很迫切要兒子讀書。在台灣並沒有像已較進步的美國或加拿大，有公共教育制度。科舉的考試依程度不同，或在「府」城，或在「京」城舉行，但都非常競爭，而且其作文內容須依很煩瑣的形式和規則。考試的讀本是四書，而科舉的作文題目是出自孔孟語錄。這裡不詳提科舉的制度，因為很複雜，不過，要說的就是，要想通過高階的考試，除非有過人的才氣，否則無

法通過的，而且為了準備及參加科舉，常常耗盡學生的體力，損了他們的健康。雖然能科舉及第的人很少，但是大家還是都盡量要讓自己的子弟受教育。那些未能通過最高階考試者，及那些已通過較低階考試者，就成了文士階級。他們是教師，而且通常都很窮，因教學所得的薪俸一般都很微薄。他們可受聘於富人家或在村子學堂教書。富人常會付給教師束脩來教鄰近窮人的小孩。若在私塾教書，則通常由教師租間屋子後和村裡的父母商量，由父母送孩子來讀書，學費就付給教師。

漢人的學堂是一個很費勁又吵鬧的地方。每個學生都要高聲朗誦，而他們又尖又拖的聲音變成極為不堪入耳的噪音。教的一般是古文，而且父母無需操煩教材常換的問題，因為好幾個世紀一直都用同樣的書本。學生先學字，但只是很機械式的學，教師從來不解釋字的意思。而書本的讀音又和口語的音完全不同，孩子對於書本裡講的是甚麼雖不明白，卻得把整頁甚至整本書都背下來。這樣費勁的學了好幾年後，這些孩子就開始準備參加考試。這種教學方式其實沒有給孩子甚麼教育。不過，孩子在無形中就把所讀的古文的形式和口吻都學上了，但原作者寫作的用意和心境，不僅不去了解，也根本無法去了解。

當一個青年科舉及第，即使是最低階的考試，他的家鄉也會大舉慶祝他的光榮返鄉。除非親眼見過，否則無法想像其盛況。不僅大開筵宴，還常有演戲，大隊人馬前去迎接這位及第者，他使整個氣氛變得不一樣，而且他本身變得無限的自大，那種昂首闊步、目空一切的樣子幾乎近於愚蠢。而此時他若仍舊能對他的舊識友善親切，那可是一種屈尊，也會令他的舊識們無限感激。科舉考試中舉者就得扮出這

種樣式，實在是一種看了令人噁心的舉止。

　　上面有講到演戲的事，說來中國人的演戲和西方人所熟悉的演戲是非常不同的。雖然從事演戲的人數並非少數，但卻沒有專門為演戲而建的劇院。台灣的演戲差不多都是在戶外搭戲棚，而且一般都與敬神有關。廟前是最常被用來演戲的地方，無需門票，演戲的花費一般都由過去所得的捐助金來支付，或由富有人家來支付。中國的戲沒有甚麼藝術性，對一個外國人來說，實在是顯得滑稽又沈悶。戲劇的主題通常都與愛國有關，故事情節有歷史性或虛構性的。先是一個賣國賊他使用了各種的密謀和勾當來背叛國家，最後終於被發現、逮著、和下監獄。這種戲通常是由政府贊助，為的是要激發民眾對政府及其代表們的尊敬畏懼。中國劇作家的手筆下，當然少不了會包括愛情、婚姻和謀殺，而且行善者必受獎，行惡者必受罰。演員的服飾非常滑稽，在唱戲時，其腔調也令人難以忍受，每個音都是用假聲又尖又慢的唱出，加上非常誇張的動作，看起來正像沙翁劇本中哈姆雷特所說的：「那些製造自然界的工人在造人類時，有的沒有造好，使得他們雖像是人類，但看起來卻又令人不舒服。」此外，演員所說唱的台詞都不是白話而是以讀音來說唱，所以聽眾都聽不太懂。要不是有「旁白」或有對故事熟悉的人在旁邊加以解說，對大部分的觀眾來說，看戲等於是在看默劇一樣。我常站在觀眾中觀看演員們，有時他們就會故意在戲中加碼，提到我這個「黑鬍子人客」。演員沒有女的，所以戲中的女性由男演員演時，其技巧非常的高。演戲的人在社會中的地位算是低的，但可能就和他們的優點和德行相對稱。

　　布偶戲在各階層裡都極受喜愛，而且，無疑的是一種很奇巧的東西。中國人的風箏比在西方所看到的更有學問。小孩子們都有自己的

陀螺,而且打陀螺的技巧都很好。還有丟小磚石跳稻草人,一直都是孩子們愛玩的遊戲。

　　賽龍船也是一項普遍的活動,而軍方的馬術表演,通常都會吸引大批的觀眾,我有一次在艋舺就看到這種表演。馬兒在有幾呎高的長壕溝裏一隻接一隻的跑,不上韁繩或馬鞍。馬兒都受過訓練而且對於競賽興致高昂。騎師們手上帶著弓和箭,然後讓馬在壕溝裡跑,到了尾端,騎師要把箭射向壕溝一旁的標靶。馬只要一進到壕溝,不必再吆喝就會自動開跑。有一種奇怪的習慣,就是把馬兒的鼻孔割破以讓馬兒能跑得更快。據騎師說,馬兒在賽完後似乎都氣呼呼喘不過氣來,他們認為馬兒不斷的喘氣是因為肺部的氣來不及呼出,為了讓馬兒好過一點,也為了讓馬兒能跑得更快,就把鼻孔割開。

　　台灣漢人婦女的地位比原住民婦女的地位要高,但是遠不如基督教地區的婦女。生個女兒若沒被認為是不幸就不錯了,根本不可能會慶祝。無疑的婦女被視為比男人低賤。女人雖是有用,但她死時,即使已身為妻子或母親,其葬禮遠不如死了兄弟或兒子來得隆重。不過如果她年歲愈大,就愈受尊重,到了老年時,有時她得到的重視或可彌補年輕時所受的忽視。

　　每個人都被認為理當結婚,但並不是為了男歡女愛,也不是為了要有個伴,而是為了獲得子嗣,以便將來家族的墓有人掃、靈位有人祭拜。有關這方面的意義,在後面說到中國人的宗教生活時會談到。這個問題的社會面是要想在這裡傳教時所面臨最複雜的問題。

　　婚姻通常是由締結姻緣的雙方父母來安排,而不是看兒女是否願意或喜歡。媒人是個最重要的角色,姻緣都是經由她來安排的。指腹為婚的雖然不多,但不能說是沒有。也有一些自小就訂下姻緣的,不

過女孩一般是等到了十五～二十歲時才給她訂姻緣。而最通常的方式
是由男方的父母把小女孩買來，並在家中把她養大，以便讓她將來做
兒子的妻子。用這種方式比較划得來，因為她做的比她吃的多，而且
到時也不必給女方的父母聘金。因此，小女孩一進門就是媳婦，可說
是如同一家人，不過，卻常受養父母的虐待。

　　通常兒子都會對父母為他所挑的女孩感到滿意，也願意和這女孩
訂姻緣。但人性處處都一樣，所以在台灣，有的男孩對父母為他所挑
的也會反對。如果這個女孩和他一起長大，他雖喜歡她，但卻不和她
結婚，會令人很傷心。但如果他所渴慕的並非像這位在廚房裡幫母親
做各種打雜的女孩，他可能就會拒絕娶這位童養媳為妻子，他得想法
子來逃避家裡的這項安排和社會的習俗。破壞這種婚姻習俗被視為是
一種災厄，大家都相信誰破壞了這麼莊嚴的習俗，就必有大災難臨到
他的家門。然而，有些年輕人還是甘冒危險來依著自己的心意而不肯
遷就習俗。

　　有一件解除這種自小就文定姻緣的，是我關心的人，使我看到了
新舊兩代對這事的不同觀點。在五股坑，也就是我們設立第一所教堂
的地方，有一位叫陳炮，[1]是地方上很有名望的人，他曾在大陸那邊歷
經多次變亂，身體很魁壯，通常不會讓人改變他的既定計畫。我會在
後面談到有關他的服事與第一所教堂設立的關係。他是個很忠誠愛國
的人，雖然他是最早歸依基督的一批人之中的一位，但卻一直是個盡
忠職守的國民。他們自小領養了一個女孩，是要許配給第二個兒子
的。她很乖也很勤奮，父母都很疼她，待她如親生女。後來全家歸信
基督，這個兒子也來當我的學生，和我們大家一起四處去佈道，以備
將來當個傳道者。經過與其他學生的交往以及在淡水學堂的生活後，

使得他的視野變廣，心智也大開。他的思想變廣，生活的標準也改
變。因此，當他想到了自小就與人文訂姻緣的事，令他感到煩惱，他
並不是嫌棄那女孩，只是她並不是他理想中所要的，而他也無法對她
產生那種哲學家稱為「至高專一之情感」的愛情。她沒有受教育，對
於他的志向和思想並不感興趣。在這種情況下，有的青年人如果認為
自己和那個人相愛，就會變得煩躁和不滿，而在未告知父母或徵得父
母的同意下自己和那個人私訂婚約。而可憐的騰(Theng)，[2] 對於在他
未懂事或對女人有興趣之前，就由別人替他訂了姻緣一事會感到煩
躁，實在也不能怪他。有一次在他回家時，家人提到了有關他和媳婦
的婚事，他斷然拒絕。他覺得自己並不愛她也不能和她結婚。他的父
母大為傷心、失望和憤怒。他們雖然都是基督徒，但這種婚姻是一種
舊習俗，況且，他們都很喜愛這個媳婦。父親一聽到兒子的話就轉到
臥房不出來，直到怒氣消去，母親更是生氣。我去拜訪他們並說理給
他們聽，告訴他們基督教婚姻的本質，以及聖經中有關婚姻的教導。
長子同意我所說的，並認為應該讓他的弟弟騰選自己所要的，但比騰
較小的兒子則認為理當尊重傳統，並要知道騰若拒絕一個他們大家都
這麼喜愛的女孩，那麼到底騰要甚麼樣的女子，才能當他的妻子。但
是騰不為所動，在愛和傳統的掙扎中，他選擇了愛。他因覺得自己既
然不愛這個女子就不該和她結婚。這個女孩很傷心，因為她長久以來
就自認要做騰的妻子。騰後來和一位他喜愛的女子結婚，而這位童養
媳也和不遠的一個農人結婚。這位父親告訴我許多次，他說，若不是
因基督教和上帝的恩典，他是絕對無法接納兒子的這種行為的。這女
子也並沒有因而懷恨在心，若她不是基督徒可能就會懷恨。在我路過
她的新家時，她極力邀請我和我的學生們進去她家坐坐，而且一點兒

都感覺不出她內心懷有怨氣。

結婚，依中國的法律，只要當事人的雙方父母交換了該有的信物，就算完婚了，無需結婚證書，也不需要證婚人。但在結婚日之前，卻有許許多多的儀式和事情必須做。結婚那天，新娘從家中被抬到新郎的家，兩位新人先拜堂祭祖，然後才開始喜宴。祭祖和喜宴是婚禮的主要項目。

基督教的婚禮第一次舉行是在五股坑，也就是第一所教堂設立的地方。先依地方的規定，雙方互換了信物，然後依基督教的婚姻儀式和勸勉進行。男的屬陳家，二十五歲，女的屬鄭家(TiN)，十七歲。同姓男女是不互相娶嫁的，否則就犯了最大的禁忌。在中國至今並沒有見過同姓的人結婚。

對於宣教師要到當地主持婚禮的消息，很快就傳遍了當地。而且全村的人都變得很興奮、警覺或憤怒。最荒謬的謠言包括有：「新娘將先做宣教師的妻子一個禮拜。」或「宣教師會先和她接吻。」或「她的雙眼會先被挖出，再把別的東西放進去。」或「付給宣教師的錢將毀了婚姻。」

結婚那天的下午，有一大群人湧到新郎的家。過了一陣子，就聽到遠方有音樂聲，這時孩子們都開始叫喊道：「他們來了！他們來了！」先是媒人婆的轎子被抬到，緊接著又有一台更大更漂亮的轎子被抬到，轎子並有紅布遮著。再來有二十五對的挑夫，每對扛著有倒掛著桌子的竹竿，桌子上面裝著各樣的嫁妝。鞭炮聲此時不絕於耳，使場面顯得很熱鬧。新娘的轎子在大門前停放下來，這時，新郎穿戴得非常別緻，就像個大官員一樣，他上前，把轎子前面的椅子先挪開，再扶新娘進入屋內，這時是他第一次見到了新娘。然後他們被請

出到大院子，那裡擠滿了好幾百個急切要觀看婚禮的人，其中當然大部分是婦女，要來目睹這一場婚禮究竟是如何。伴娘是由一位女基督徒擔任，伴郎由一位本地傳教師擔任。然後我宣佈婚姻制度是由上帝所設立，由基督所聖化，並強調一夫一妻的重要，以及彼此要互相尊重相忍相扶持，同時講了些勸勉新娘新郎的話。男女在宣誓後，兩人被宣佈成為夫妻。

典禮一結束，這對新人就被帶入屋內，而我在考慮到眾人對這婚禮的各種猜忌，為了謹慎起見，我也立刻和我的學生們到最近的一間教堂去。過不了幾天，有關基督教婚禮的情形就被傳遍各地，現在大家對這位宣教師隨口的稱讚就像過去隨口的批評一樣。基督教婚禮的各方面都被認為十分美好，所以後來我不僅繼續為數百對的新人舉行證婚，而且典禮完後我都留下來參加喜宴，甚至到非基督徒的家庭參加喜宴。再也不曾聽到對我證婚的閒言閒語，或任何批評基督教婚禮會有問題的話。

〔注釋〕

1 陳炮(一八一〇～八五)，五股坑鄉紳，曾任村長，一八七二年捐地協助馬偕於五股坑興建北部首間禮拜堂，並於一八七七年受設立為北部最早的長老之一。
2 騰即陳炮的次子陳雲騰(一八五三～一九一四)，是馬偕早期學生之一，娶嚴清華之妹玉娘為妻。

第十三章 漢人的宗教生活
Chinese Religious Life

台灣的異教－無數的男神和女神－被選的新神－用擲杯筊祈求－製神
像的行業－勾消對神許願所積欠的－供獻二百頭豬－「七月節祭餐」，
可怕的情景－祭拜祖先－每年家人團圓－「芝麻開門」－沈重的咒詛
－被福音救脫

　　台灣的漢人在宗教上和大陸的漢人是相連帶的，特別是和福建省
相關聯，都拜偶像。不過因從大陸轉到了台灣又和大陸相離，使得這
關聯變得較鬆散，也因而使台灣對於偶像崇拜，看起來不像中國那邊
那麼固執和無可救藥。而因為到了新移民地，必須為生活不停的打
拚，也多少有所影響。

　　但台灣的異教[1]和中國是同性質的，都有同樣的不良混雜與黑
暗，及同樣的可怕。它原本是一種儒家思想，以道德為體制，敬天，
敬祖先，及許多道德倫理之格言。幾世紀後，又加上了道家思想，一
種以鬼神崇拜為體制，迷信神靈，並使用各種符咒。然後從印度帶入
了佛教思想，一種以偶像崇拜為體制，有許多的佛寺及焚香儀式。這
三種體制原本是個別並存的，但後來就混合在一起，而其原本相對立
的教條也混在一起，使得原本各自的精華被糟蹋，宗教生活變得不
良，而其各自原本的宗教情操也被破壞。在西方，大家常聽到有關東
方宗教的優點，像是佛教之美之類的，但若真正認識的人就不會聽信

這話。因為這種對樣樣都讚美的說法，是虛假無效的，是出於無知或對遙遠事物的迷思。我知道一些佛教的優美，但是和在宗教議會的教條上所看到的不一樣，而是像在印度原本的佛教樣式。二十三年來我處在異教徒之間，和許多的道士及信徒接觸，我了解這種宗教看起來像似甜美、光明，但卻是腐爛有害的。

在這裡無需對於漢人的複雜宗教體制多作解釋，因為近年來已經有許多論到這方面的專書出版，學生可從像衛三畏(Wells-Williams)[2]、倪維思(Nevius)[3]、杜博思(Du Bose)[4]及其他的作者們精闢又詳細的論述中去了解認識。他們所寫的雖然都是有關大陸方面的情形，但台灣的情形也差不多是這樣。而我這本書的目的，除了一般的探討外，主要是要談到上述作者們所沒有談到的方面和習俗。台灣的漢人有很多男女神明要拜、還有很多的宗教節日和迷信得守，所以生活中常得為這些操勞。各種神的名字若列下來，可以有好幾頁，而與各神有關的信仰祭拜的內容更是繁雜。有許許多多的神掌管著自然界中的各種力量、或各種行業、或人生的各個階段、或人的身心的各種情境。有的神是數世紀以前就已經有的，有的是近來才有的；有的神是每個地方各階層的人都拜，有的只屬某地方的人或某特別團體的人才拜的。為甚麼會有這麼多的神明好拜，其緣由是個謎，但從新近的一個例子可揣測其端倪。

一八七八年，有一個住在離淡水不遠的女孩因肺病身體日虛，最後死了。住在那附近有個人，似乎比別人更知道各種事，指說那裡有個女神仙，於是，那個死了的女孩立刻變為眾人皆知，大家並稱她為「仙女娘」，並立了一座小廟以供人膜拜她。她的屍體也以鹽水浸泡一段時間，然後被人放坐在一張扶椅上，又在她雙肩包上紅布，且給她

戴上一頂新娘帽,從玻璃櫃看進去,她黑黑的臉,微露的牙齒,看起來很像埃及的木乃伊。在她前面燒著冥錢和上香,若有人來看,就告訴他們有關她的故事。而因為這些人對於傳說有能力去助人或害人的任何神都願意拜,就這樣,開始了對這位新女神的膜拜。過不了幾個星期,就開始可看到好幾百台轎子抬著參拜者,特別是婦女,來這小廟膜拜,有的一來再來。有錢的人就送禮來裝飾小廟,並向這位女神懇求。但信徒卻感到失望,因為擲杯筊後沒有得到明確的答覆。對於祖先所祭拜的女神,即使不靈,他們也會繼續信拜,但是對於新的神,若不靈,就比較不那麼信了。有一個數年前曾在金包里聽過我們傳福音的婦女,也坐了轎子來這個廟拜,但是她的轎子在一條狹窄的坡路上,連人帶轎意外的翻落坡岸,她回家後又氣自己又氣那些勸她去拜這尊新神明的人,而數年前她所聽到的福音也在她的內心動工,使她對這尊偶像的信心更容易動搖。結果,一切想要使這尊女神變得廣受膜拜的企圖並沒有成功,因為「生命之光已開始掌管」。若這女神的事是在一百年前發生,該會有無數人立刻來祭拜她,向她求庇佑。

　　台灣處處有廟宇,在樹下、橋頭邊都可看到神像,以供路過客人燒冥錢和擲杯筊。看到他們用這樣在祈求,實在可悲。所擲的杯筊是用竹的根頭削成的兩塊木,每塊約兩三吋長,其雙面一面凸一面平。祈求者雙手拿著杯筊站在神前祈求著,像是:「神明啊,可不可以讓我發財?」然後杯筊在手中拜三拜後就擲到地上。如果兩塊木的凸面或平面都同時向上,就表示神不應允所求的,而如果向上面的是一凸一平,就表示你所求的被神肯定。所求的神若應允,杯筊就被擺回去,接著可能對神許願若達成祈求的,就願獻甚麼,並在神前放冥錢

或其他，所獻的通常是看所求的有達到多少。擲杯筊時，求的人若其所求的事很要緊，常會一擲再擲，直到得到神的肯定。

　　與神像崇拜有關的行業很多，像製造神像的店很多，生意又好。神像的製造談不上有甚麼藝術，有的顯得又怪又醜。通常是用木或陶做的，有時也用石或銅做。用木做的以樟木最普遍。神像用久後，常須送去修補，有時是重新上漆或鍍金，有時把損壞的手、頭、耳、眼等部分補換新的。造神像時，先把各部位刻好或模造好，師傅再把各部接起來，信徒就從店裡把戰神或庇護海上的女神帶走。冥錢是用錫做的，打造成很薄，整束的賣。有很多男人都被雇用在工廠製造祭拜用的香燭。

　　不少漢人，特別是婦女，很誠信拜神，而有的雖信卻有些懷疑，不過大部分的人是馬馬虎虎的信。一般人心中雖認為神有其神力，但通常是在遇到問題或災難時，才會去廟裡拜。雖然他們相信神有力量帶給他們幫助或害處，但只要沒遇到事情，就不會特意想去拜神。有時會舉行特別祭神的筵宴或公眾獻祭，以把對神所積欠的許願一筆勾消。我有一次參加對醫藥之神的大拜拜，總共獻祭二百頭豬。那天是該神的生日，在淡水北邊約五哩遠的一個小高原上搭建起一座草屋，該神就被放置坐在那裡，有各種豬肉、雞、鴨、飯、魚、蛋、茶和米酒等被供奉在神前，並有道士在那裡唸咒文、鞠躬、唸經，求神祝福並來享用所供奉的祭品。點燒芬芳的香數次，中間並燒冥紙。草屋的外面，許多人在忙著要宴請神的盛筵。有兩百頭豬各被放在特製的架子上，一排排的排列著，每隻豬都披著布，口中咬著一個橘子，頸背上插著一把大刀。每隻豬的重量從五十磅到四百磅不等。有四千多名的男人、女人和小孩在那裡，家家都擺上祭品以期得到神明最大的庇

佑。到了傍晚，並點火炬及唱戲，以給草屋裡那個樟木造的神最大的致敬。

　　我所見過最盛大和可怕的場面就是「七月節」的祭拜。七月要祭拜所有的亡魂，是很重要的祭拜月份。台灣每個城鎮都會找一個空曠的地方，用竹竿搭建錐體型的架子，底部直徑約五到十呎，高度有時可到五十或六十呎。在這架子的四周，從上到下掛滿著成串要供給神吃的食物，包括有死鴨或活鴨，或較小隻的家禽、豬肉、魚、糕餅、香蕉、鳳梨等，以及各種美食，而場地四處都掛著數百個串成的鞭炮。有一次，我在艋舺甚至看到搭建有五十座這樣的架子。這種場面看起來實在可怕。到了晚上，就是招魂的時候，每個架子都被數十個燭火照得通明，然後數個道士就步上一座架高的台子各就各位，擊掌後敲打大銅鑼，以招亡魂來享用所準備的食物，並讓亡魂有充裕的時間可從「黑暗和陰間」來好好的飽享食物的「靈性」部分，這部分，正合於他們陰間的需要。而在同時，卻有數千個非常不靈性的飢餓群眾，包括乞丐、流浪漢、無賴漢等等，從附近各鄉鎮、市區貧民窟，或躲藏的暗處漸漸擁擠靠近祭祀場，而且人數愈來愈多，都迫不及待的等著輪到他們吃的時刻。當亡魂享用完靈性的部分，剩下的肉體部分就是屬於這群人的，他們可自由來拿取這部分。只是等的時間似乎非常久，最後，亡魂像是飽足了，而銅鑼聲再度被敲響，表示輪到這群人的時刻了。但在第一聲還沒完全響完，全場看到的就是一大堆的手、腳和舌頭。此時，吼叫聲、咒罵聲、哀號聲四起，像是地獄的鬼叫。大家衝向各個架子，最先趕到的，就抓著架子的支柱，左右用力的搖，直到整個架子被拉垮在地上，然後大家就自顧自的搶食物。大家瘋狂的吼叫，有的跌倒被踩在地上，有的被壓在倒下來的竹架下。

大家像瘋狗一樣的搶來搶去，為的是要得到所垂涎之物。場面本已夠亂，再加上鞭炮聲此起彼落，使得整個場面更加的混亂。每個人搶到幾乎拿不動後，就緊緊抓著搶到的，設法要從人群中逃脫出去，但那些擠在外圍沒搶到甚麼的，就渴望從搶得滿滿的人的手中奪取食物。若逃脫了這群虎視眈眈的搶徒，急忙回家時，在路上，還得擔心那些懶得與大家到現場搶卻在半路攔截的搶徒。

　　這種節祭方式會使社會變得多麼敗壞，實在令人難以評估。也幸虧開明先進的巡撫劉銘傳有先見之明，把這種野蠻的「七月節」祭典廢了，使得台灣不會再見到上述這種可怕的情景。

　　廣泛來說，所有漢人的敬拜都與祖先有關，因為所拜的神都是一些已過世的傑出人物的神靈。但是，漢人的真正宗教並不是拜這些神明，因為神廟不是他們最神聖的地方。他們的真正宗教是拜自己的祖宗，他們真正的神明是祖宗的神主牌子。敬拜祖先是自古就有的，也為中國聖賢孔子所認定。其教理是認為人有三條魂，死時，一條魂進到看不見的靈界裡，第二條魂下到墳墓裡，而第三條魂則在老家附近盤旋。第一條魂的事由道士負責，第二、第三條魂則由活著的親人負責。親人照顧整修墓地就是負責了第二條魂的事，而第三條就由親人邀請來住進一個由木製做的牌子。自從有了這個教理後，祖宗的神主牌子就成為一個家庭中最神聖之物。這個牌子只是一個小木塊，約一呎長，兩三吋寬，半吋厚，被放在一個低低的台座上，有一面刻寫著祖宗們的名字。長子是負責保管和敬拜這塊牌子的人，牌子通常置放在屋子的主廳，前面擺上祭品並每天上香。兒子會認為這塊牌子真的就是有人住在這裡，而且住在這裡的祖宗對於自己的福禍比其他所有的神都關係更大。對於其他所有的神只要敬畏並且不去犯到他們就可

以，但對於自己祖先，卻要敬愛並盡力供給他們在陰間的需要。這些不信基督的漢人，並不了解「在天父的家已預備好許多房間」，在那裡，「他們不再飢餓，也不再口渴」。漢人認為死者得靠活著的親人來照顧，若親人不照顧，他們在陰間就會變乞丐，沒得吃、沒得穿、沒得花，這樣，他們就會以其鬼魂的力量來懲罰這些不敬孝的子孫。所以，在神主牌前要祭奉食物，使祖宗的魂餓了有得吃，也要燒紙衣，才有得穿，並燒或祭紙錢，在陰間生活才能自立。

　　祖宗崇拜有些地方是合於人類的天性，因為其動機雖是出於害怕，但卻以孝順為根本。而在每年家人團圓時，大家都是以非常真誠的心聚在過往的祖宗神牌面前。在漢人的一年中，最神聖的時刻就是除夕夜，大家一起吃年夜飯，並在祖宗神牌前祭上各種食物。而為了能在除夕祭拜祖宗，兒子一定趕回家，即使是遠在太平洋的那一端。祭拜時，家人都聚在置放祖宗神牌的神聖廳堂，沒有外人參加。他們上祭品，並在祖宗面前鞠躬敬禮。所獻的豬肉、魚、雞、鴨、菜、飯、米酒等，都是還熱熱時就獻上，祖宗的靈就從這些熱噴噴的食物所冒上的熱氣中進食。同時燒紙衣和冥錢，當煙火裊裊上升時，祖宗的靈就有衣穿、有錢花。通常除夕夜也會在家門外擺上一些食物，以備有些亡魂，被其子孫們忽視了，想要找個進口進入這個聖地時，就可讓他們在門外吃個飽，也就不會闖入屋內了。除夕對於漢人就像虔誠的猶太人在過逾越節之夜一樣。

　　我的習慣是決不公開指責或批評人們所視為神聖珍貴的，反倒是會去認定其中的真與美之點，並利用這點來做為如天方夜譚故事裡的「芝麻開門」一樣的有效辭令，來使人們打開他們的心門。我曾有無數次在寺廟的台階上，先唱一首聖詩，然後就唸十誡中的第五誡，

說：「當孝順你的父親和你的母親。」這句話每次都會引起人們以尊敬的眼神對我注意。有時會遇上很老的人，他的辮子都白了，拿拐杖的手也會發抖，聽了我這話，會贊同的點頭說：「那是天理。」讓別人覺得我所說的他們也同意，並和他們談論了在世上對父母該盡的責任後，再來就較容易讓他們聽得進有關我們「在天上的父」了。這樣，可以克服他們的偏見，他們的心就能傾向福音的真理。聽了福音後，他們可能先是會不再去寺廟拜，但要他們放棄神主牌子，卻得等上好幾個月，甚至整年的時間。對於靈魂、死亡及死後有關的一切真理，都必須讓他們牢牢的理解、掌握、領悟，否則要他們除去神主牌子時，會讓他們的心感到受折磨。

　　拜祖先有它優美之處，而且對於婚姻的提升也可能有間接的助益，但它有更大的害處。這種風俗，它造成社會及道德的束縛，貶低無數的活人去服事死人，並因它，而造成一些家庭的不幸及審判的不公正。結婚後若沒能生個兒子以便照顧祖墳和祭拜神主牌子，則是終生的不幸。因為丈夫可以用這點做為與妻子離婚的正當理由，或再納妾。或是，若有一個雙親皆歿的獨生子，被提訊到判官前並發現他罪大惡極，但因為他家裡沒有其他的兒子可以負起祖先祭拜的事，判官因為怕自己傷了陰德，而不敢以公正判他的罪刑。祭拜祖先也阻礙了一切的改革和進步，因為若對社會習俗或宗教形式做了任何的改變，「將會擾亂人與鬼魂之間的常態，則必導致死者不寧，生者不安。」

　　祭拜祖先這個古老的儀式，確實是基督教所面臨最不易克服的障礙。因為它已成為每個人生活中的一部分，在每個人的心中有著難以卸下的情感，所以，需要無比的確信和勇氣才能脫離它的奴役，也才敢於面對親朋好友的辱罵，因為他們視一個對祖宗不盡靈性責任的人

為最無人性與殘忍的人。復活救主的福音，把光照射在永生的生命上，把人們從無知、迷信和恐懼的捆綁中救出，其本身確實是唯一能救那些陷在最深層者的力量。它以真理的力量來把虛假驅除，因它能賦予人生命，使誠信於神主牌者從黑暗的過去轉身朝往天家的路，在天家，疲倦者得以安息在上帝的光裡。

〔注釋〕

1 在此馬偕所用的詞是西方宣教師慣用的術語「heathenism」，一般譯為「異教」，指基督教(有時也加上猶太教、伊斯蘭教)以外的其他宗教；「heathen」一字原指「住在荒野(heath)的人」，因此帶有未開化、野蠻的意涵，後來引申指「非基督徒」。其實，它的用法可能受拉丁文的「paganus」(原意「住在鄉下的人」，後來發展為英文的「pagan」，也引申為「異教」之意)影響，因為基督教在第四世紀下半成為羅馬國教後，都會地區的居民大多成為基督徒，其他宗教的信徒則只能殘存於鄉村或偏遠地區，因而得名。

2 衛三畏(Samuel Wells Williams, 1812-84)是美北長老教會派往中國的宣教師、漢學家、語言學者，代表作有《中國總論》(*The Middle Kingdom*, 1848)等。

3 倪維思(John Livingstone Nevius, 1829-93)是美北長老教會派往中國的宣教師、神學教育者、作家，代表作有《中國和中國人》(*China and Chinese*, 1866)等。

4 杜博思(Hampden C. Du Bose)是美南長老教會派往中國的宣教師、宗教民俗學者，代表作有《中國三大宗教：儒教、佛教、道教》(*The Dragon, Image, and Demon: the Three Religions in China, Confucianism, Buddhism, Taoism*, 1886)等。

第十四章　宣教工作的開始
Beginnings of Mission Work

目的－學習台語－和牧童們交往－第一次用台語講道－讀書人－阿華
的來到－吳益裕的歸信－一個基督教家庭

　　一八七二年的四月，我在淡水找到了一間屋子住下，並自問，我
來這裡是為了甚麼？是為了研究台灣的地質、植物或動物嗎？是為了
研究有關居民間的種族關係嗎？是為了研究台灣人的風俗習慣嗎？
不，我不是為了這些而離開我的家鄉，加拿大教會也不是為了這些才
封我為牧師差派我出來。我受託的任務是清楚的，就是教會的王和首
領所交託的：「到世界各地去向眾人傳福音。」即使可能還會做其他方
面的事，但這個受託的任務必得達成。而且，所做的任何其他方面之
事，也都必須是有助益於達成此任務的。任何可能令宣教師關心注意
的歷史、地質學、人種學、社會學，或其他方面的科目，都必須考慮
到它與福音的關係。我到台灣的目的，就是要把上帝恩典的福音送入
未信基督的人心中，當他們皈依基督後，幫他們建立他們的信仰。我
在一開始就已明確清楚，而且不容任何事物來使這目的變得暗淡或次
要。

　　但我得找出要達成此目的的方法，且依序行事，首先就是先學習
語言。我對台灣話的八聲已很熟悉並認得幾個字。但這和我工作所需
用到的語言相較又算懂得多少？我沒有老師，而且當時也沒有甚麼書

好教初學者。我的一個僕人，是我和李麻牧師及德馬太醫生從西岸南下觀察旅行後和我一起回來的，成為我唯一的助手。我每天跟著他數小時，模仿他所說的話和聲調。他不習慣那樣子做事情，因此，常懷疑的看著我，像是在想我腦袋有點不靈光。我盡量不去市區而到鄉間，希望能遇到農人來和他交談，以便從他來學習一般人平常所說的話。我看到草原上有十來個牧童在看顧水牛，但當我靠近時，他們叫嚷著：「外國鬼子！外國鬼子！」邊跑邊揮著他們的大笠帽，瞬間就不見人影。第二天，我試著再靠近他們，他們靜靜但警覺的看著我，以防萬一有危險時就可開跑。第三天，我開口和他們說話，而因為我有事先好好練習，他們都很驚奇的喊著說：「他懂我們的話！」這個「蕃仔」竟然還會說幾句他們的話，確實令他們很感興趣。我掏出我的錶拿著讓他們看，他們立刻圍向我來，摸我的手、手指、釦子和衣服。那天牧童和我成了朋友，之後每天他們都興致高昂的等著我的到來。我每天都到草原上和他們在一起四、五個小時，和他們聊天，聽他們講話，聽到新的字或詞句就寫下來，直到我的生字開始快速增加，令我的僕人感到很驚訝。我從這些牧童所學到的日常口語比我從其他方式所學到的還要多。後來我每每想起我剛開始時在放牧水牛的草原上那段時光，總是非常溫馨。牧童中有好幾個後來都成為基督徒，有一個當學生後任傳教師。

在這同時，我不斷的從英漢字典上學習漢字，但進步很慢而且很煩。沒有老師或別人的幫忙，又沒有較完善好用的字典，有時為了找出一個字的意思，得花費好幾個小時。

這樣，我白天和牧童們學台灣話，晚上從書上學漢字，而且都很大聲的練習，以訓練自己的發音和聽力。每天我都學一些新的，我過

去那位僕人每天晚上都得聽我練習新的字和句子以及重複聽舊的。有時他說的話我很可能聽不懂，這對他並不太好。我相信他對於我一再向他發問一定感到很厭煩，他在我那裡做了幾個禮拜後，實在忍不下去了，乃丟下我在房裡獨自不停的來回踱步及高聲練習，而從此我就再也沒有見過他。但我這樣的練習並沒有白費，我盡量避開西洋人及會說英語的漢人，而去和那些願意聽我說台灣話的人講話。不到五個月，我所學的台灣話就讓我可以用它做第一次的講道。雖然我的講道比我在左拉所常聽到的講道要短得多，但聽我講道的是那些沒有信教的人，都很專心在聽。我所講的是：「我該如何做才能得救？」房間裡人滿滿的，有的人顯出鄙夷，有些人不客氣的嘲笑，但有些人卻很恭敬的注意聽。

在學習語言時，我也與許多人接觸。有時，有些讀書人會以很驕傲的模樣走進我房間，翻開我的聖經和其他一些書後丟到地上，然後大搖大擺並口裡輕蔑的咕嚕著走出去。我拿了一張大張的宣紙並用正楷寫上十誡，然後把它貼在門外。馬上就有人拿泥巴把它塗髒後撕下，第二張也被人這樣弄，第三張貼上後就沒有人再弄它了。

有一天未到中午時，有一個看起來比一般人聰明的年輕人，帶著偏見的表情來看我，並問了我許多的問題。他要離去時，我請他晚上再來一起聊聊。他答應了，並在晚上說好了的時間來。在做簡短的禮拜和唱一首聖詩時，他也繼續留著。我讀了一首我們聖詩本裡的詩詞，詩的要義是在說到人生的短暫，我並送他一本聖詩的副本。我雖曾遇過許多人，但這位年輕人卻有某種吸引我的地方，在他離去後，我會特別想他。他聰明又有禮貌，而他真摯、直爽的態度，是他比別人更優異之處。我曾經求上帝讓我得到的第一位皈依主的人，是一位

聰明有活力的年輕人，這是我尚未到台灣以前就迫切向上帝祈求了很久的事。那晚，當我獨自在房間時，這事又回到我心頭，知道上帝聽了我的祈求，這位年輕的陌生人就是我所求的。我心中對於這事是那麼的確信，所以，雖然他還沒有任何要皈依基督的跡象，我心中卻因為感激而難以入眠。

　　過了一、二天，這位年輕人再來，並帶來一位科舉及第的人，他和我談論了好一陣子有關宗教的一些問題，我便知道，我將會和讀書人在宗教的議題上有一段辯論。那天，我開始比往常更用心的研讀他們的語言和宗教。再下次，這位年輕人來的時候，帶來了六位科舉及第的人，他們和我談論了約二個小時。幾天後，他又帶了數個其他的人來。然後，他帶了一位程度更高的讀書人，就是一位舉人，以及二十位中了科舉以及做教師的來。至此，我已經非常熱心於這個辯論，並以他們所根據的來攻擊他們。我一再以他們的宗教，就是儒教、佛教和道教方面的問題來質問他們，他們對於這位「蕃仔」竟對於他們的聖賢及其教導懂得這麼多而大感吃驚。他們的發言人也被搞昏了頭，不久，大家就都離去。過不到半個小時，這位年輕人又回來，看起來比以往更認真嚴肅。我唸了〈更近天家的行旅〉（A day's much nearer home）這首詩，他的眼睛變得明亮起來，說：「你所唸的正合於我，我喜歡這些話，我相信你所講的道都是真實的。我帶那些讀書人、教師來，就是要看是你或是他們會變得啞口無言。我最近想了很多有關這方面的事，因此，決定要成為一個基督徒，即使必須為此而死。你的聖經所講的是真理，我希望能和你一起來讀它。」我依這位年輕人的要求，把他所說的話都記在我的日記上。現在我眼前就擺著當時所記的這些話，我的心也回到了一八七二年五月的那一天。我同時憶起

了在那一刻的感受，一種奇妙的興奮，帶有希望和害怕、感激及祈禱。我回想過去這二十三年，像是看到了那位年輕人的誠懇面貌和聽到了他決心的話語。他所說的話都是真的嗎？他所說的每個字有哪個人敢說不是真的呢？那位年輕人不僅成為一個基督徒、學生、傳教師，如今，經過二十三年的試煉，他依舊在那裡，成為所有台灣本地人傳教師的領袖，他所負起牧養北台灣六十間教會的事工，比任何人都重大。他的名字叫做嚴清華，通常稱為阿華。[1]有任何知道台灣宣教歷史的人敢說阿華很久以前的那天所作的勇敢決志是失敗的嗎？

　　阿華成為門徒後不久，有一位淡水的油漆匠名叫吳益裕，[2]不斷的干擾我們的聚會和騷擾我們。晚上我在對人講道時，門開著，他就從門口走過往裡面丟石子。門關著時，他就從洞洞往裡頭看並聽裡面所講的一切。他最常做的就是在路上埋伏，等阿華做完禮拜要回家時，在路上揪阿華的辮子或摑掌他的臉，擋著他的路並辱罵他。剛開始，他是自己這樣做，後來就找其他的人一起來。我們只是每天求上帝賜給他從上面來的光。有一天下午，有一個中等身材、臉瘦削、有麻子，長相聰穎的男人來到我們的屋子找我，說：「我對於過去向阿華和你所做的事感到抱歉，請你們原諒我。」這位就是油漆匠吳益裕。那天晚上他表明要成為一個基督徒，並公開宣佈要忠誠於基督。

　　他信基督教後，一有空，就過來進修。但他年老的母親一聽到她的獨子所做的事後，就又哭又生氣而且加以威脅。「一個人的仇敵將是他自己的家人」，這句話有時是多麼真確啊！他的兩個姊妹私下叫人來警告他，最好離家遠遠的，免得發生不幸。這個感情很深的孩子實在令人同情，因此，阿華陪他去到他家。他家的鄰居、親人和地方的保警看到他們，就對他們冷言熱諷，使得他的母親感到絕望。最

後，我和阿華陪他回去，吳益裕坐在我旁邊，母親在一旁搗米，表情很氣很兇，她對於我的解釋偶而答幾句後，突然，大發怒，舉起手中的木槌朝她兒子走去。我阻止了她，並抓起她的木槌把它丟出去。我們出來時，這位母親還在怒罵。我們乃為這位婦人祈禱。過不久，她的一個女兒病倒了，到處求神看病，都沒有效，令這位母親傷心欲絕。有人建議看西醫，我被請去開處方。這個女孩服藥後，她的瘧疾發燒就好了，這位母親的心這時也軟化並變得開朗，所以她的兒子就不再有困難繼續做我的學生了。不久，兒子、母親和女兒都有分享基督福音的盼望，成為基督教家庭，直到今天依舊忠信不移。兒子成為傳教師服事了二十一年，而母親也擔任七年的聖經宣道婦（Bible-women）。

〔注釋〕

1 嚴清華(一八五二～一九〇九)，小名「阿華」，淡水人，聰明真摯，靈敏勤勉，曾任官員助手，是馬偕的第一位門生，也是北台灣最早的歸信者，後來更成為北部教會的主要領導人物。

2 吳益裕(一八四三～一九二〇)，又名「寬裕」，艋舺人，為人親和、忠實，是油漆匠，歸信後在北部各教會擔任傳道工作。

第十五章　第一位本地傳教師和他的教會
The First Native Preacher and His Church

第一個學生－阿華早年的生活－一起研讀－阿華第一次祈禱－自然界
之美－第一次的試煉－第一次的考驗－第一次洗禮－第一次守聖餐－
第一間教堂－最早時期的禮拜－第一位傳教師－第一個女信徒

　　還未離開加拿大時，我心中就已經構想著由本地牧師來為本地教
會工作。我的祈求是能有這方面天分的年輕人被挑選出來從事這種神
聖的職分。我的祈求得到應允，而阿華的來到似乎表明了教會的首領
(譯注：指基督)的心意。從一開始，我就訓練這位第一個皈依基督的人
來從事傳教的工作，他也立刻成為我的學生和夥伴。承認基督後，他
就在早上來我的屋子，因為我以前的僕人受不了我喋喋不休的一直說
台語而離去，阿華就把我的房子整理得既整齊又乾淨。後來，他就來
和我住並負責我一切的家務事。

　　關於他剛成為基督徒以及開始傳道的頭幾年值得在此做個敘述。
他姓嚴，他的父親在十歲時和家人從中國大陸來台灣，老家靠近福
州。他的母親出生在台灣東北部的龜山島，來自陳家，十三歲時搬到
淡水，五年後和嚴先生結婚。他們的第一個兒子就在我後來在淡水所
租的屋子那間我所住的房間裡誕生。這個兒子後來成為上帝手中極重
用的工具，推翻了異教，使他的許多同胞認識了世界的救主。

　　阿華一出生就生活在貧困艱苦中，因為他的父親在他未出生就去

世，他的母親無法讓母子獲得所需的營養，所以阿華小時很虛弱。他的母親帶他到城裡一座神明那裡求問該怎麼辦，得到的答案是，「讓他做我的兒子，並取名佛仔。」這個名字當時的意思就是「神明的兒子」。後來又改叫福仔，然後叫華，最後叫阿華。他長大後非常孝順，對母親非常貼心尊敬，他的母親至今仍健在。小時，他白天和母親在一起，晚上就到一個在當老師的親戚家，這親戚自己開著私塾。阿華從十到十七歲時幾乎都是在讀書。然後他到一位滿大人的家工作，開始時是當差役，最後是當這個官員的隨身要員。他在中國走過不少地方，從福州到天津，也在北京住了六個月，之後回到淡水，而我就是在他回淡水不久後到達台灣的。至於他如何來聽福音及怎樣決志成為基督徒，已在前面講過。

　　阿華確實是一位忠誠的僕人，也是一位最適當又勤勉的學生。我從羅馬拼音的白話字開始教他讀和寫，這是一種用英文字母拼成的漢文。不僅他的進步驚人，而我自己也沒有浪費掉時間。有一個和我一樣熱衷的阿華做助手，我發現我的台語字彙急速增加，而且發音上的困難也較能克服。我們在家時，就整天不停的唸、唱、研讀、練習。有一天，有一個鄰居進來要看我們二人是否都發瘋了，他是好意來的，但有一點怕我們。他帶來二杯茶當作特效藥，並建議我們到這附近的那間廟去拜一拜，會對像我們這樣子的人很有效。他來時，我們開始唱聖詩，所以看起來可能有點怪怪的，他怕我們的下一招不知會做甚麼，乃急忙奪門而出，結果在害怕逃出時，杯子掉落到地上。他不敢回來，過了約一個鐘頭後，才由一個小孩來撿杯子的破片。

　　在阿華的學習進入更高階時，我拿了一張世界地圖出來，看阿華在看到世界還有許多其他國家比中國大時的那種眼神很有趣。他對於

漢人對世界認知的缺乏感到有些氣餒，不久他就對中國及太平洋之外的廣大世界開始有所聯想。同樣的，天文學也成為他所喜愛和激發他的科目，但是最主要的科目是聖經和「那奇妙的救贖，即上帝對罪的醫治」。每天晚上我在對人們講道時，他都和我在一起，而他們對他的憤怒威脅就和對待我這位「蕃仔」一樣。他也和我一起到附近的鄉下去。有一天上午，我們到離淡水不遠他的一位做農的老朋友家拜訪，當他們認出是我們時，就放了二隻很兇的狗來追我們，小孩子們也都在我們背後邊嚷邊丟石子。

在我們所做的禮拜中，阿華除了一起唱詩外，都只在旁邊陪著我。但我覺得該是到了他練習他的才能的時刻了，因此，有一天晚上，房間裡只有我們兩個人，我就請他禱告。在他的一生中，還不曾試著出聲做禱告，而他也沒預料到我會這樣請求。他就立刻跪在一張老舊搖晃的竹椅前，無比的敬虔，而因心情非常緊張專注，所以斷斷續續囁嚅的說出祈求的話。他的雙手緊握著竹椅的手把，使得椅子在硬地上面發出咯咯的挪動聲，伴隨著他膽怯的祈禱聲。當他禱告完時，整個人竟移動了半個房間遠。他的這個樣子雖然看起來有一點好笑，而若有別人在場，大概也不太會覺得他的禱告能對他們有甚麼啟迪；然而對天上的上帝來說，他如此真誠的祈禱，就如同甜美芬芳的馨香一樣。他的禱告詞是這樣：「主啊！祢是真的神，幾個月前我並不認識祢，請幫助我愈來愈認識祢。現在我知道我的同胞們所信的神明並不能救他們的靈魂。我從心底感謝祢使馬偕牧師來我們這裡。主啊！請用聖靈幫助我，來帶領我的母親、親戚和鄰居們到耶穌這裡。我們知道的不多，但是，上帝啊！請幫助我，幫助我們，這是我心所願。」

　　有一天，我一大早和阿華一起出門，渡過淡水河，到一間廟裡拜
會一位佛教僧人，然後開始爬觀音山。路旁長滿了高草，像刀子一樣
會割人。當我們到達了海拔約一千七百呎的頂峰時，我們的手都流血
而且很痛，但是從山頂上看到的風景使我們的勞累和疼痛有所代價，
實在是奇美無比。但是阿華卻感到很迷惑，想不通我們費了這麼一番
工夫到這裡來是為了甚麼。他和其他的漢人一樣，看不出自然界有甚
麼美，而爬山上到了這裡來只為了看風景實在令他難以理解。剛開
始，當我們往下看那坐落在我們腳底的淡水，以及稍遠一點的艋舺平
原時，他還有點害怕。但他的感受雖是停頓，卻並不是死去。我們站
在那裡一起唱詩篇一百篇，而在我們還未唱完最後一節之前，那把地
上、天空及海裡都造得極美的偉大聖靈已經感動了阿華。他情感的最
深處被激起，使他開始看到了美，而他新生的心靈也聽到及看到上帝
在自然萬物界中的信息。自那一刻開始，他就成為一個對自然界萬物
都極感興趣與熱愛的學生。

　　那年的秋天，我們第一次去雞籠，途中我們路過北部最大的都市
艋舺，那裡的人們對我們的仇視最深。有很多人跟在我們後面辱罵並
向我們丟石子。阿華現在已經聽慣了每個地方人們對我們的叫罵：
「外國鬼子！黑鬚蕃！」在錫口（譯注：台北松山）的雞籠河堤上，當我們
不理他們的叫罵時，他們甚至拿著破磚塊丟我們。到天色變黑時，我
們正走在一條長滿了很高的蘆葦和雜草的小路，突然在一個轉彎處，
有一群拿著長矛的強盜拿著燈光照我們的臉。當我告訴他們我們沒有
錢，而我只是一個教師時，他們就鬼叫著：「教師！教師！」的，跑掉
了。我們手中拿著火炬，但是風吹得很猛，不久，一陣疾風吹來，我
們就再也看不到甚麼了。那時，我們對那條路和那個地方都不熟悉，

陣陣的風從山上蕭蕭的吹來，帶著雨水使我們眼睛睜不開來，該怎麼辦呢？我們不能轉身回去，也不可能停在那裡不動，只得繼續走。一個加拿大宣教師、一個歸信基督的漢人和一個未信基督的挑夫，三個人就這樣在那條又溼又黑的小路上摸黑前進。我們要不是踢到石塊跌倒，就是滑到石縫裏去，還有一次三個人都跌進了沒有任何東西圍著的田淖裡，但是在我們的腳底和周遭卻有「神永遠的膀臂」在。半夜前我們到達了雞籠，在一間溼溼的矮茅屋過剩餘的夜晚。阿華很早就這樣體會了要為基督服事，一路有時非常痛苦艱鉅，就和那第一次走往各各他的耶穌一樣（譯注：各各他是耶穌受釘死的地方）。

在雞籠，我們在一間很大間的廟宇的石階上唱了一、二首詩，廟口和路邊很快的都擠滿了人，他們都是拜神明的人，所以都很生氣，有些人是阿華以前認識的老朋友。他們看到阿華站在這個可惡的「外國鬼子」身邊時，他們對這位基督教宣教師的鄙視比起他們對這位改信基督教的漢人的態度，就算不得甚麼了。我轉向阿華並請他向這些人說幾句話。這是一個考驗的時刻，他還不曾在大庭廣眾之前為基督開口過，因為他自己也是數個月前才第一次聽到福音。他聽到了他的舊識和同胞對他的嗤笑和謾罵，所以當我請他講幾句話時，他靜靜的把頭俯得低低的。我立刻唸了第一節聖詩，二個人並一起唱。歌詞是蘇格蘭老歌的意譯，這歌詞過去常使聖徒顫動的心變得堅定剛強：

> 我認救主無驚見誚，
> 好膽干證道理；
> 稱呼耶穌恩典奧妙，
> 歡喜趁祂教示。[1]

　　這給了阿華足夠的勇氣，他抬起頭來，再也不感到「見誚」。他看著那些憤怒的人群，用一種心中篤信且不害怕的安祥清晰口吻說：「我是一個基督徒，我敬拜那位真神，我不能拜那些老鼠可以咬壞的神明。我不害怕，我愛耶穌，祂是我的救主和朋友。」他的見證雖短，但那是他的第一次，而且勇敢又真確。現在要叫一個年輕人表明是個基督徒是一件易事，因為其他已信基督的人會鼓勵並恭喜他。但，那個時候就不同了。阿華那天在雞籠的廟口對那些又粗魯又懷恨的未信教人群講那些話，是北台灣的本地人基督徒第一次為基督開口，對那一代的人說話。

　　一八七三年二月的第二個禮拜日，也是我到了淡水整整一年後，我在禮拜結束時宣佈有幾個人將被接納受洗成為基督徒，外面就有人叫喊說：「我們要阻止他，讓我們來打那些要信教的人！」屋子裡人滿滿的，屋前的路上也擠滿了人。在唱完一首詩後，有五個人走到前面公開承認他們對基督的信仰，每個人的口吻都清晰堅定。他們的名字是：嚴清華，二十二歲，讀書人；吳益裕，二十一歲，油漆匠；王長水，[2] 二十四歲，讀書人；林孽，[3] 二十六歲，木匠；林杯，[4] 四十二歲，農夫。他們在聖父、聖子、聖神的名下受洗，之後，每個人都對大眾說了些話。大眾都嘩然、嘲笑，但是阿華很勇敢又有果效的對大家講了話。

　　接下去的那個禮拜日，這五個人都一起領受聖餐。那是一個對我們都難以忘懷的日子，他們從來就沒見過領受聖餐的情形，我也從來沒有主持過這樣的聖餐。當我在讀這個領受聖餐的證詞時，他們都很受感動，而可憐的林孽全然崩潰，並感動得哭了起來，說：「我不配！我不配！」後來他在小房間禱告了一陣子，才肯參加領受這個聖

體。[5]而第一次的守聖餐讓阿華的靈性生活進入一個新紀元，自那天以後，他不再認為是屬於自己，而是完完全全獻給耶穌基督，並任由基督差用。

那位奇妙的帶領這位年輕人，並奇妙的讓這位年輕人適合於傳道工作的上帝，同時也為他準備了一個可讓他發揮才能的地方，並準備好了一群願意聽他講話的民眾。在淡水上游十哩處有一個稱做五股坑（譯注：今五股）的地方。有一天，當我在淡水的房間講道時，有一位從那個村裡來的婦女，叫「塔嫂」，[6]來參加禮拜，並在禮拜結束時，走來對我說：「我是個住在五股坑的可憐寡婦，在這世上我曾經歷過數次試煉，但神明都無法給我任何的安慰。我對於你所講的道很喜歡，我相信你所講的上帝會給我平安。我會再來，並帶別人來。」下個主日她和好幾個婦女一起來，之後，每個禮拜她的同伴都不斷增加，直到最後，整條船搭載著滿滿的人來做禮拜。她們對於基督的道非常有興趣也非常認真，因此，她們勸我們去拜訪她們的村子。最後，阿華和我坐船上到關渡，從那裡沿右邊的一條小溪繼續上去，經過許多很美的稻田，終於到達五股坑。有好幾個村民在那裡接我們，並帶我們去到村子的頭人陳炮的家，[7]他長得高大健壯很有氣質。當我給他幾張十誡時，他當著鄰居和別人的面把它們貼在他家的牆壁上，並轉身對大家說，他已經對神明完全失去信心，所以決定以後要依著現在貼上的十誡來生活。

我得到了一間空的穀倉做為睡覺和講道的地方，開始的幾個月我們就用那裡做為我們工作的中心點，並到附近許多風景優美的山谷和小村莊傳講福音。五股坑的頭人陳炮並給了一塊他住家對面的空地做為建教堂的地方。石頭都撿好了、磚塊也晒好了，於是，北台灣的第

一間建堂工作於焉開始，村民對於建教堂的事都很感興趣。可是，當教堂的牆壁蓋到了約三呎高的時候，有一隊士兵和一個地方保警奉艋舺縣府的命令來下令不可再建教堂。這些士兵帶著槍、矛和佩刀，邊敲著鑼和鼓，邊叫嚷和威脅著，想用這樣來嚇壞心地單純的村民。當他們進到頭人的家時，這個身材有六呎二吋高的陳炮站到他們面前，看他們要怎樣。他原本是個大陸人，曾經歷過數次變亂，所以，幾個士兵的恫嚇對他來說算不得甚麼。他指著牆壁上的十誡說：「我決定要遵守這個十誡。」這些士兵於是急忙走去塔嫂的家，但是她拿起她的聖詩本並說她決定要敬拜唯一的真神。士兵們只得很快離開這個村，並說那位「外國鬼子」用了一些法術使村民著魔。他們的上司，也就是艋舺的縣知府，於是向英國領事報告這事件，並要求不可讓宣教師在那裡建堡壘，以及晚上不可帶槍到河上。

　　儘管有這種種的陰謀，但是主的工作在五股坑卻獲得成功，教堂也完成建造。開幕那天，整間教堂擠滿了人，還有許多人都得站在外面。那就是我們的第一間教堂。在那裡，有一百五十多人宣佈了不再拜神明而希望得到基督教的教導。那天，實在是我們的一個大日子，那天晚上，我們都因為主為我們所做的一切而心中充滿著感激。我們開始在那間教堂定期做禮拜和教導信仰，許多來教堂的人都還是在拜神明的人，而且大家過去都不曾參加過任何類似教會的禮拜或公眾的演講聚會，所以身為宣教師確實在這裡經驗到許多過去不曾經驗過的。有時當我們唱完了一首詩，而我才開始要講道，有人就會拿出他們的鋼片來打火，並點燃他們的長水煙。而當他們吸的煙不斷的升上時，我就會停止講道，提醒他們說，如果他們希望得到基督的教導，就應該要安靜。他們聽了都會很有禮貌的直點頭說：「對！對！我們

應該要安靜。」而我才剛開始又講了幾句，可能就會有人跳起來叫著說：「水牛跑到田裡去了！水牛跑到田裡去了！」我若再提醒他們，他們就會同樣的再回答說：「對！對！我們應該要安靜。」然後大家會保持安靜一陣子，我就又繼續講道。但可能又會有個老阿婆用纏著的小腳緩慢的走到門口叫著說：「豬仔跑掉了！豬仔跑掉了！」就這樣，一場禮拜總是要被打斷好幾次，但我們從來不會怪那些擾亂禮拜秩序的人，因為這種禮拜本來對他們來說就是又奇怪又陌生。然而，不到二個月，五股坑教會的禮拜聚會就和我在西方基督教地方的任何聚會一樣的專心了。

　　第一位歸信主的阿華，就被派任為這個第一間教堂的傳道師，而他的主要助手，就是第一位女信徒，寡婦塔嫂。她是三年後在該教堂受洗的，年為六十二歲。阿華的才能、善良、熱心，事事以誠摯來對待的態度，使他對五股坑和附近的鄉村都有很大的影響。塔嫂也成為一位極具美德與毅力的人，她直到去世都一直是個信心堅定熱心做工的人。一八九二年的時候，她告訴我她有一個女兒在中國，從來不曾聽過福音，我可以看到這位老母親的心非常操勞，而她「又再一次忍受生產的痛苦，直到基督的特性能在她女兒的生命中成形」。[8] 於是，她安排了到海峽對岸的船票，去那裡找她的女兒，而她辛苦一趟到中國也並沒有白費。在和女兒相處幾個禮拜後，她回到家來，感覺她已經完成了一切事工。離去的時刻到了，沒幾天後，她就去世了。我在她去世前一、二天去看了她，她原本有兩天都靜靜的沒有說話，突然，她那令人熟悉的清晰有力聲音又出來了，她唱著詩篇〈我的目睭欲舉高來向山〉，[9] 以及另一首聖詩〈永遠與主居起〉。[10] 當她唱到「我父之家在高高處」時，她的聲音停頓了，雙眼睜得大大的，面容像光

一樣的放射，然後以世上無可比擬的甜美聲音說：「金色的大門開了，白色大轎子正為我抬來，不要挽留我，不要叫我回去，我要回天家。」就這樣，坐在那台太飄逸細緻以致除了她以外無人看得見的「大白轎」上，我們第一位「以色列的母親」的英靈離去了。啊！敬愛的塔嫂，她為主在世服事了二十年，最後，她得到無比的榮耀進入永遠的天國。

〔注釋〕

1 見現行台灣基督長老教會《聖詩》第二五四 A 首，曲名〈我認救主無驚見誚〉（台語）。

2 王長水，是書生，一八七三年成為馬偕學生，也曾在北部各地擔任傳道工作，於一八八六年過世。

3 林孽(一八四七～九六)，又名「林輝成」，原籍福建泉州府晉江縣，十八歲時以水夫身分來台，定居艋舺，改業木匠，因患眼疾向馬偕取藥而接觸基督教信仰，生性忠厚、樸實、謙卑，成為馬偕學生後在北部不同地區擔任傳道工作。

4 林杯，淡水人，以打工、做農為生，因雙目失明求治於馬偕，後接受基督教，一八九九年過世。

5 聖體(sacred elements)：是基督教的禮儀用語，指舉行聖餐或彌撒時使用的麵包和酒，分別象徵或代表著耶穌基督為人類犧牲受苦的身體和血。

6 塔嫂，即「陳塔嫂」，本名「朱定」，是五股坑人，性格圓熟，賢慧能幹，又善於幹旋調解，是北部第一位女信徒，並促成五股坑教會的設立，後來將養孫女張聰明嫁給馬偕為妻，於一八八一年過世。

7 陳炮，見第十二章注一。

8 引自《新約聖經》〈加拉太書〉四章十九節。

9 見現行台灣基督長老教會《聖詩》第四十二首，曲名〈我的目睭欲舉高來向山〉（台語）。

10 見現行台灣基督長老教會《聖詩》第三五五首，曲名〈永遠與主居起〉（台語）。

第十六章　建立教會

Establishing Churches

基督教就是生活－每個信徒都是宣教師－陳火－新店的教會－竹塹的
事工－在客家區－在雞籠－一位拳師－征服土匪－一個月內建完教堂
－台灣最美麗的教堂－在水返腳

　　基督教並不是可以被教導的一套哲學，而是必須活出來的生命。
耶穌的宗教之有別於其他的宗教，在於它是一種道成肉身，由神轉化
為人，其力量是一種神聖之位格的力量，它是藉由人的接觸來傳揚
的。基督把生命給予人，並說：「如同父差遣我，我也這樣差遣你
們。」每一位基督徒都是一位宣教師，不論他是在基督教環境的滋潤
下長大並受過很好的宗教家庭教育，或是在沒有信基督的地方出生並
被灌輸了腐化的教條，都沒有關係，只要他有「重生」，並感受到基
督生命的悸動，他就是一位被真活基督所差遣的宣教師，要去觸摸那
些死了的靈魂使其變為新的生命。這個根本的真理必須特別加以強
調，因為無論在哪裡它都一直有被忽視的危險。被恩典揀選[1]的終極
目的因為被忽視了，以致教會無數的信徒都認為得救就只關乎自己的
靈魂將得到照料。不論是在家鄉（譯注：加拿大）或在沒信基督的國家的
教會，都唯有等到基督教義不僅被信，也被這樣活出，才能具有主所
要教會該具有的力量。
　　在北台灣所做的宣教之所以成功，與不斷的教導這個「基督徒門

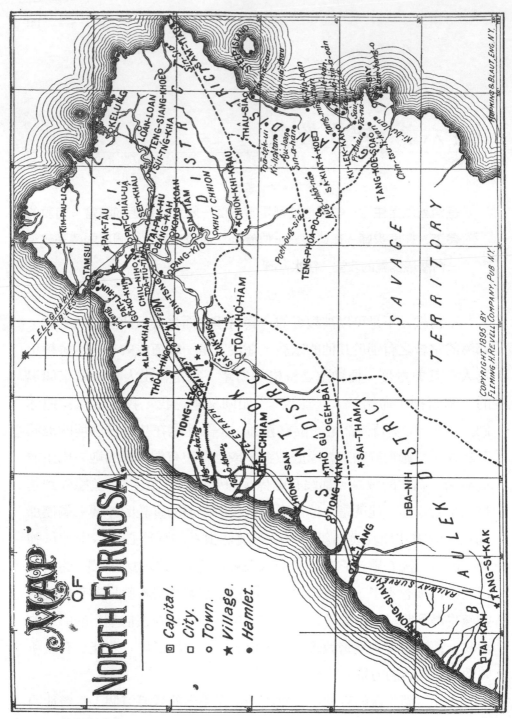

MAP OF NORTH FORMOSA.

□ Capital.
□ City.
○ Town.
★ Village.
• Hamlet.

COPYRIGHT 1895 BY
FLEMING H.REVELL COMPANY, PUB.N.Y.

HOPKINS & BLAUT, ENG. N.Y.

北台灣教會與佈道所設立點地圖　□直府　□城　○鎮　★村　•小莊

徒職分」的根本真理有很大的關係。歸信了基督的人被教導，上帝的
恩典給予他們，並不止是為了他們本身，同時也是為了要藉由他們來
把這恩典傳給別人。宣教師生涯中最令人感到心曠神怡的經歷之一，
就是看到那些歸信了基督的人，自己才剛從沒有信基督的黑暗中脫
出，就能熱切的要去幫助別人也能脫出。當我現在回顧過去建立教會
時的點點滴滴，很驚訝的發現到，若從人的立場來說，許多教會之所
以得以建立，並不是由於宣教師的功勞，而是由於已歸信的人的熱心
和他們那種基督徒的進取精神。在宣教上所找到的一些最特出和有用
的工人就像安德烈找到他的弟兄西門（譯注：彼得）一樣，並帶他去見
耶穌。[2]

　　一八七三年有一天傍晚，有一位曾參加我們的聚會我也認得的年
輕人來我淡水的家，與他一起來的是一位看起來很害羞不太說話的生
人。這位年輕人介紹他的同伴說：「我的這位朋友有聽到福音，而且
現在是個相信耶穌基督的人。我們曾對此談了很多，他因此希望能得
到更深的指引，以便他也能把這位救主說給別人知道。」我和這位生
人做了一些談話，感到他是一位極真誠和謙遜的人。他是個農人的孩
子，有好幾個已信基督的人都認得他，他也曾參加聚會，並對所聽到
的極感興趣。在對他更認識後我對他更具信心，於是他被許可做為學
生進入傳道訓練，這又是一個不曾先有過任何學院訓練的信徒（譯注：
在歐美一般接受神學訓練前都需先有過大學院校訓練）。他現在已是陳火牧
師，在新店教會從事傳道工作。[3]

　　新店是個人口集中且繁榮的小鎮，位在離淡水約十八哩遠往內陸
去的山腳下。有一位新店人曾來淡水並聽過福音，他回去後告訴他的
朋友，於是有好幾個人都跟他一起來，而且我們到各地方去巡迴傳道

時他們都跟著，最後，他們請我們也到新店去。當我們到達時，那裡正是拜拜的時節，鎮裡很熱鬧。當地的人很少見過白人，[4]因此我們聽到四周圍的人都對我們喊著常聽到的謾罵：「蕃仔！外國鬼仔！」就在那時，群眾突然湧向某中心點，並聽到有人怒叫的說：「那個蕃仔打了一個小孩。」周圍的人於是狂叫起來說：「殺他！來殺這個蕃仔，他沒有多高大！」因為我們離大家注意的中心點有段距離，於是，我從人堆中擠到那孩子那裡，看到他的頭有個大洞，而且血流不止。因為我手上帶有需要的外科醫療器具，就為他清理上藥，並用我的手帕幫他包紮。之後，就聽到人群開始以不同的話喊著說：「好心，好心！」過了幾天，有一個老人摔到石堆上，有個學生把他背到一棵樹蔭下，老人在那裡就覺得舒服多了，便又聽到許多人說：「好心，好心！」於是，人們開始對我們友善，並有一對老夫婦提供一間房間給我們做為傳教用。不久就有不少人來聚會，因此需要有一間教堂。有一個拜神明的婦人很生氣的威脅說，如果我們堅持蓋教堂，她就要拿石頭砸我的頭。但是我們沒有因而停工，最後，建了一間沒抹灰泥的石塊教堂，並獻為敬拜上帝之用。

現在的新店教堂是北台灣建得最好、風景也最美的教堂之一，教堂的位置是在鎮端一處高起的地方，它的石砌尖塔從好幾哩外就可明顯的看到，教堂周圍以石牆圍籬起來。教堂正門前方數十碼，有新店溪圍繞流過，溪和教堂之間鋪滿了由洪水沖下並被溪水洗得圓圓的「鵝卵石」。教堂的後面是個峭坡，坡上一片翠綠。教堂前面過了溪河那邊，從河邊就有一階階的丘陵一直往高疊起，看起來像個巨大的樓梯，直到山的最頂峰。在這一階階的陵地上，長滿了各色各樣的樹叢、細草、蘆葦和蕨類植物。而帶有青苔的岩石上，有著一大片一大

片的紫色牽牛花，以及開著粉紅色或白色的爬藤摻雜點綴著。還有處處都盛開著的九芎花、百合花，和略帶香甜味的忍冬花，使整個迷人的景色更加令人陶醉。

　　新店雖然大部分的人家中都供奉著用樟木刻成的神明，但在這裡，有耶穌基督的教會豎立著，每個禮拜也都有聚會，至今，已有二百多人在萬物之主前敬拜讚美。這些人為了耶穌的名，曾歷經艱難，他們曾被搶、被迫害，特別是在暗濤洶湧的時刻，有兩位歸信基督的人為了信仰而喪失自己的生命，戴上殉道的冠冕。

　　如今，在這所美麗的新店教會聚會的會友們已自給自足，自己支付傳道禮金及各項開支。而教會雖然不富有，卻參與贊助台灣整體教會的工作費用，幫助弱小教會，並自動為遭到饑荒的地區奉獻。陳火(陳榮輝)，這位忠誠也廣受愛戴的牧者，對於這一切有很大的影響，而且，他在才智上和靈性上也一年比一年增長。

　　竹塹(新竹)，這個住有四萬個居民並有城牆圍著的都市，是我在一八七二年剛抵達淡水後的次個星期第一次沿著西海岸南下時所拜訪的地方之一。在那裡我有個如先知(譯注：以利沙)固定夜宿的「房間」，[5] 經過數次的拜訪後，我終於得以租到一間小房子來做為教堂之用。然而，我們連房子都還未清理乾淨，就已經有一群憤怒的民眾擠滿了屋外的小巷子，憤怒地對我們推撞、辱罵、吐痰。過了三天這騷亂才停止，主要是受到一位我以前曾給過他藥的讀書人的影響。過了不到一個月，就有三十個人來歸信成為基督徒，因此，我們只得找一間更大的房子。後來，事工更有進展，只得再找一間又更大的房子。現在的這間教堂，不僅有很大的講堂，前面的窗戶也是真的玻璃；而教堂的傳道師是個過去很自傲的儒教徒。竹塹市四周郊區雖然也有很

多的基督徒,但因為城門一到傍晚就關起來,所以,他們不能參加晚間的禮拜。因此竹塹市教會的信徒就捐錢,並以其他的方式幫忙在城牆外找到了一間合適的房子來做教堂,目前,在那裡傳講耶穌為唯一救主的是另外一位讀書人。

從竹塹往山區去約十哩遠處,有個稱為月眉的客家村,我們是由數個到竹塹市參加禮拜的客家人帶到這裡的。村民就聚在一棵非常美麗的榕樹下做禮拜,這棵樹可讓成千的人在樹下乘涼。他們看到我們都很高興,並且有一個很有風度的老人招待我們到他家去過夜,他的房子可說是全島最大最乾淨的建築之一。這位老人對基督教的追求是很認真的,過去就曾數次走到竹塹市參加主日禮拜。那天晚上,有很多人聚在廣庭上來聽新道理。有個七十歲的老人,他竭力奔走,結果不僅租到了一間房子,並把房子整修裝備好,以供做為教堂禮拜之用。會友自己很有組織,當我們差遣一位本地傳教師到他們那裡時,他們就先預付了傳教師四個月的禮金。位於丘陵高地那邊的這間客家人教會,是個很興旺又自力更生的教會。

雞籠的教會主要是經由高振[6]建立起來的,他後來任了長老和傳教師。他原本和家人住在雞籠港附近很美麗的綠坡上,為了賺更多的錢,就搬到錫口那裡做起大宗的牛隻買賣,並到北台灣各處去。他很信神明,對於音樂也會一些,並在迎神賽會時擔任鼓手或琴師。一八七二年我開始在淡水傳教的幾個月後,他來聽這位「蕃仔」在說些甚麼,接下去的那個禮拜天,他又來了。後來,當較靠近他家的地方設了一間教堂時,他就開始參加那裡的聚會,每次差不多要走十哩路才到教堂。之後,他在雞籠租了一間房子並把它裝備好成為做禮拜的地方。在預定好的那一天,我被護送到那裡主持獻堂禮拜,那天有四百

多人來參加。接著，高振繼續很固定忠誠的參加聚會，並在四十五歲時接受洗禮。雖然他的生意能賺很多錢，但他覺得對他禮拜天參加聚會不方便，所以放棄了事業回到老家，並帶領全家來敬拜上帝。後來，他在雞籠教會被設立做長老，再接著他成為學生，最後成為東海岸打馬煙教會(Margaret Machar Memorial Church)的傳道師。一八八四年法國入侵時，他在雞籠的住家被歹徒拆毀，財產被充公，他自己和家人都受到迫害。但他卻能「對於遭到掠奪感到甘之如飴」，他的傳教服事也受到上帝的祝福。在他因瘧疾熱病將要離世時，他教會的長老和執事們都圍在他的床邊，並為他唱詩篇一二一篇，也是他所學到的第一首詩歌。他把自己完全信託上帝，而他的「出去」也必蒙上帝的保守。[7]

在國外的宣教師就和家鄉的宣教師一樣，雖然為善不圖報，但過後卻發現得到了善報。在觀音山的後面，是個很美的高原小村，稱為圓窟，那裡我們有一間教堂和信眾。第一個對我們那裡的工作感到興趣的是一位拳師，也是賭徒，一八七二年我剛抵達台灣不久就遇上了他。那次我正走過一個山谷，經過一家小米店，店裡有幾個人蹲在草蓆上賭博。我走進店裡和他們談話，並問他們，像他們這樣浪費時間，他們的聖賢孔子難道不會對他們感到不悅嗎？大部分的人似乎都不在乎我的話，只有一位非常憤怒。他是個體裁很壯的人，而且是個有名的拳師。當他賭博輸了錢，就老是出手逼迫贏的人把錢還他。每個人都怕他，連他自己的兄弟也怕他。雖然我們的第一次相遇令他非常生氣，但是當天我所說的一些話卻留在他的腦海裡，並觸發了他的良心。往後的幾年，他常遇到改信基督的人和本地的傳教師，也因而開始對我們的工作很感興趣。後來，他也成為我們之中的一位傳教

師，現在正以同樣充沛的精力為基督和為他自己的教會服事，就像他過去花費在罪惡事端的精力一樣。他拜訪當地的村民，勸他們要接受基督，因為他非常熱心，所以當地有了一間教堂，會友人數也愈來愈多。

　　二十年前在北台灣最無法紀的地方就屬三角湧(三峽)，是一個在大姑崁(Toa-kho-ham，譯注：現今大溪)東北邊約有二千個居民的小鎮。當地的居民因為附近的山上住著一大群的無賴和強盜，日子過得很不安寧。通常以懲罰盜匪的親人來讓盜匪就範的招數，在此行不通，因為這些盜匪的親人要不是住在中國大陸，不然就是在台灣極偏遠的地方。鎮民有時為了對抗官方的偵查和干擾，會和他們妥協或與他們結合在一起，這就讓他們更肆無忌憚了。有一次，縣府副官所坐的轎子被鏢和長矛刺入，他和他的隨扈差點被殺死。這些盜匪會成群結隊的進入鎮裡，並自豪的高唱著：

　　　恁靠官，阮靠山！

我非常的不容易才獲得進入三角湧，當那地方一個很強的幫派首領讓我用他的店後面的一個房間時，有許多人威脅著要把我們拖到山坡上，把我們的嘴塞住，把我們的眼睛挖出來。對方如此的凶暴使我只得把我的住處移到鎮外，而歹徒仍常在我們住屋的外面圍著。有一次，我和阿華走出了屋門口，就聽到他們開始怒叫，有一個離我們不遠的男人拿了一塊扁平的石頭向我們丟來，石頭稍微掠過我的頭額後，打到牆壁上並裂為三塊。我和阿華都沒有顯得畏懼，我只是轉身把那三塊石頭撿起來做為紀念。其中的一塊重達三磅，另一塊我把它

帶到多倫多大學的諾克斯神學院獻給其博物館。幾個月後，當我進入教堂時，看到一個人躺在長椅上，他站起來深深鞠躬說：「你能不能原諒我？」然後他承認他就是丟石頭的那個人，而他原本是希望把我們砸死。接下去的三個月，他天天都和本地的傳教師在一起，那年年底，他以滿懷喜樂和期待著基督拯救的心情離開了世間。三角湧現在已大大改變了，那些盜匪已四散，而他們聚居的山林也已被夷平做為耕種地，當地也買了教堂的房子，不再有人對於信基督教的和傳教師有偏見，而且年年都可看到其進展。我們最後一次拜訪當地時，他們以樂隊前導，護送我們到約四哩遠的下一個教堂去。

在淡水對岸觀音山腳下的八里坌，有一間很堅實又俊美的教堂是在一個月內就興建完成的。我們在當地剛開始時的聚會，是在一棵榕樹下，然後用一個漁夫的房子，然後用草搭蓋的長形建築，然後是用泥塊搭成的，不過，這間教堂在法國入侵時被摧毀了。於是，我們決定要建造一間更堅固的教堂。在五月一日時，要用來做為地基的石子都還在山坡上，而木材和磚塊也都還在淡水河上游的大稻埕，要用作石灰的珊瑚礁也都還沒有燒，黏土也還沒有挖。但當我們把建築的圖和計畫規劃出來後，就立刻雇請泥瓦匠和木匠，並立即動工。那時的氣溫有時高達華氏一百二十度(譯注：攝氏四十三度)，風砂使我們的眼睛發炎，但是在五月的最後一天，就建堂完工，等著開始使用。教堂的牆是以晒乾並燒過的磚建成的，有二吋半厚。裡面以白灰粉刷，外面以泥灰漆刷。這麼一棟堅固的磚塊建築，如今已經歷過颱風、大雨和地震，都仍完好無恙。

在整個宣教中教堂建得最美的是在大稻埕。這個鎮在淡水河畔離艋舺約一哩遠，並與台北府城的新城牆相鄰，是北台灣商業最發達的

地方。火車的鐵橋長一千四百六十四呎，在這裡橫跨淡水河，所有英國和其他西方的商人都有商行在那裡。教堂是石砌的宏偉建築，有小塔和角樓，禮拜堂很寬敞。我曾看過那教堂從講台前一直到大門口都擠滿了渴慕聽道的人。一八九一年十月十八日，我以「主是偉大的神，是萬神之君王」的經文向五百多人講道後，我把聖餐禮的聖體分給一百三十個守聖餐者。那天，參加聚會的人中有一位陌生人是韓國基督徒，叫做朴依平，他來台灣找他的弟兄。在看到台灣基督徒在禮拜時那麼渴慕誠心，非常感動，在禮拜結束時他說：「這實在是上帝國臨到世上，我永遠不會忘掉今天所看到的，願大家平安。」

在艋舺東邊十哩遠的雞籠河南端，有個叫做水返腳(Tsui-tng-kha，譯注：現在的汐止)的小鎮，住有約四千人。一八九〇年本地的信徒以約七百墨西哥銀元在那裡建了一間新堂。土地和建造的錢都是由本地各教堂捐的，教會的產權就登記在台灣教會的名下。教堂的建築設計和監工是由阿華執行的，現在有個本地的傳教師在那裡駐堂。

有人常問有關漢人歸信基督教，其信仰有多穩定，有兩個水返腳教會會友的作為可以用來做為解答。數年前有一位陳姓的家庭，父親允許長子到教會做禮拜以便看教會的教導是甚麼樣子，這位長子對於教會很感興趣，就帶了他的兩個弟弟也到教堂來。教會有一位會友教他們用羅馬拼音來讀，他們就這樣讀福音書讀得很熱心認真，後來三弟兄都決意歸信耶穌基督，而且不再拜神明和神主牌。這位父親為此非常生氣，因為他擔心以後沒有人到他的墓前去祭拜，於是禁止三兄弟再去教會，並命令他們每天晚上都要拜。為了平息父母的怒氣，他們就決定參加祭拜禮，但是當他們手拿著點燃的香站在神明面前時，他們把頭轉到別邊，不過他們仍繼續參加教會的聚會。當他們的父親

知道後，就偷偷到教堂來看，而當父親看到他的兒子們在教堂唱詩讚
美上帝耶和華時，就像瘋了一樣的尖叫跑開。兒子們後來雖然不到教
堂了，卻在禮拜日到山上沒有人的地方相聚，並在那裡唱詩、讀經、
禱告，而禱告中主要都是為他們生氣的父親禱告。後來他們就改在晚
上在農人稻田的看守屋相聚，但無論他們改在哪裡相聚，都被父親發
現，而且他們的父親變得愈來愈嚴愈兇。在除夕夜，家中像往常準備
了祭拜祖先的東西，但他們都不參加祭拜，父親怒不可遏，拿了一把
長刀衝向長子，他們就都逃離家門到一個基督徒的家裡去避難。父親
無法消去這口氣，就連媳婦和孫子們也都趕出門，兒子和媳婦們因此
沒有人敢走近家門。可是母親的心後來軟了，因為她捨不得兒子們，
就向父親一再地懇求，父親終於把刀子給她，並答應如果兒子們回來
不會傷害他們。他們後來都回來了，父親也原諒了他們，並允許他們
可在家裡敬拜，而且每個禮拜天，他們就帶著妻子和孩子們到水返腳
教會參加主日禮拜。

〔注釋〕

1 「被恩典揀選」(election of grace)是十六世紀宗教改革運動(Reformation
Movement)後所建立的基督新教(Protestantism)的共同神學信念，強調基督徒不
是靠善行得救，而是依靠上帝的恩典；在這個揀選的過程中，基督徒先被上帝
的恩典所轉變，因而成為上帝的子女，也因著上帝恩典的力量而能活出公義的
生活。
2 參見《新約聖經》〈約翰福音〉一章三十五～四十二節。
3 陳火(一八五一～九八)，又名「陳榮輝」，淡水人，一八七二年底從馬偕聽到福
音，一八七四年受洗，一八七五年起受任命為傳道師，先後在不同地方教會工
作，其中以新店最久，一八八五年和嚴清華一起受封立為牧師，是全台灣首封

爲牧師者。他後來和馬偕成爲親家，長子陳清義(一八七七～一九四二)娶馬偕長女媽連(Mary)爲妻，其養子陳敬輝是淡水名畫家、美術老師。

4「白人」原文作「盎格魯薩克遜人」(Anglo-Saxon)，泛指西方的白人。

5 參見《舊約聖經》〈列王記下〉四章八～十節。

6 高振，又名玉振，一八八〇年曾在淡水隨馬偕讀書，後派至三重埔、水返腳、宜蘭的打馬煙等地牧會。

7 見現行台灣基督長老教會《聖詩》第六十四首，曲名〈我目舉起向天〉(台語)，歌詞引自《舊約聖經》〈詩篇〉第一二一篇，主題包含上帝會保守他的子民「出入得平安」。

第十七章　艋舺信徒是怎樣贏得的
How Bang-kah was Taken

異教徒的重地－等候時機－被禁－被逐－又回去－被圍攻－得勝了－
改變－被尊崇

　　艋舺是北台灣一個牢不可破的異教重地，是一個最大和最重要的
都市，全都是漢人，而只要與外國有關的一切都極力反對。早在一八
七二年我和阿華拜訪當地時，就已體驗過他們對我各種不友善的態
度。一八七五年我到那地方，也再次體驗了艋舺人對外國人的恨惡，
我對當時的記載是這樣的：

　　艋舺人，不論老少，天天操勞的都是錢！錢！大家只重物質，以
迷信方式追尋錢財。每次到該地，走在路上，都被人辱罵、嘲笑和作
弄。好幾百個孩子會在我們前頭邊跑邊叫的嘲弄我們，後面也跟著一
堆人，向我們丟橘子皮、泥巴或臭蛋。若論到恨惡外國人、自傲、自
以為是、虛偽、迷信、縱慾、自大和奸詐，艋舺都首屈一指。但是，
請記住，你這個自高自大的城市，今天這些看見你自傲的也將有一天
見到你受屈辱。雖然你現在得勢、驕傲並詭計多端，但有一天你將失
勢並沒落。你們髒亂的街道正顯示你們道德的腐敗；而你們低矮的房
子，顯示你們性格的低落。艋舺啊！你這個奸詐的城市，要悔改，否
則喇叭聲將響起，那時你們後悔就來不及了！

　　我們在艋舺的東、南、西、北，都已經設立了教堂，但是，艋舺
派僱員到四周的鄉鎮去警告鄉鎮首長，唆使百姓，並阻擋、破壞我們
所在做的傳教工作。艋舺是由三個大宗族的首領在統管，對於這三家
所說的話大家都不敢不遵從。從來沒有外國商人在那裡成功的設過商
行，雖然曾試過，但他們的漢人代理人每次都被攆出該市，而且都差
點喪生。可能宣教事工是該先從艋舺來開始。我也接過一位曾在中國
現已去世很熱心優秀的宣教師的來信，說：「我聽說你已經在很多個
鄉鎮都設立了教會，但你為甚麼不先從耶路撒冷來開始？」我之所以
沒有從最熱衷於拜偶像的耶路撒冷來開始，可能就像我並沒到馬達加
斯加或印度去傳教一樣。因為我要跟隨我的「主」的帶領。「他」帶
領我到台灣，並帶我一處處去開設許多教會。而我知道時候將到，那
時我必得進入艋舺。

　　艋舺的首領們曾下告示，叫所有的百姓要注意，不可把房子或土
地出租、轉讓或賣給傳教的蕃仔，違者必須被關或處死。但是一八七
七年的十二月，在那裡設立教會的時刻到了，而他們雖然想盡辦法不
讓我們進到城裡，我卻在城的東邊租到了一間很簡陋的小屋。於是，
我在紙牌寫上了「耶穌的聖殿」，並把這牌子放在一個木架上，然後
把它放在門的上面。不久，有幾個士兵正好要回去附近的營地，走
過，就站著讀了牌子所寫的字，馬上很兇的威脅我。之後，他們回到
營地並立刻向長官報告，長官就派了幾個幹部來，說這個地方是屬於
軍中的，下令要我離開。我要求他們對所說的話拿出證據來，他們把
證據拿出來後，很顯然的，我是無法繼續留在該地。我們如果要成功
的達成主的工作，就必須遵守中國的法律並明智行事。所以，我立刻
承認他們的說詞，但是對他們說，因為我是從當地的人手中租來的，

所以，我當晚暫不離開。那晚，一直到過了半夜，那些士兵一直很生
氣的在路上巡行，而且以威脅的話叫罵，有時，甚至在門前像是要把
門砸破衝進來好把我殺了。就這樣在那暗溼的房裡，好幾次，我的性
命似乎都近乎不保。隔天清晨我離去時，有一大堆人在我前後跟著，
嘲笑戲弄我，還有很多看到我從他們低矮房子走過的人，也拿糞、垃
圾或石子丟我。雖然到河邊只是一小段路，但我卻花了好幾個小時才
走到。上了船後，我就到下游約三哩遠的大龍峒（大稻埕）教會去找我
的學生。那天，我就和學生們留在那裡，晚上在教會講完道後，我們
一起進到小房間向神禱告，求神讓我們有個途徑來進入艋舺。禱告完
站起來後，我們立刻動身回去艋舺。雖然暗暗的，但我們可見到一些
燈光。我們不確定是在往何方去，正好遇見了一個老人，就問他知不
知道有人肯把房間出租做為傳教用，即使是一間小小的也好。他說：
「有，我可以把我的租給你們。」我們於是跟著他走過好幾條暗街和一
些垃圾堆後，來到一間小房子，門在背後，進去是一間髒髒泥地的房
間。我們進去後，就開始寫租約書。因為除了在通商口外，外國人不
可擁有任何房地，所以，必須向本地人來承租。為了確定，我就問
說：「這地皮是你自己的嗎？」他說：「不是，不過我今晚就可把地主
立刻找來。」半個小時後，地主就到，於是我們又寫了另外一張契約
書，兩張都寫了名字蓋了章。依中國的法律，我自那晚半夜開始，就
完全擁有該地方。那人把那地方讓給我們後，就從後路偷偷離去消失
無蹤了。

　第二天早上，我就在門上裝上一個牌子寫了和以前一樣的字，
「耶穌的聖殿」。不到一個小時，路上和一間大廟前的空地就都擠滿了
憤怒的民眾。整天都不斷的有人來了又走。第二天，全市沸騰，而數

千喧譁的聲音，讓我們聽起來覺得很刺耳。不過，我還是到路上人堆中走走，幫人拔牙，因為即使有這麼多的敵人，其中還是有我們的朋友。第三天，有很多長痲瘋的、乞丐，和很窮很髒的人被雇來騷擾我們。他們有的耳朵發炎腫脹，有的面目看起來很可怕，故意和我們互相擦身，以期我們會因而很快放棄這房子。到了下午約四、五點時，激動的情緒變得白熱化，有數百人把他們的辮子綁在頸子上，而且上身著藍衫，表示他們已決定要一決輸贏。有一個人彎下去拾起一塊石頭丟向屋子，他們立刻都大叫起來，聲音震耳欲聾，有的爬到屋頂上、有的在屋內、有的在屋外，一個房子就這樣被大家拆成碎片並被帶走，一點都不剩，甚至連地基的石頭都被用手挖起來，並在地上吐口水。我們因此搬到對街的一間客棧，但立刻就又聽到有人在屋頂上罵，而且有不少人正在爬牆要進來。因為他們用力想要進來，所以可聽到磚瓦破掉的聲音。這時他們的叫嚷可說是已經失去人性，沒有聽過中國暴徒凶惡叫嚷的人無法想像他們的可怕。客棧的主人帶著門的鑰匙來，求我們離去，免得他的房子被拆毀。

接下來，情況稍微緩和。因為滿大人坐著他的大轎子，身旁有護衛，後面有士兵跟隨，這時來到了門前，而英國駐在淡水的領事司考特先生(Mr. Scott)也在這時出現，我們就坐在一起。中國官告訴這位領事下令叫宣教師離開這城，領事立刻反駁說：「我無權對他發出這樣的命令，反之，他身為英國的臣民，[1]你應該要保護他。」英國領事的才幹實在令我佩服。當他離去時，我陪他走到城郊外，而當我回來時，這位滿大人竟跪在地上求我離去。我把我的鉗子和聖經給他看，告訴他，我不離開，我要在這裡替人拔牙和傳福音。他因此很煩悶的離開，不過，留下一小隊士兵守護這地方。過了二、三天後，激動的

情勢才消失。而過了一個禮拜，他們提供給我一個城外的地方，並答
應官方將協助我在那裡蓋一間房子，我當面回絕。既然我是依法獲得
這塊土地和這間被拆毀的房子，我決意要在艋舺設一間我們的教會，
而且設在原本的地點。官員們對此表示不可以，理由是那地點離科舉
的試廳只有幾呎遠，不過，事實上，兩地相離有一哩半遠。最後，他
們在用盡藉口和計謀而疲於再對付我後，終於讓步了。我就在原地一
寸不離的蓋了一間小房子，開始做為教堂，而路上依舊有士兵在巡走
以維護安寧。不過，艋舺的三大宗族仍對我們及我們所做的繼續敵
視。如果有任何人來聽道，他們就排斥他，而這地方原本的那位主人
因此也得逃命。終於，有一些人變得友善，我們就買了一塊大一點的
地，並建了一間寬敞不錯有磚瓦屋頂的房子做為敬拜的地方。一八八
四年當法國入侵時，該房子被歹徒拆毀，建材也都被拿去，還對傳教
師和信徒極力污辱。法軍停止攻擊後的三個月內，我們蓋了三間石砌
的教堂，一間就是在艋舺。這是一間很堅固俊挺的教會，教會石頭的
塔尖有七十呎高（譯注：約二十一公尺），上面再加上三呎高的避雷針。
教堂的石塊都是在採石場鑿削的，並有現代式的柱子和角樓。教堂裡
面用白粉刷得很漂亮，外面用泥灰漆成像是有色的石磚。教堂並有數
個房間給傳教師用，還有一間所有設立的教會中獨有的，給宣教師專
用的閣樓。

　　一八七九年，有一天天已黑，我和六個學生用走路，我的妻子坐
轎子，我們在艋舺一條要往教堂去的路上。那天是祭拜節慶的第十
天，神明遶境的行程差不多就要結束，所以信徒的情緒都非常高昂激
動。行程的隊伍有數千人，大家又叫又跳，像是著了魔一般。那時，
有人認出了我們，先是稍微停頓，然後就有人往轎子裡我妻子的臉部

擲一支火把，差點讓她的眼睛瞎了。有十來個人把兩個學生的辮子抓住，另一個學生被推倒在鋪石子的路上。憤怒的暴徒愈來愈狂暴，敲鑼的聲音以及他們的嘶叫聲也愈來愈大聲，就在千鈞一髮的時候，有個老人從那裡的房子衝出來說：「這位是偕牧師，蕃仔教師，不要干擾他和他的同伴，請聽我的勸說，繼續你們的行程罷！」幸虧我們在遇到這群隊伍時，路邊右角正好有條小巷子，這位老人立刻把我們帶進這條巷子以脫險。我們就一直走到教堂，我就用詩篇的話作講道，「就像山圍繞著耶路撒冷，主也必圍繞著他的子民，從今直到永遠。」

那一度驕傲的城市，如今已經有了許多改變。一八八七年當他們在迎神遶境時我在那裡，以前大概從沒像那次那樣熱鬧過。阿華和我特地找每個好位置的地方，像在廟邊，或十字路口，或隊伍要走的路邊，或新的城牆上。有一次當隊伍要經過城門時，我們正好在上面，但我們沒有被嘲弄或謾罵，他們走過看到我們都面帶笑容。那天傍晚，我們坐在一間大廟前，就是幾年前我們與暴徒相遇差點被殺的地方，同樣的那些艋舺的頭人這次也都在隊伍中，當他們走近我們時，他們停下來並很友善的來向我們致意。在天黑前，我一共拔了五百一十三顆牙齒，並向一大群人致詞。真是多麼大的改變啊！有誰會想到竟會有這樣的改變！我從來沒有見過這麼一群心不在焉的隊伍，要不是他們有抬著一、二座神明，否則整個隊伍看起來就像在逛街一樣。但是，這毫不表示拜神明的風氣就因而消失了。雖然，確實已有很大的改變，但若要那些拜神明的人都願意屈服於耶穌並跟從祂，那就還必須要打一場硬戰。

而在一八九三年當我們要離開台灣回到加拿大的那天傍晚，艋舺確實讓人看到了這城市的神奇改變。我們最後一次拜訪當地時，教會

有兩場婚禮在眾多的人觀禮下舉行。艋舺的頭人送了他們的拜帖，並在帖上問我是否願意坐上轎子巡繞城裡的街道來接受市民的致敬。我請他們讓我考慮考慮，並決定，過去他們以他們所選擇的方式來對待我們，現在我也讓他們以他們所選擇的方式來對待我們。遊行的隊伍在過去同樣的那間廟附近的同一個廣場上組成，有八對樂隊領隊，樂隊中有鈸、鼓、鑼、管、琴、曼陀林、鈴鼓和簫等樂器；接著有男人和男孩拿著旗、旗旛和旗幟；又依中國歡迎的方式燃放爆竹和鞭炮，接著是艋舺的五個頭人、知縣、一個軍官和兩個縣府官員依序接在後頭，然後是三支表示榮譽的大紅傘，每支都有三個綴飾的葉邊，這是市民致送的，上面並寫有致送者的名字。之後是我所坐的一台華麗襯有絲裡的轎子，接在我的坐轎後面是六個人騎著馬、二十六台轎子和三百個兵伕依一般遊行的秩序排列，後面還有其他不同的團體接著。我們就這樣的在艋舺的街道上遊街，接受人們從各方來的致意。

到了艋舺的碼頭，那裡有汽艇在等候，這時，基督徒們就站在那裡齊唱聖詩〈我認救主無驚見誚〉，之後，當我們要上船時，基督徒和沒有信的人都一起歡呼，並有兩個樂隊跟著我們上船，到了淡水後也和我們一起下船，一直迎送到我們住家的門口，而在門口，有極多的人在那裡迎接慶祝我們，使整個致敬的行程達到最高點。艋舺，原是一個牢不可破的異教重地，今天的這一切，卻都是出於當地的頭人和市民的心意。我們就這樣贏得了艋舺。主啊！這榮耀絕不是歸於我們，而是歸於祢的聖名！

〔注釋〕

1 馬偕是加拿大人，但實際上也是英國臣民，因爲加拿大主要省分雖於一八六七
　年成立政治邦聯（Confederation），但仍是大英帝國屬下的「加拿大自治領」
　（Dominion）。

第十八章　在北部巡行宣教

Touring in the North

以徒步巡行－危險的河水－轎子－人力車－鐵路火車－與一隻驢子對
峙－變換及難料的事－和一位山地人－一位老儒教徒－注定受難的生
蕃－在墾荒者中－一個信心堅定的人－在南崁－一位鴉片仙－愉快的
回憶

　　在北台灣的傳教是以淡水做為總部，再從那裡常四處去巡行，依
序拜訪各教會，並對教會之外的地方做探查，這是宣教師的工作中最
重要的部分。我們雖讓本地的傳教師駐堂在各地的教會並由他們來負
責，但為了組織和管理上的需要，是必須加以監督的。這種定期的拜
訪不僅鼓舞傳教師，也激發會友。巡行訪問各教會時，我不會只自己
去而必定和學生們同行，因為這樣可以讓學生了解工作及學習傳教的
方法。

　　巡行的方式有許多種，其中最主要的就是徒步的方式。這種方式
常有危險又很累，路途很坎坷，有時得翻山越嶺，或走過熱燙的沙
地，或穿越森林，或遇到山洪，特別是在雨季，常遇山洪很難通行。
所以，並非一種享樂的旅遊。有時我們會讓苦力背過溪河，不過，通
常我們是自己涉水而過。兩個兩個一起，手牽手，每個人的另一隻手
就握著竹竿以測水路。有一次，有一個傳教師連和，[1]差一點就被淹
死，因為他的同伴滑倒，連和站不穩，就被急流沖走，在急湍的流水

馬偕與學生一起巡行（由前至後為：1.馬偕 2.阿華 3.順仔 4.莊天能 5.柯玖 6.嚮導 7.挑夫）

中他一再翻滾，等到流到了一個急轉彎的地方時，才被岸上的兩個學生救起。有的地方有渡船，在河的兩岸有一條藤索被釘在兩岸的樹上，船伕就扶著這條藤索安穩自在的渡過溪河。有時船主把船丟在河石上。有一次，我們來到一條又寬又急的河流邊，看到對岸有一條船在那裡，但都看不到船伕，叫喊也沒有人應聲，最後，我們的兩個學生游過了河並把一條很長的繩索的一端綁在船上，我們就把船拖到我們這邊。有好幾個人自願划船，其餘的就蹲伏在船底，他們把船推離岸邊，然後，雖然用盡力划，但水實在太急，他們無能為力，船就被河水往下沖，在不遠的地方撞上了水壩的石頭而破成碎片。好在我們除了全身溼透以及一些擦傷外，沒有太嚴重的事情發生。而我們若溼了，從來就不會想要起火來把衣服烘乾，因為知道可能前面又會遇到溪河，衣服就會再次弄濕。但我們並不是每次都得渡過「危險的河水」，有時有的地方氣候良好，路就好走，而有些地方有橋可過，或涉水很容易。但在有些地方以及其他的季節時，全身就常會出奇不遇遭到溼透。

在較大的河川裡，通常有數條船在載運過路客到上游或下游。這些船是用樟木板製造的，船底寬平，船身也輕。這種船是為了急流而造，所以通常稱為「泛舟」。當往下游去時，船伕通常站在船頭，手裡拿著一隻長槳，一路通常很順暢。但若往上游去就很費勁，船伕會站在水裡，抓住一根橫綁過船頭的桿子，然後慢慢的把船往前拖。

轎子是另一種巡行的交通工具，通常由二名或四名苦力來抬，一天可以走上二十哩路。有時，是非靠轎子不可的，但是被拘禁在這麼一個轎子內，對任何一個喜愛風景及新鮮空氣的外國人來說，實在非常難受。

　　人力車，就像是輕型二輪單車加上蓋子一樣，是由苦力拉的，很普遍，特別是在通往艋舺、大稻埕及台北府之間的路上。這三個城市坐落成三角形，彼此相離約三哩路，相通的馬路都又寬又平坦，是由那位有精力又先進的巡撫劉銘傳所造的。每天差不多有一百五十輛人力車在這些路上跑。有一度曾計畫要在這裡設置一條英國式的馬車載客路線，但後來只好作罷，因為馬兒根本比不上苦力。

　　在雞籠和竹塹之間有一條約五十哩長的鐵路火車，其引擎都是德國或英國製的，車廂也是英國式的。這條鐵路現在完全由漢人在經營。

　　有時有人會問我，為甚麼不用馬兒或驢子做為交通工具。我曾試過驢子一次，這次試驗令我以後不再對驢子有興致。在台灣的客棧或教堂並沒有馬廄，官方也沒有照料這種動物的條文規定，而且用這種工具也沒省下甚麼時間，因為還是得雇用苦力來扛所需要的食物和衣服，而驢子雖較快，但必須等苦力。這隻驢子是一位要退休離開台灣的海關官員送的，我們叫牠「驢仔」，學生們在淡水和牠常一起玩。有一天，我們要到五哩遠的一間教堂去，驢仔就被牽到門口好讓我騎。因為是一場重要的赴會，我就騎上驢子走在前頭，學生們跟著，並且很高興的看到一個外國宣教師騎著一頭驢子。一路原本很順，直到我們到了一座窄木橋，橋下的谷深約十二～十五呎。這橋寬不到三呎，驢子走到那裡就突然停住，兩隻前腳向前伸，雙耳向後拉，就此不動了。我們哄牠或催牠都沒用，於是我下了驢子開始拉牠，學生們看了也在後面幫忙推，有一個甚至捉住牠的尾巴，但都無效，驢仔像是下定了心意。我們就一起商量各種可能方式，而我想或許驢子已改變了心意，就再試一次，用盡我的力氣拉韁繩，但牠前腳更用力的擋

著不動，並開始踢後腳，使後面的學生都散開。我還是在前面用力的拉，驢子這時就張開嘴巴高聲的叫，學生們從來不曾聽牠這樣叫過，聽起來像是牠不高興的樣子。整個情景是那麼的奇異，驢子的腳跟此時在地上很快的踏著，學生們看了都喊說：「舂米，舂米！」並笑倒在地上。驢子贏了，我們被打敗。而且丟臉的是，這頭驢子這麼小，其實我們只要一個人就差不多可以把牠抬過去，但我們卻浪費了約一個半小時的寶貴時間在那裡和牠爭。自此以後，我就沒再試過這種交通工具了。

我們巡行的經驗從來不會單調，因為路上景致常會變換，也常遇到預料不到的事，可是若只讀記錄，好像每次的巡行都類似。巡行時，有時我們走多數人都在走的路，但有時，我們就走疏隔的蕃人村，而有時，就走少有人走離海較遠的內陸，這些地方有漢人在墾荒，好開路讓人來屯居。在一八九○年時，我們曾一路從北到南都走人煙稀少的路。我們沿著山的邊緣爬行，一路蜿蜒的經過許多風景非常優美的地方。通常漢人對於壯麗的景色是較沒有感觸的，所以當我這些漢人學生們竟對於所走過的優美風景會如此的讚嘆和欣賞時，實在令我非常高興。上帝的真理開了他們的眼睛，並喚醒了他們休眠的感官。

那次的旅行，有一位七十四歲山地人陪著我們走，他是我旅行的嚮導，很結實又不怕危險，能有一位耐力很強的人一起行走是件愉快的事。其他的人都遠遠落在我們後面，所以，我們偶而就必須大聲對他們呼叫一下，一方面鼓勵他們，一方面讓他們能跟著聲音來。我們這樣快步的走了好長的一段路，我的夥伴開始顯得疲憊，最後，我們爬上了一個非常難爬的山頂上的一塊平的大石頭後，他坐下來，汗流

滿面的喘著氣，懇求似的說：「我們走得實在太快了。」

　　我們兩個人在一起走時，這位山地人談了許多拜神明有多荒謬的事，並把他拜了有七十年的北極仙、灶神和戰神給了我。他所送的神有其用處，後來我們回去時把他們都帶回去，並放到我淡水的博物館內。

　　當我們的隊伍都到齊後，我們又開始出發。我們的嚮導知道路，就走在前頭，並先到附近的一個村子去告訴一位學校教師我們的到來。那教師就在教室歡迎我們，他是一個非常優雅的文士，在環顧他的教室時，我驚訝的看到他的桌子上有一本舊約聖經、一本聖詩和一本新約的教理問答。當他看到我在注視時，他把手放在聖經上說：「在這裡，我找到了我一直想要知道的。這本書讓我知道這世界是怎麼造成的。」他並告訴我們當他讀到有關創世的故事時，是多麼高興而且對他多麼有幫助。一位本地的傳教師，本身也是一位讀書人，把這本聖經給他，而這位傳教師起初也是受聖經創世紀一開頭所說的話所吸引的，所以，就指引這位在尋找答案的教師也讀同樣的地方。這位教師於是對這本聖經開始感到興趣，不久就有新的亮光在他心中。有一所教堂就在學校附近，那晚，當我們舉行禮拜時，這位教師也來參加，在我講道時，他會用特別的感嘆聲來表示他的認同和贊成，像是「阿們！」這類老式的野外集會用語。禮拜完畢，他站起來對大家說：「我已經六十四歲，而且在學校教了二十三年。我是從今晚也在這裡的一位本地傳教師口中聽聞了福音，他來了我的學校十多次，我全心相信這個新的道理，它是好的。我曾是個儒教徒，但儒教不能讓我心靈得滿足。我讀到了聖經在講上帝如何創造天地的事，也讀到了死後永生的事，這些都令我感觸很深，甚至在學校時，我也常思考這

些。然後我的一位老朋友來，並帶這位外國的宣教師偕牧師來，我發現我這位老朋友即將成為一個基督徒，他雖然已經七十多歲了，現在卻年輕起來，因他與上帝有交誼。現在我已明白。而數年來我就無法信服神明，現在我心中已能滿足。現在當著大家的面，我宣佈我是一個相信上帝和信耶穌的人，福音對於像我這樣的老人是好的信息。」他講話時大家都寂靜無聲，因為這位老儒教徒很受眾人的尊敬。他的話很真誠，從他的話中，可感受到在這位老人生命裡所重燃的希望。

在大嵙崁這個靠近山區的小鎮，我們看到有二十四個生蕃被羈押將受刑，因為有好幾個在邊界地的漢人樟樹工人被這個會殺人頭的部落人殺了。這些犯人都被用腳鏈銬著，他們紋面的女人沒有被銬腳鏈，就在旁邊漫步，好像漠不關心她們的勇士的命運，但她們的內心是哀憐的。雖然她們也意愛留在自己的山中自由的行動，但由於對自己的丈夫或兒子「自然感發」的愛，如同無形的繩子牽引她們來到他們被羈押之地。

次日晚上我們在一個客家莊過夜，在那裡我們得設法不被我曾遇過最凶惡的蚊子來虰咬。它們善於攻擊，用燻蚊草也起不了作用。外國人在台灣出門一定帶蚊帳，但是因為我們是走山路，只好不帶這種奢侈品。

有一個在墾荒坡地的教堂給了我們歡迎會，不論他們的歡迎要算是何種形式，所不缺的是滿心的熱誠。他們以槍聲和爆竹聲來表示歡迎，並在教堂裡擺設了奢華的魚肉，整天教堂人都滿滿的。歡迎會中有三個小時是聽他們朗誦詩篇、唱聖詩和選讀經節，有的用客家話，有的用福佬話。在崎嶇的山那一邊，有一座閃耀的燈塔，讓那些疲憊的墾荒者可以找到回到上帝那裡的路。

馬偕和學生們正在下山

我們往海的方向走時，第一位來迎接我們的是一位曾經眼盲但現在看得見了的人，他以前曾被治療過。那天，當他看到我時，急忙走來，眼睛睜得大大的，並叫著說：「上帝醫治了，上帝醫治了！我現在能看見了，上帝不需要醫藥就能醫治了。」宣告靠信心得醫治的人可能把這位也算在他們的人數內，並認為他就是無法獲得解答的辯證實例。確實是靠著信心和祈禱，但也靠著所做的。這個人曾患貧血和粒狀眼炎，開給他的處方是強化全身，以及洗眼睛的藥水，規定他生活要有規律以及加強衛生習慣。在本地傳教師的照顧下，他的健康慢慢的恢復，而視力也進步了。後來當藥物用盡時，他就更虔誠的禱告，生活也更規律。所以當他不再用藥但視力卻恢復時，他認為他的得醫治是一件神蹟。「上帝醫治了」成為他的見證，而這也是事實，但要達到目的就要用得當的作法，如同我們若要得到上帝的祝福，就應該有合宜的行為。

有一次我們從內陸巡行回來在南崁(Lam-kham)過夜，那地方離淡水西南方約有一天的路程。那裡沒有客棧，也沒有人願意讓我們留宿。因此我們找到了一台被人丟棄的拖車，就準備在那裡過夜。有一個住在那附近的年輕人，曾在我們所設的第一間鄉下佈道所受過洗，當他發現我們後，就帶我們到他家中過夜。有一天傍晚，就準備了一個地方以做為聚會，我向人們傳講福音，並在桌子上擺了八具神明，都是信徒們信主後所不要了的。在南崁有一棵樹幹有二十五呎寬長滿瘤的大榕樹，據說是國姓爺所栽種的。據說那棵樹有國姓爺的一個部下的靈在裡面，所以被很多人敬仰。

我第二次到那地方時，有一個五十八歲的人前來表示說，他對我們的工作很感興趣。他因為吸食鴉片身體很快的變虛，因此跟著我們

到淡水，希望能藉此來儘快的克服這種惡習。他的煙管被收放到我的博物館，然後開始了戒鴉片的掙扎。這種掙扎的可怕是難以形容的，沒有經歷過的人無法了解這種惡習的力量。當煙癮發作時，他全身痛苦得直打轉。他一方面靠戒鴉片的治療，一方面靠基督徒的關懷情誼以及聖靈的恩典，使他得以撐著不去碰觸鴉片，後來他愈來愈有力量克制自己，最後終於得勝。他告訴我，身為南崁的頭人，當時就是他帶領村民來敵對我們，並且不讓我們有地方過夜。後來在我們的大型聚會中他常對大家講話，而且總是說到三點：第一，他過去是個鴉片仙，後來被治癒了；第二，他曾阻擋我們進入南崁並詆毀我們；第三，他現在做了耶穌的跟隨者，靠著祂的恩典，他既不怕人也不怕鬼。他後來回到家裡，帶領他的朋友建了一間屋頂蓋草的房子做為教堂。這房子後來被颱風吹毀了，他們就建了一間更堅固舒適、屋頂蓋瓦的寬廳。建築的費用總共一百五十六墨西哥銀元，其中的一百二十六元是當地貧窮的農夫們自己捐的。有兩位老婦人，每個禮拜天都走四哩路來參加禮拜，每人每次都帶了兩隻家禽來做為奉獻，這些家禽賣了的錢被用來購買五百塊建教堂的新磚瓦。

　　翻看我的日誌，記錄上有我們到各地所做的許多巡行，有很多關於舉行禮拜、教堂開幕，以及舉行聖禮典的簡單記載；也有關於有趣的事件及令人鼓舞的經驗的記載。從所記載的許多事件裡使我懷念到我的學生們的忠誠和親情。而一八八八年的秋天和陳火所做四十六天的旅程日誌中，充滿了有趣的記事。日誌中雖然也記有遇到艱難、風吹雨打、危險和失望，但當我翻看日誌時，所回憶的卻都不是這些。對一個陌生人來說，可能沒有甚麼特殊感覺，但對於我，每個地方的名字都喚起了我愉快的回憶。像是崙仔頂(三角埔)、大稻埕、桃仔

園、紅毛港(新竹附近)、後壠、內社、中港和竹塹等，當我在寫這些名字的時候，我腦海裡看到的是一幅幅的圖像，有會友們熱心在愉快的教堂裡聚會、唱歌讚美耶和華上帝的情景，而幾年前他們還對上帝連聽都沒有聽過。還有，他們全神貫注聆聽福音的信息，共守聖餐以紀念基督為人而死的愛，及他們和孩子們一起來教堂以對基督恩典的邀請來做出回應，以及在受洗的聖禮典裡誓約要把他們的孩子們「在主的眷顧和教導」下扶養成人，以及當我們要到另一站去傳講福音與建立基督的教會，而與他們一一道別時他們所真心流露不捨的情景。要唸出各教會的名字，要統計出各教會的情勢，都是容易的事，而為了上帝所祝福的這一切奇妙恩典，我們謙卑的感謝。但真正的故事是無法用這樣來述說的，也不是可記載在記錄中的，而是記載在那些已學會愛救主的人的心中。有數百人已榮歸的站在主的面前，也有數百人正在地上的教會服事。他們都是我們的使徒行傳，在他們的心中和生活中記載了我們在北台灣各地的傳教巡行記錄。

〔注釋〕

1 連和是馬偕早期的學生之一，曾在牛津學堂教授中國字和中國歷史，也曾和劉澄清一起編排馬偕《中西字典》的漢字部分。

第十九章　等候中的諸島
The Waiting Islands

對諸島的預言－拜訪龜山島－在花瓶嶼－海鳥的島屋－大嶼－舊砲台
－目前的居民－悲慘之事－漂流－我們最後的拜訪－大嶼的頌讚聲

　　諸島都將等候祂的律法！舊約中的這個預言在我生命中激發著
我，我看到這個預言在台灣得到實現，也在南海的島嶼得到實現，而
在寒冷的北方諸島也終將發出它的稱頌。這話並不止是詩中的幻境，
也不是虛無的夢想，說這話的是出自內心的確信。當大地都歸向上
主，當地上諸王都來到他國度的榮光前時，等候的諸島也必將「如雲
般的飛來，如鴿子般的來停在窗前」。

　　當台灣已聽到了福音後，我們的視線就開始朝著東邊和北邊水平
線那一端的一些孤寂小島渴慕的望著。龜山島就在離台灣東北的岸邊
航行數小時之處，我們常談到這島，因為阿華的母親是那裡出生的，
而且那裡有住了約三百多個漢人，他們大都從未聽過福音。我和數個
學生從淡水訂了一艘載木板的舢舨，從那裡出發。可是因為風向正好
相反，所以我們在船上經過了兩天的搖晃和暈船後，結果是船繞著台
灣的北端駛到了東北邊的金包里。因為此時我們的供給品幾乎用盡，
所以，就在這裡補給了水和食物，然後再出發。但是，我們還是被風
浪推得離我們的航道很遠。首先，我們往東，然後又往北，就這樣，
五天五夜，我們被海浪無情的沖到這裡，又沖到那裡。第五天，我們

幾乎不知道自己身置何處,就在往回駛時,我們看到了陸地。而當我們發現自己是在龜山島的背風那一邊時,我們非常高興,更感激島上的人對我們的歡迎。

龜山島,從某個角度望去,確實像是一隻烏龜仰著頭在守衛著。島的一邊是一千二百呎高幾乎垂直的岩石。其結構是由很薄的黏板岩、帶有黏性的沙岩,以及火成岩所堆積而成的。我們繞著島航行,看到有硫磺蒸氣從島的邊邊冒出,而在海岸線,則有白灰和熱水。整個島,很明顯的就是一片正在湧出的沸騰硫磺。

所有的居民幾乎都是漁民,他們在島上種甘藷、玉米和數種蔬菜。全島只有一個村落,當我們到訪時,正好有四十戶人家因遭到火災而失去了家。離村落不遠,有一個天然的池,看不到水的出口,池水是從地下流到海裡去的。退潮時,池水是淡的,但在漲潮時,池水就含有鹽分。到了某個季節時,會有數百隻的野鴨以這個池做為牠們的聚會處。唯一的淡水泉源,沿著不規則的岩面,涓涓流下注入池中。附近,有一棵孤立的黑檀樹,想來必是過去很多棵中所剩下的唯一一棵了。

這些貧窮的村民非常熱誠的歡迎我們,並把僅有中最好的都拿來招待。他們把生病了的人帶來,我們盡量使他們的病痛獲得紓解。他們都樂於聽聞福音的信息,而因他們的貧困使他們期望得到一位本地的傳教師。當我們離開時,全村的人都陪我們走到岸邊,一再地對我們感謝,請我們以後再去,並一直望著我們直到完全駛離看不見。船由一組很強壯的漁夫一路迎著海水奮力划,經過五個小時後,我們就到達龜山島對岸的台灣陸地,那裡靠近我們的一間教堂,我們就在教堂吃些東西並作休息。

　　在台灣東北邊離雞籠約一百多哩的地方有三個小島，分別為花瓶
嶼(Pinnacle)、鳥嶼(Craig，譯注：現稱棉花嶼)、大嶼(Agincourt，譯注：現
稱彭佳嶼)，每個島名正合於對該島的形容。這些島屬於台灣，但都是
自治的，所以可說是獨立的島。

　　花瓶嶼是個不規則的禿岩，上面沒有長任何植物，也沒有動物可
以在那裡生存。這島高出水面有一百七十呎，只有供做海鳥長途飛行
時的中途休息站。

　　鳥嶼也不適於人類的長期居住，但卻是個讓海鳥飛來棲息的好地
方，有時整群來時，天空真的被完全遮蔽。島的一邊有一座垂直升起
的粗糙岩石，約二百呎高，從那邊，坡度慢慢下降直到海邊，形成約
有二、三英畝大的平順島面，上面也都沒有長任何樹木或灌木，只有
柔軟的草覆蓋著整個島。鳥在草上沒有築巢就直接下蛋。我觀察到了
十二種不同的草，但沒有花，不過，卻有很多昆蟲，包括可怕的蜈蚣
和數種甲蟲。但這個島主要的特徵還是海鳥的棲息，有數百萬隻的海
鷗和燕鷗棲息這裡，當牠們回來時，會先在上空稍作盤旋，然後，全
體翅膀就像是個掀開的大斗篷一樣，下到地上休息。整個坡面滿滿的
都是鳥，搭船來此看這景觀是值得的，可惜我們對這美麗景觀的欣賞
被一些人的殘忍行為破壞了。有一次，我們在那裡搭營過夜，有一、
二十個人從大嶼來這裡撿蛋。很快的，他們的大籃子就裝滿了。到了
傍晚，當鳥兒回到草地上休息時，這些人就帶著火炬，把鳥塞入他們
的大袋子，然後拿到一個旁邊有燒著火的大石頭上，一隻隻的摔死，
堆成好幾堆有數呎高。看到這些可憐的鳥及牠們的哀號聲，令人感到
很噁心。到了早上，這些鳥都被拔了毛、醃了鹽後烘乾。捉完了鳥，
這些人又去鉤大烏龜。我們的船伕向他們買了一些，而我們走回海邊

時，一路上，要不是活鳥就是死鳥，要不是好的蛋就是破了的，而在一個角落，有一隻約五呎長翻仰著的大烏龜，整晚就像人一樣的呻吟著。哎！多麼難受的一夜！

大嶼比花瓶嶼和鳥嶼都大得多，凸出海面有五百四十呎高，島面約有十英畝大，有一百多個源自台灣雞籠的漢人住在那裡。他們都住在島的一邊一些用石頭堆成的矮屋裡，四周有花草樹木。他們耕種玉米，以數種方式來吃，不過最平常的吃法，是放在臼子裡搗，然後煮成糊。他們也種小米、南瓜、黃瓜和豆子，這些再加上醃鳥肉及貝殼類海產，就成為他們的食物。和其他漢人不同的是，他們並不在意飯食。我在島上看到有幾群山羊在小丘上跳著，但沒看到其他的動物。

在一個比石屋還高起的地方，我看到了一座很舊的砲台，像在蘇格蘭的撒德蘭郡早時匹克特人所遺留下來的砲台一樣。這砲台看起來非常老式，而究竟是誰造的，它的目的又是甚麼，一直是個謎。島上最老的一位八十多歲老阿公，對這問題也說不上來，令人懷疑會不會是荷蘭人來時所造的。如果是，會不會是當他們在雞籠口的社寮島築防塞時，也把砲台造在這裡？或者，會不會是有航行過這裡的船發生叛變，背叛者把這砲台留在這島上？或者，會不會是一些發生了船難的水手所造的，像是魯賓遜漂流記或以諾‧阿爾登(Enoch Arden)[1]之類的？對於事實的真相無跡可考，但可確定的是，在許久以前，那些著急的手，把石頭一塊一塊的疊造起來，並在那裡守衛。建造這砲台的人，可能數百年前，坐在這裡，無奈的等待那從來就沒有來到的船隻，夜夜聽著：

　　無數飛旋的海鳥尖銳的叫聲，

及數哩長的浪濤沖擊著礁岩的隆隆聲。

我們發現今日大嶼上的居民都很開朗親切。一八七九年我們第一次訪問當地時，我們一行人包括了我、我的妻子、一位蘇格蘭來的朋友和幾位學生。當島上的人看到我們後，就一直站在岸邊的石頭上注意我們，等到我們駛到了說話聲音聽得見的距離時，就警告我們不要靠岸，因為岸邊很危險。他們中的一個人跳到水中向我們的舢舨游來，他的腰上綁著一條繩子，繩子的另一端則繫緊在一塊石頭上。我們把他拉上船後，就把繩子綁在我們的舢舨，由他們把我們的船拉往岸邊。因為岸邊的暗礁非常的粗糙，所以，每個人都要先準備好，而當浪水把舢舨推得夠近岸邊時，就要立刻跳到岸上，由我們剛認識的新朋友把我們接住。要上這岸是非常危險的，要不是有這些又壯又勇敢的漁民，我們之中就有人會回不來了。因為島上的人都很和氣，使我們在島上過得非常愉快。他們雖然貧困沒有甚麼知識，卻非常和善的接待我們，並對於我們所傳的福音聽得津津有味。

幾年前，有一艘美國帆船，因無風，船就停在大嶼附近。船長的兒子和一位同伴划著小船到岸上去找獵物。但在他們還未回來前，突然起了一陣狂風，帆船就被風推著走，直到後來在雞籠港找到避難處。船長報告這件災難後，就有一艘汽艇被派去尋找遺失的人，但都沒有任何下落。可能有人怪罪島上的居民，而我確信，若是遺失的兩位青年落在島上居民的手中，一定會受到他們很和善的款待。兩人的遺失必不是貧窮的島民而是飢餓無情的大海所做的。

我第三次訪問大嶼所搭的舢舨是一艘運煤炭的小船，船有先清洗過，並以砂石為壓艙物。帶了足夠的食物和飲水後，我們就在夜晚出

發，往北的方向行駛，但是到了天亮時，卻發現我們其實是駛到了蘇澳的東邊，遠在我們所預計的下方。我們改向航行，但一路卻和大風浪對抗，結果，船只是更往東邊去，直到一點都看不到陸地，而且天也開始發黑。台灣的山嶺籠罩著一片濃霧，水手們都很害怕不知道怎麼辦，船上沒有羅盤，只有我的錶帶有一個小指南針。舵手已經不想再撐下去，就讓我們的船隨意漂，水手們都很恐慌，不過，學生們倒是很鎮靜沒有害怕。在這種情況下，唯有全心信靠主外，沒有其他方法可以克制緊張和壓力。這時，我一直看著飄飛的雲，期望能看到天上指引的星光，最後，雲層終於有了裂隙，並見到了燦爛的星星，就和以往一樣的固定和可信。舵手的心境改變了，船已改道航行，第二天我們就駛進了雞籠港，在那裡的佈道所獲得休息。

我們把船補修後，找了新的水手，就再出發。這次，風浪都很順，按著時間，就看到了三個島。過了烏嶼，我們駛向大嶼。島上的人非常的高興，我們所講(有關耶穌)的「古老、古老的故事」並非枉然。他們的生活雖然就像在聖奇峨達島 (St. Kilda)[2] 一樣的艱苦，他們的島是孤海中最孤獨的一個島，但是福音是要給他們的，而我們去傳講給他們的話語也不會平白的回來。因為主說：「諸島都必將等候著我，」[3] 被風浪吹打的大嶼的頌讚聲也將被聽到，因那時——

在遠方諸國的溪流
與諸島都稱頌祂；
而一切要共同齊聲
頌讚耶和華的榮耀。[4]

〔注釋〕

1 以諾・阿爾登(Enoch Arden)是英國桂冠詩人丁尼生(A. Tennyson, 1809-92)同名
　敘事詩(一八四六)中的主角，因船遇難不能還鄉，等到返家時其妻已和他的幼
　年好友結婚。
2 聖奇峨達島：位於蘇格蘭極西的島嶼，風景秀麗，是重要的海鳥棲息地。
3 參見《舊約聖經》〈以賽亞書〉六十章九節。
4 這是引自一首蘇格蘭經文詩，是由《舊約聖經》〈以賽亞書〉四十二章一～十三
　節改寫而成。

第二十章　法軍的入侵
The Coming of the French

威脅－第一發砲彈－仇視－黑旗兵－宣教師的墓誌銘－新店受迫害－
在雞籠－我的貴重之物－危急的一刻－跨在砲彈上－病倒－封鎖－倖
免於難－成為戰俘－法軍離去－「教會都不見了」－賠償－新教堂－
風水－「焚而不燬」

　　一八八四年一片烏雲在我們的水平線上形成，不久就滿天愁雲並
備受威脅。那是北台灣黑暗的日子，當時，中國與法國為了（安南的）
東京邊界起了爭執，雙方談判未攏，法國未先宣佈戰爭，就派遣一支
艦隊到中國海去轟炸福州要塞和其他地方。而因為台灣屬於中國的管
轄區，也成為被攻擊的主要地方，這就和最近與日本的戰爭情形相
同。一八八四年夏，有數艘法國軍艦在海上出現，整個北台灣立刻就
在傳說法軍要來的消息，人民一方面警惕，一方面憤怒，同時掀起了
對所有的外國人和與外國人有關的人的仇視。宣教師立刻受到懷疑，
本地的基督徒也被指控與法國人串連。所有的信徒都被威脅將受酷刑
與殺害。中國士兵會在基督徒的面前磨他們的長刀，有時把小孩捉
著，在他們的頭上揮舞著他們的利刃，並咒詛說，只要蕃仔一旦發射
第一發砲彈，他們就都會遭殺害。

　　日夜都有各地的傳教師及信徒寫的信被帶到淡水給我，我們的整
個教會事工都籠罩在烏雲下。七月，我在雞籠港口的社寮島上，在佈

道所教學生，有中國兵在我們的屋前巡行，有時甚至步入我們的書房並嘲弄辱罵我們，同時威脅著如果在港口的法國艦隊有任何動作，我們全部會立刻被殺。有一天，法國艦隊有了動靜，有一艘大軍艦起了錨並移到了中國砲台附近，砲口對準並且準備就緒，而在砲台上的中國兵也已預備迎戰。我們看著雙方的每個動作，並且不安的等著第一砲的發射，但是，那天整日都靜靜的。

不久，我接到了一封一位本地傳教師的信，要求我到離雞籠十哩的地方去探視一位生病了的基督徒家庭。我們離開了社寮島，但就在我們剛離開後，也就是八月五日那天，有五艘法國軍艦炮轟中國砲台，並把它摧毀了。炮擊後的第四天，我陪同一位英國人搭著一艘汽艇繞過海灣，在獲得許可下我們上到了還在冒煙的砲台去做檢查。士兵們面仆向地，身體都被炸開了，看起來他們是在逃離的時候被爆開的彈片擊斃的。這些砲彈的威力非常強大，甚至連樹幹直徑有半呎粗的樹，樹枝都被削斷。有一座火藥庫爆炸並把水泥塊拋到難以相信的遠處。這位英國人和我以及我的一位學生，被邀上到法國的旗艦加里蘇尼爾號上(La Galissonair)，並看了這艘船的每個部位。當我們到下層去的時候，都立刻注意到在剛過水面高度的地方，有三個直徑約一呎大的洞，是被中國砲台那邊的砲射中的。副總司令對於那些砲手們射得這麼精確極力的讚賞。這位軍官雖是個軍人，卻深具同情心，因為當他們的士兵在操練時他們的士官衝來衝去，身邊的劍就搖搖晃晃，我的學生看了顯得很害怕，這位軍官就說：「看他這樣我真難過，請告訴他不要怕，我們並不喜歡殺人。」

第一發砲彈既然發射了，仇視於焉開始，匪徒的肆意搶劫也愈來愈無所忌憚。戰爭對這些人來說只會有收穫，不會有甚麼損失，這是

一個搶劫和報仇的好機會。他們舉著黑旗，殺豬、喝烈酒，並且有條不紊的辦著事。看來，似乎就將有一場大流血事故發生，而基督徒就是他們最先要下手的特別對象。我們最好的教會中的七間被完全毀掉，其餘的也被破壞得很嚴重。在大龍峒，匪徒把柯玖[1]家附近的教堂拆毀，並在空地上堆了一個大土塚，又在旁邊用拆下來的磚塊堆疊起來約八呎高，並用黑泥塗在外表，然後在向著馬路的那一面寫著：「馬偕，黑鬚鬼躺於此，他的工作完了。」

在新店，匪徒進到教堂內把講台桌子的抽屜內的領聖餐者名單拿去，他們從名單上的第一個人開始下手，並把單上每個人都列為他們下手的對象。第一個人的名字被宣佈後，就有四、五十個人被派去燒他的房子，搶他的財物，打他的家人，並搗毀其他的一切。因為匪徒是突然來攻擊教堂，本地傳教師的妻子和家人雖然得以倖免於難，不過，有一對六十多歲的老夫妻信徒，卻被拖到教堂前的新店溪水邊，要他們選擇看是要否定上帝或是被淹死。他們嚴然拒絕匪徒的威脅，堅持絕不否認所信的上帝，於是又被拖到水深及膝的溪中。這次，匪徒提出，他們若放棄所信的就給他們錢，但還是被他們拒絕了。於是匪徒很生氣的再拖他們到更深的湍流溪中，再給他們第三次機會，還是被拒絕了。他們終於為信仰而殉道，對他們來說，比起讓主蒙羞，死，根本無關緊要。

還有一位也是同屬這間教會的信徒，他被用竹片夾在手指間，然後用繩索綁緊竹片。他們請他再回去拜他的祖先，但是他堅持不從，繩索就被拉得更緊。就這樣，繩索一再被絞緊直到他的手指尖端血滲出來，但他還是不從，就被打昏過去。此時，打他的人聽到外面有數百個黑旗兵在呼嘯著，要去攻打其他數個基督徒家庭，就都趕著跟去

了。他後來恢復知覺，並從受害中存活下來，自此，比以前更加熱心於主。

還有一位信徒，在他逃去他的兄弟的家想尋求避難時，他們不肯開門，反而嘲弄的問他：「你的上帝現在在哪裡？為甚麼不能保護你？」

另外一位被抓到後，頭部被用竹子箍圈著，雙腿被用竹子捆緊，直到昏過去，之後他被踢打並被丟下等死。但他存活了下來，毒刑根本沒有用，因為他並沒有因而背叛真神上帝。

這群狂怒的迫害者捉到了一位年輕人後，拖他到一棵樹旁，把他的辮子繞過樹枝用力往下拉，直到他的雙腳幾乎觸不到地。這樣，還未能令他們滿足，他們接著向他吐口水，嘲罵他說：「加入蕃仔教的人就是這種下場。」

有一位長老和他的家人逃到附近的煤礦坑，躲在那裡十天，晚上才出來田裡找蕃薯維生。他們不敢生火煮東西，怕煙冒出會被人發現。那一度很興旺的教堂中的三十六戶家庭，此次成了無家、無屋、無錢的家庭。

三年後，新店教會的會友給我一封信，報告他們的結果。雖然，他們得從一無所有來重新生活，但經過了那試煉的日子後，他們現在的情況又和以前一樣好，有的，甚至比以前更好。所以，這位真實滿有仁慈的上帝自己向人顯明祂的恩典。他們的敵人後來下場都很慘，有數位魁首，後來被生蕃殺了，其他的，有的死於熱病，有的被官方捉去下牢。「因為為惡的必將被剪除，而那些靜待主的到來的，將承接土地。」[2]

在雞籠，所有的漢人都逃離這座城。那裡有一位信基督的老婦

人，她有一間小房子和一塊小地。逃難時，她把契據用一條手帕包好，然後放在內衣內的肩背部位。因為纏腳，她只能扶著拐杖慢慢的走。開始時，還好，她躲過沒被匪徒發現，但後來還是被捉到了。他們脫下她的衣服，找到了契據，就把它拿去，還用刀柄把她全身打得瘀青後才放了她。戰亂平息後，她又回到雞籠，仍舊繼續在當地教會做為耶穌最熱心的跟隨者之一。

這些只是幾個例子，來讓大家知道，法國來攻打時，北台灣的基督徒所受到的試煉和苦難。

十月時，法國戰艦已在淡水砲台前準備就緒，那時為了保護外國人有一艘英國軍艦停在港口，他們叫我帶著家眷和貴重之物上船去。我乃告訴我的好友們，我的貴重之物都在學堂裡面和附近，我也知道他們都無法上船。啊！我在主裡的這些孩子們，就是我的貴重之物。他們與我一同到各處去，在我病了時餵養我，我們一同涉溪、登山、共同面對海中或陸地上的危險，從來不曾在任何敵人面前退縮而去，他們就是我的貴重之物！當他們在岸上時，我絕不上船，如果他們將會受苦，那麼我們要一同受苦。

當砲火開始轟炸時，我們把小孩子都放到地下室，以免他們受驚。在這段艱難的時段，我的妻子時進時出屋子。而當砲彈發射並在我們的四周爆開時，我則和阿華在屋前不停的踱著。有一顆炸彈擊中了學堂的一處，還有一顆射中女校的一角，另一顆射在我們前面的一顆石頭上，把石頭噴到空中並碎成數千微粒。有一顆射到稍微偏我們西邊的地上，挖了一個大洞，並噴出一大片砂石。砲彈射過時，它產生的吸力，就像突然起了一陣疾風一樣。置身在砲台和艦船上所冒出的煙間，以及射砲與砲彈爆炸的隆隆聲中，我們來回的走著，感到我

們的上帝就圍在我們周圍。「在夜晚你無須因為可怖而害怕，也無須擔心白天所飛過的射箭。」[3]

砲火停息後，我們在我們屋子四周約一百呎內找到了六顆未爆炸的砲彈，每顆都有四十磅重。我們小心翼翼的把這些搬到河邊，放到一條船上，然後讓這些沈到河底。

有一個住在離學堂不遠的可憐異教徒，找到了一顆砲彈，就跨在上面，拿著鑿子和鐵鎚敲打，想要把裡面的砲粉拿出來。結果，砲彈爆炸，他的四肢被炸離身飛到頭頂的樹枝上。因為他的傷口被爆炸的火力把血肉都黏在一起，使得血一時流不出來，所以他存活了數分鐘。但是，在他的四肢都被炸掉了，他的心還是惦念著世上的財富。在看到他口袋裡的錢掉落地上時，他最後所說的話是：「把那銀元撿起來。」啊！在黑暗中無望的可憐異教心態。

從敵對開始直到熄火，我日夜都沒有休息。砲戰後，我病倒了而且數天不省人事。下面是當時醫治我的約翰生醫生(Dr. C. H. Johansen)[4]的記錄：「我是醫治馬偕博士的醫生，他在戰事開始時因為工作過度，又擔心每個佈道處的基督徒會友，再加上受到淡水氣溫很熱的不良影響，引起腦部發炎(急性腦膜炎)。因為他數天都沒有睡覺，這使他的身體更加虛弱，而他這幾天發燒一直都在一百零二度(譯注：攝氏三十八度)以上。有一天，情形似乎非常危急，每個人都認為他可能會死去，因為各種藥物都無法引發他的入睡，好在我聽說海龍號汽輪有為陶德先生(Mr. John Dodd)[5]運冰塊來。經我要求，陶德給了他所有的冰塊以便用來冷敷馬偕博士發燒的頭部。在敷了冰塊後，他就立刻開始沈睡，一睡三十六個小時。冰塊後來雖然用完，但等他醒時，已無大礙。」

　　十月的第二個星期，我的妻子、孩子和黎約翰牧師(Rev. John Jamieson)[6] 一家人在英國領事的要求下，離開淡水去到香港。二十一日那天，我被勸上了「福建號」汽輪到香港走繞一圈然後就回來淡水。但四天後，當我們進到了香港港口，就聽說淡水被封鎖了，所以我們不能回去。最後，在聽到封鎖解除時，我就離開我仍留在香港的家人，搭上了「海龍號」。當船過了台灣海峽的一半時，我們卻因為遇到了暴風浪而必須調頭回到大陸去避風浪。停留一陣子後，我們才又開向淡水。可是，當我們在看到海港時，也看到了有兩艘法國大艦艇守在入口的兩側。我們還是繼續開，像是要從他們中間駛過，並打出「封鎖解除了」的信號，但得到的回話卻是一發空包彈。我們的船長就又打信號，這回他們卻以實彈射過我們的船頭，而且立刻有號聲吹起，我們看大砲被推出來，射擊手也都就位準備對我們發射兩排舷側砲，我們的小客輪只好慢慢向後退。船長上到法國艦艇去交涉，但是他們對他說，有關封鎖已被撤銷的報告是不實的，而如果我們當時仍繼續往前駛一呎的話，他們就會發射第三發砲彈把我們擊沈。我們於是開到大陸的廈門，在那裡耽擱了一個小時後，我們駛向離台灣不遠的澎湖，那裡是法軍的總部。在會見過法軍艦隊司令後，我們回到廈門，從那裡再次航向淡水。隔天下午二點，我上了岸，傳教師、學生和信徒們都在那裡迎接我，他們之中許多人都高興得流淚了。

　　過了不久，我開始希望能去拜訪各地教會，就去請了一張通行證，這張英文證件上面所書寫的如下：

　　　　　　　　　　　　　　　　淡水英國領事館

　　　　　　　　　　　　　　　　一八八五年五月二十七日

致駐雞籠法軍總司令：

　　持本通行證者爲英國屬民來台灣的宣教師馬偕博士，他希望能進入雞籠去拜訪他的教會和他在那裡的房子，並進而從雞籠進入在台灣東岸的噶瑪蘭，去那裡拜訪信徒。因此，在下署名之本人，身爲英國駐淡水領事，在此懇請法軍駐雞籠總司令，准予上述之馬偕，進入雞籠並在當地自由安全的通行。他同時將由二位與他一起從事宣教的漢人隨行，分別名爲嚴清華與葉順。

英國駐淡水領事

弗拉特(A. Frater)　謹致

　　我拿了一根二十呎長的竹竿，在尾端綁上英國的舊國旗，與通行證上所提到的兩位傳教師，以及一位挑夫，沿著河上去。經過艋舺，旗子在風中飄搖。過不到數個小時，我們來到中國人的軍營，士兵們都衝出來並且用他們的方言喊著：「是英國國旗！」我們直接走入，士兵們就讓開到左右兩旁。我們這樣路過了數千個士兵，直走到中國的總司令劉銘傳的所在處。我們互相交談幾句獲得彼此信任後，我把我的旗子換為一面停戰的旗子。這位將軍對我們說，在他的命令下，所有的士兵都將對我以禮相待，不過我們最好不要接近法軍，免得遭到射擊。有一位美國人受雇於這位將軍，他召集手下的士兵排成兩排，讓我們從中走過，士兵並都舉槍向我們致敬。然後我們被護送到視線看得到的中法邊界，法軍此時仍在山坡上和山頂築堤壕。

　　我們搭一條長船渡過河，進到一個可被看得見的茶園，把我們的旗子豎在那裡，然後站在旗子邊，等候法軍的信號。我們立刻就被察看到，於是有八個士兵從陡峭的山坡上跑下來要與我們碰頭。到了呼

叫聽得見的距離時，有一位揮著他的手，我明白那是要我們前進的意
思，於是，我們就向前走。到了一處彎曲小路，有的地方野草長得高
出人頭，我們就走成單行，突然，法軍竟與我們面對面。我走在最前
面，一看到我，立刻有四位士兵跪下，四位直立著，每個人的來福槍
都對準我的胸部。我轉身，指著我們停戰的旗子，並示意挑夫停在我
身旁。有一位士兵向前來，我也步向前，向他敬禮並把我的通行證給
他看。他看了一下，但表示有問題，他們中一位稍懂英文的法軍乃對
證件內容加以解說，於是，用我們的手帕把我們眼睛蒙起來後，士兵
帶我們往前走。我的左右各有一個士兵，其他同行的，每人由一個士
兵帶著。就這樣，他們帶著我們涉過溪水，穿過很高的野草，在炎日
下走了七個小時。其實他們若帶我們直走，不到一個小時就可走到。
到了下午六點，我們被帶到駐在中國海關館的法軍上校面前，被很粗
魯的盤問了數個問題後，我們被告知，晚上不可留在岸上，將成為戰
俘被送到港口的艦艇上。我們於是被帶到水邊，上了一條船，蒙眼的
手帕被拿下，不到五分鐘，我們就到了艦艇邊。一路上，士兵和水手
們一直嘲弄我們，因為他們以為我是一位被捉到的德國間諜。我們被
命令上去艦艇後，滿頭白髮的艦長詢問了我們幾句話後，就下令大家
必須有禮的對待我們。艦長並把我以客人而非戰俘的身分請到他的艦
長室內。這位和藹的法國老人告訴我，他從艦隊裡的一位英國駕駛員
早就聽過我們的宣教事工，而這位英國人是我的一位老朋友。第二天
早上，艦長親自陪我們上岸，那位侮慢的上校態度就文明多了。這位
老艦長並表示，他很抱歉我們在回去的途中還是得被蒙上眼睛，因為
這是依照戰事的規定。不過，在回途中，因為他們知道了我們是誰，
就都對我們顯得較尊敬與友善。他們並派士兵把我們帶到看得見的中

國邊界線，和我們有禮的握別後，看著我們搭上同一條船過了溪，回到他們的界線外。

我們自由後，就到東海岸邊的噶瑪蘭平原去拜訪。我們看到那裡的教堂都很乾淨，信徒們也都很高興快樂。他們所受的迫害和艱苦，只是讓他們更與主親近。沒有人背棄主，每個地方的異教徒都感嘆敬佩基督徒，無論男女為了認主，寧願受苦也不貪生怕死或圖利出賣主，若換做是他們，他們早就為此而否認他們的主了。

一八八五年六月，我們在豔陽高照下去到雞籠，上了由副司令雷斯普（Lespes）所管的法國艦艇，他們告訴我們，在岸上我們可以到任何地方去，因為法軍不久就要離去。我立刻划船到社寮島，正好趕上時間挽救了我們的財產，因為那時匪徒正聚眾想要開始搶奪教堂。我把英國國旗插在教堂上面，半個小時後，我們就聽到喇叭的號聲，並有裝甲艦的騷動聲，而且歡呼之聲響徹雲霄，因為法國的水手們都因戰事終於結束而振奮。有一艘船的蒸汽開始慢慢冒起，然後一艘接著一艘，直到八艘都出去到海上排成一線。不過，有一艘仍停留著，以便讓還未來得及上船的，最後都上這艘船。我第二天上到這船去看，指揮官告訴我，他其實對這整個戰事感到厭惡，而總司令也是一樣。

上岸後，我看到雞籠教堂只剩一堆垃圾外甚麼都沒剩，而廟宇也都遭到搶劫，所有雕刻物都被弄得面目全非，許多建築物被摧毀，房子的屋頂被拆掉，整個雞籠變得荒廢杳無人音。漢人都跑到山上，等著法軍如果離去時，他們好再回到城裡荒廢了的家裡。

當法軍離去時，那些異教徒非常高興，因為他們以為教堂既然已經都被拆毀，基督教也會跟著不見了。我們到處都聽到嘲弄的歡叫聲說：「都不見了！」但是我們並不氣餒，我把我們教堂建築與財物被搶

用石砌造的新店教會

匪所搗毀與搶劫所受到的損失，做了一張申訴狀，呈給了中國軍隊的
總司令劉銘傳。他接到狀子，沒有多加辯說或等候北京指示，就給了
一萬墨西哥銀元做為賠款。

收到賠款後，我就考慮看要重建二十四間還可以用的，或建十二
間中型的，或六間很結實而且寬敞的教堂。決定要建六間後，我就開
始繪製建築圖和做模型。我們站在被拆毀的新店教堂的地面上，唱歌
讚美上帝，城裡的人看到我們的教堂都被毀了還在唱歌，認為我們實
在瘋狂。但是，因為在被毀了的教堂地面上，有一座新的要被再立
起，所以，我們都滿心歡樂的唱著。我也雇用人到附近的山坡和砂岩
採石場去採石，及雇其他的人用他們的船去載運竹竿、木板以及石
灰。工人和監工中從來沒有人曾見過像我們現在所計畫要建的這種建
築。所要建的教堂的模型，有的我用蘿蔔做，有的用磚塊和灰泥做，
而有的用木頭做。我們把新店、艋舺、錫口三間教會同時建造，十二
個星期後，就建完了三間很壯麗的教堂。三間的塔高約七、八十呎，
又有石造很結實的尖頂，看起來多麼壯觀阿！而當我們看到原本被毀
了的教堂基地上，又建起了這些宏偉的教堂時，我們的精神就又都飽
滿起來了。

但為甚麼要建尖頂，是為了裝飾或是有其用途目的呢？它是為了
裝飾，同時有其用途目的，特別是為了打破中國人對風水的迷信。一
般人認為風水和無數事情的好壞運都有關係，所以，像是認為地上和
空中都有其平衡或一種難以解說的東西，不可隨意破壞。新教堂的牆
只要建得高出鄰近的房子幾呎高，就必將引起鄰居們的憤怒和惶恐，
因為這樣是破壞了風水。外國人因依著他們的方式做他們的工作，以
致在無意中，不斷的破壞當地人的風水。我因知道現任的巡撫觀念很

新進，對我和宣教也都很友善，而他對艋舺人並沒有甚麼好感，因為當法軍來襲並騷擾地方時，艋舺人都對他態度惡劣。所以，我想，現在要建新的教堂正是一個好機會，在艋舺、新店和錫口三間教堂都豎了尖頂，來讓異教徒看出他們所信的風水只是一種迷信。我們在山形的屋頂上再加上七呎高的塔，然後再加更高，又更高。大家都站著注視好幾個小時，覺得實在不可思議，不過，並沒有人來打擾我們，反而是他們自己彼此相爭論。他們所爭論的是，在風中搖動的是鷹架或是新豎起的尖塔。有一次，他們的爭論甚至導致互相毆打。所有的塔頂完成後，在每個塔頂的前面在塗灰泥的上面，我放上燃燒的荊棘的圖案，並用中文在圖案上寫著「焚而不燬」的歷史箴言。[7]

　　過去嘲笑說教會都沒有了的話，現在聽不到了，只聽到人們自認把以前的教堂拆了實在是愚蠢。他們說：「看！現在教堂的塔反而比我們的廟還高，而且比我們原先拆掉的還大間。我們如果把這間拆了，他就會再造一間更大的。我們是沒辦法阻擋這位蕃仔宣教師的。」我雖忙著建教堂，卻也沒有忽略其他部分的工作。藥繼續分發，學生的課也照教，同時到各地拜訪，而且每晚都有講道。

　　被拆毀了的教堂都在原地再重新建起，而需要整修的也都加以整修，而且不僅這樣，在法軍未來之前的四十間教堂不僅都依舊繼續下去，而且還新增了五個佈道處，每一處都建了一間教堂。就這樣，我們的工作不斷的愈來愈興旺。愈來愈多地方接受福音，也愈來建愈多的教堂。從四十間變為五十間，再增加到六十間，這就是教會都被摧毀了的結果。上帝的火確實在荊棘中，但荊棘卻是「焚而不燬」。

〔注釋〕

1 柯玖(一八六八~一九四五)，即柯維思，大龍峒人，十六歲起隨馬偕在牛津學堂學習課業，後服務於牛津學堂、偕醫館以及馬偕紀念醫院。他娶偕以利(Bella Mackay, 1880-1970)爲妻，是馬偕的二女婿。

2 參見《舊約聖經》〈詩篇〉三十七篇九節。

3 參見《舊約聖經》〈詩篇〉九十一篇五節。

4 約翰生：德國人，是淡水海關的公醫，在台服務期間爲一八八〇~九三年。

5 陶德：蘇格蘭商人，一八六〇年首次到台灣從事茶葉出口生意，一八六六年起從福建安溪引入茶樹，在木柵附近種植，並設立寶順洋行，投資新的製茶設備。一八六九年台灣茶(Formosa Tea)由淡水出口，運銷美國，頗受歡迎，他因而被稱爲「台灣烏龍茶之父」。陶德在台灣住了將近半世紀，成爲在台經商外國人的老前輩，也是馬偕的好朋友。

6 黎約翰牧師：是加拿大長老教會宣教師，於一八八三年三月來台，一八九一年過世於淡水，曾因其師母在通信中表達對馬偕的不當觀點而引發加拿大、台灣兩地間的嚴重爭議，史稱「黎約翰事件」。

7 焚而不燬(Nec tamen consumebatur)是全世界改革宗教會和長老教會的共同標誌，源自《舊約聖經》〈出埃及記〉第三章，描述摩西受上帝選召帶領以色列人出埃及時所看見的一個奇特景象，即荊棘被火焚燒卻沒有燒燬，象徵著上帝的子民雖處於苦難中，但上帝卻要保護他們，與他們同在。在十六世紀的宗教改革時期，法國的改革宗教會受到天主教政府壓制、迫害，卻依然堅立，努力見證信仰，並於一五八三年開始採用「焚而不燬」做爲該教會的標誌。

第四部

被征服的原住民

The Conquered Aborigines

第二十一章　平埔蕃的特性

Pe-po-hoan Characteristics

降伏生蕃－漢人與平埔蕃－原本的房子－平埔蕃的率直－平埔蕃的殘
忍－拜自然界－不喜歡偶像崇拜

　　如前所述，漢人在台灣逐漸征服各原住民部落，並使他們漸隨從
漢人的生活和敬拜模式。因此，在台灣的原住民有各種不同的開化程
度。在山上的是仍極野蠻尚未被征服的蕃人，他們藐視強行入侵的漢
人所聲言的權利，而且一有機會，就讓一些不幸的漢人失去頭顱以為
報復，漢人稱他們為「生蕃」。然而，較無技巧而且懶散的蕃人無法
與較佔優勢的漢人的力量和耐性相抗衡，所以，就一個部落、一個部
落的被征服了。我們在這裡所要述說的，就是這些被征服了的原住民
及其生活工作。其中最重要的是「平埔蕃」，有一些「熟蕃」也遷移
來與他們住在一起。而在較南部的「南勢蕃」，是最近才被漢人征服
的蕃人。

　　台灣許多地方都有平埔蕃，但在北台灣，主要是在噶瑪蘭平原，
這是在東海岸山與海之間一塊肥沃低平的平原。這塊平原在地質上屬
於新生地，是由山中的溪流所沖帶下來的沙石把大海灣所填成的。這
土壤非常適宜於稻米的耕種，而當地的居民也廣加以耕作。然而氣候
非常潮溼，大量溼氣從海邊蒸發而來，山頂上也常籠罩著雲層，不僅
旅行上不舒服，有時甚至無法旅行當地。這種氣候使得本地人與外國

人都難以忍受，那裡家家戶戶都受瘧疾的肆虐。平埔蕃在被漢人征服以前所住的房子，其形式與現在所住的非常不同，而且大大優於現在的這種形式。比起目前在這平原處處所見到的漢人的房子，地面都是潮溼的泥土地，他們以前那種地面都提高的房子對健康有益多了。他們生活上的改變，至少，就這點來說，是變得更差。平埔蕃的個性單純，容易受騙，有多少花多少，不太顧慮將來。因他們的個性還有些野蠻未開化，使得他們不如征服他們的漢人那樣能夠得到成功。在噶瑪蘭平原一度曾有過三十六個興旺的村落，但漢人的開墾者進到此處並極有企圖心的經營後，弱勢的他們就漸漸被推到邊邊，並被迫離開耕作的土地。許多村落因而被散開了，他們只得在荒蕪的森林地再重新生活。而常常，當他們在新的地方開墾到可以生產足夠的稻米和蔬菜以供給他們微薄之所需時，貪心的漢人就又出現，要不是設法取得平埔蕃們的信賴，不然就是藉故和他們起爭執，藉此得以在當地居住下來，最終，就把他們的土地又搶奪過來。平埔蕃既不識字又不懂得法律，只好完全任由漢人擺佈。看到漢人的官員、投機者和商人對於這些心地單純的人如此惡劣的詐欺，有時令人感到極為憤怒。

外國人在剛開始接觸平埔蕃時，都會對於他們的率直和熱情感到喜愛，並且毫不猶豫的認為平埔蕃較漢人優越，但我卻從來不曾這樣認為，而且愈與他們相處就愈清楚的看出馬來種人的低劣。平埔蕃的殘忍與凶狠遠超過漢人。他們雖然率直熱情，卻也都顯現平埔蕃人極強的復仇心。從下面這個例子可看出平埔蕃的殘忍。有一個女子已經和一位年輕人訂婚，有一天晚上，當全村的人都在狂飲作樂時，這女子失蹤了。她的屍體後來被尋找的人發現，全身赤裸，人們懷疑是她的愛人做的。他雖想逃跑，卻被捉到並鎖在枷鎖裡，這是一個為了這

種場合臨時用木條造成的粗陋刑具，會讓人非常痛苦。他的雙手被拉直到頭上綁起來。過幾天後，他被除去枷具，並被帶到海邊的沙灘，女孩的父母用一把舊刀子劃割他的四肢，而且切下他身體的幾塊肉後把它塞進他的嘴裡。他就被這樣丟在烈日下，讓血從傷口不斷的滲出。他因為口渴難忍，哀求有人來結束他的痛苦，但是不得應允，連他的妹妹想要拿一小根竹筒的水給他解渴也不可以，他就這樣渴死，他的屍體被丟在那裡任由野狗去啃食。平埔蕃就是這樣的殘忍。

　　平埔蕃原本和一般住在山地的蕃人一樣是拜自然界的，所以沒有廟宇、偶像或祭司。他們並沒有專屬私有的神的概念，而只相信許多已既存的神靈，並認為應設法來贏得這些神靈的喜愛和幫助。他們對於已逝的祖先離去之靈極為尊敬，就像美國印第安人的觀點一樣，認為祖靈已經去到「快樂的獵地」。他們有一般蕃人所有的迷信，而且在一些尚未被馴服的山地部落裡，仍舊施行一些饗宴和狂舞的儀式。

　　但是自從降伏於文明之軛後，這一切都改變了。征服他們的人不僅要他們也留辮子和穿漢服，並要他們採行漢人拜偶像的宗教行頭。任何一個部落一旦降伏了，首先就是先剃頭以表示忠誠，然後就是教他們建廟宇、豎偶像和神主牌。目前，平埔蕃的宗教是把孔教的道德觀、佛教的偶像、道教的鬼神崇拜，以及他們原有的自然崇拜的儀式和迷信等都混在一起的一種宗教。有一些年輕的平埔蕃人非常沈迷於偶像崇拜，但是大部分都對於這種新的改變感到厭惡。偶像崇拜並不合於一般平埔蕃的習性，但為了時勢的需要，也只得形式上守這些儀式和禮節。對大多數平埔蕃來說，拜偶像並沒有甚麼意義，這樣做只是為了政治而非宗教，而且，這樣做只會讓他們記得自己是受到外來族人的奴役。

第二十二章　台灣稻米的耕作
Rice-farming in Formosa

受尊敬的農人－台灣的田地－灌溉－水牛－稻米耕種－農人的甘苦

　　台灣主要是一個農業國家，農人是很重要並受人尊敬的。中國人認為最尊榮的就是當文士，農人居其次，比當工人或商人都更受尊重。皇帝每年都要手持耕犁一次以示對耕種的尊敬。耕農是台灣主要的依靠，農人一般都是極勤奮誠實而且不沾社會生活的種種惡習。因為噶瑪蘭平原是台灣土地最肥沃的地方之一，而稻米又是這裡重要的穀物，所以我們要在這裡介紹有關此地稻米的耕作。對於稻米耕作的簡單平白介紹，相信除了能讓本身為耕農的讀者感到興趣外，其他的人也會感到有趣。

　　當我們在說到台灣的田地時，大家不要以為它(像北美一樣)是四邊需要以高的欄杆圍起來的很大片田地，而每個農人又都是很自豪擁有百畝或千畝田地的人。在台灣一家農人所有的土地也只不過等於北美一個農人家的後院。若有農人有塊八畝或十畝的田地時，就會被大家認為過得不錯了。台灣的田地每塊都很小，也都沒有圍欄。稻田通常被分隔成數小塊不等的耕地以便於灌溉，每小塊耕地的四周是用田裡的泥土把它稍微堆高，這樣，水可以保留在必要的深度。

　　稻米是種在灌滿著水的田裡，而從農人以不同的模式把水輸送到需要的田裡可看出他們是多麼的有智慧與技巧。成效最好的就是在彎

曲的新店溪岸的旁邊所造的圳道，經由這個圳道，使整個艋舺平原都能獲得從山裡引來的水的充分灌溉。這個圳道的建築包括了在一塊極大的岩石中開鑿一個長八呎寬六呎的隧道，還有一段五十呎高的水道把引來的水送到另一條河流，而當這圳道到達艋舺平原後，就分成無數的小水道，把水輸送到所有的田裡。有時需要把水道的水位稍微提高時，就用一種像水踏車不怎麼靈巧的機械，就是把轆轤接在一個木製水箱裡，水槽較低的部位置在溝中，由兩個人來踏，這樣不停的把水往上送，就把水送入一個上面的水槽，再把這水流入田邊的小水溝。還有另一種比較簡單的灌溉方法，就是在高地上挖一個大的圓形蓄水池，儲存雨水。這種蓄水池非常有用處，除了灌溉外，也可供水牛浸泡。用這二種灌溉的方式，都能使稻田得到充足的水分。

若是在旱地耕種就用黃牛，不過稻米耕種都用水牛，所以，水牛對農人來說是最有用的家畜。因為被如此的珍視，所以，通常都會告訴人不可殺牠來作食物。水牛的脾氣比黃牛古怪，也因為牠的倔強的脾氣，所以好像到了近期水牛才開始成為家畜。水牛因為一定得在大水池中打滾浸泡，所以被稱為水牛。水牛只要一不耕田，就立刻泡入池裡，而且待在池裡很久，只把雙角、眼睛和鼻子露出水面。農人耕種只需幾樣簡單的工具，而且幾世紀來都一直沒有改進，就是一把很寬的鋤頭、一根有鐵鍬的田犁、一把很重的木耙，以及割稻的鐮刀。

台灣所種的稻米和加拿大安大略省的稻米湖(Rice Lake)以及北美所野生的稻米(學名為 *Zizania aquaticia*)不一樣。台灣是不同的品種(學名為 *Oryza sativa*)而且較優良。這裡高山旱地上也種一種山米，但品質差很多。

稻米不像小麥或其他的穀類直接撒種在田裡，而需要移栽。種子

須先浸泡在水中然後再攤開放在一個籃子裡，上面蓋住直到發芽。然後把它很密集的撒在一處小地方，並加以防風防鳥和施加肥水，三個月後，稻苗長到了約有六吋高時就可移栽。

而在同時稻田裡也加以犁土、耙平以準備好移栽。田地通常都稍微傾向一邊，前面已說過，要耕之地須浸在約三吋的水底。從蓄水池或圳道引來的水先流到田地的最高那一邊，然後，把泥土堆起來的周圍邊挪開一個口，讓水再流到其他的田地，這樣讓水一塊一塊都流到。整塊田從栽種前一直到要收成時，都必須一直浸滿水。

稻米移栽的工作是非常困難費勁的工作。農人先從種秧苗的地方以鏟子剷起秧苗，而根部必須留有相當的泥土，他把秧苗放在扁平籃子後拿到泥淖的田中，田裡的泥和水幾乎淹到他的雙膝，籃子就讓它浮在水上。然後他左手拿著一大把的秧苗，從田的一端用後退的方式，把秧苗分開一小束一小束的插進水底的軟泥中直到田的另一端。每束苗相隔約十八吋寬，每行間相隔約二呎。兩個禮拜後，他再到田裡，雙腳跪在田裡，把整塊田每一處的水萍或雜草除去。這項工作可能是農人最不喜歡的部分，而且往往導致風溼病症。在稻子要成熟前，他可能在整塊稻田再走遍一次，把每串的稻子彎向下，以免被風吹打。

移栽後三個月就可收成。農人這時很忙，先把水排乾，稻子就用鐮刀快速割下，然後把稻子堆成一束一束的，每束約雙手握著覺得剛好的量。打稻穀的就跟在割稻的人的後面，打稻穀的拖著一台可拖著走的桶子，桶子口的周邊架有竹竿，然後有一塊帆布緊繫在竹竿上做為圍屏，以防打下的稻穀飛走。打稻穀的就站在帆布的缺口，他拿起一束稻子，往桶子內一個樓梯似的架子重打兩下，讓稻穀落下，然後

農民在晒稻穀和把空殼雜物簸掉

把稻草捆成一捆一捆的。稻草乾了以後就被堆存起來，以做為水牛的飼料。稻穀就用大的籮子挑回家，然後放在房子前面的晒穀場晒。每晚就把稻穀堆起來，上面蓋上稻草，第二天早上才又用木耙把它攤開來晒。等晒乾後就放在像西方所用的簸穀機，把空穀雜物簸掉，然後把稻穀儲存起來。再來要做的就是用手磨子去殼，其原理和西方的磨石相同，等殼去掉後，就放在石臼中搗，把米糠去掉，這時的米才被拿來煮。

稻草一旦晒乾從田裡拿走後，農夫就馬上又在水和泥中準備田地，第二期稻作此時已可移栽，第二期稻作種完後，可在約九、十月時收割。等收割完後，有的在田裡種甘藷或芥菜，有的種油菜來做為肥料。這樣，一年就有三次的收成。

因為一年要種二期或三期作物，所以農夫從春到秋都一直忙著不停，在播種和收割時，農婦每天早上三點就得起來，把飯和醃菜做好，並燒熱水以備男人們盥洗，約四點叫他們起來吃早餐。男人約五點就到了田裡，工作到約十點有人帶白飯和醃菜來時，就吃便餐。中午他們回家吃了飯後休息約一個半小時，下午又有和便餐相同的食物被帶來給他們吃，到了七點才回家洗身體四肢，然後才吃一頓比較好的晚餐。晚餐通常有一小杯熱酒、豬肉，以及和鮮菜一起煮的飯，他們約九點就寢。

在北台灣的農人並非生活都不快活，他們勤勉工作而且通常都很節儉。他們要的不多，很容易就足夠。他們的生活可能單調，但是對於浮躁的西方那些閱讀較多的農人心中所奢望的種種東西，他們一點都不知道。他們沒有甚麼較高的理想，而只要他能夠讓自己和家人都有飯菜可吃，他並不介意在田裡辛勞的工作著。在噶瑪蘭平原的平埔

蕃農民要不是受到漢人地主及衙門官員的壓迫，相信都會安於在貧苦中過著日子。但漢人要不是把他們辛勤賺來的錢騙走，就是把他們趕出他們努力開墾出來的園地。現在日本要開始統治這地方，一切可能會改變，各個原住民部族或許可以期盼在「太陽旗」的治理下，有著較光明的日子可過。

第二十三章　在平埔蕃的宣教工作
Mission Work among the Pe-po-hoan

剛開始時－巡行－在田裡過夜－「氣餒」－第一間教堂－結果－「沒地方給蕃仔住」－在牛廄裡過夜－舊的宿仇－蕃人的手藝－手術－在新社－在北投的禮拜－瓦伯格博士

　　在台灣北部和西部的漢人中有了福音的根基並建了不少間的教堂後，我們也開始把注意力放到東邊噶瑪蘭平原已開化的原住民那裡。我對於平埔蕃的個性已多少有所了解，因此預期他們雖然可能會較漢人不紮實穩定，但他們會較熱情、易接近和有回應。在他們中間傳福音的阻礙和在每個地方都一樣，就是他們都是異教徒、迷信、受偶像崇拜而沈淪、對於較高的事物缺乏追求之心。他們大都很貧窮，一方面因為他們性情的懶惰，同時環境對他們也不利，但最主要的是受到漢人的榨取和壓迫。雖然他們有許多的缺點，但是他們很熱情，因此，在他們那裡工作令人感到很興奮鼓舞。
　　我和一批學生從淡水出發，越過雞籠南部的山進入噶瑪蘭平原。因為這裡的地勢僅高出海面數呎，而且比台灣其他地方都有較多的雨水，因此在這裡旅行總是非常困難不舒暢。若沿著海邊走，地就較乾一點，而若沿著內陸走，特別是在雨天時，有時得在深約一呎半的泥地上涉行。在走過田間時，田間小路常是又窄又彎，而灌溉期間，有時整條小路都埋沒在水裡。當我們走近了山麓，經過一個深谷口時，

聽到了有人在叫喊的聲音，接著就看到一個氣呼呼的漢人跑近，告訴我們，他的四個同伴才剛被生蕃刺中並被斬了頭，他因躲閃才得以逃脫。我們繼續前進到了一個山坡峭壁的頂端，從那裡可以俯瞰海洋，我走在前頭，當我剛過了一個峽谷口時，有三個生蕃拿著長矛衝出來攻擊走在我們稍後面的好幾個老人。那幾個老人很鎮定的立刻跳到海裡，讓生蕃無法刺死他們。

有一次，我們因天黑而迷了路，竟走偏了好幾哩路。在暮色中我們的衣服又溼，肚子又餓，完全不知該如何是好，就在那裡的幾塊田裡繞著找路，甚至跌進了水和泥裡。最後我們停下來好好的冷靜思考一下，我們既迷了路對當地地理也不熟悉，四處又見不到一點燈光。但我們想到了我們是在為我們的主做工，沒有一個學生抱怨，事實上他們還反倒滿積極的。我們想到了上帝就在我們的前頭、我們的背後、左邊、右邊、裡面、上面，我們是在永遠的膀臂下，所以，我們又開始緩步向前走，若跌進了泥淖裡，就再爬起來，繼續向前走。終於我們摸到了一樣東西，從感覺上我知道是一堆稻草堆，於是，我們就在稻草堆的下面過了夜。

隔夜我們在一個茅草屋過夜，它的四周是用蘆草塗泥搭成的，但是泥土已被雨水刷洗掉了，所以雨水這時就從空隙中打進茅屋的地上。於是，我們離開去到一個有約三百個居民的村子，但被以鄙視待之。那裡的人看到我們，就咕嚕著並喊說：「蕃仔！」和「外國鬼子！」然後走開。婦人和孩子見到我們，就跑進房子並叫很凶惡的狗來咬我們。我們站在那裡聽這些餓狗不停的吠叫著，因為村子沒有半個人願意聽我們的話，只得離去。我們又到另一個村，也是受到同樣的對待。到了第三個村，還是遇到同樣的情形。我們就在那個平原這樣上

上下下辛勞的走著，就是沒有人願意來接受我們拯救的福音。有人說：「多麼令人氣餒啊！」誰說這是令人氣餒的經驗，我不這樣認為，也從來不曾因而氣餒。我們的工作就是去盡我們的責任，而且不論人們認為是令人鼓舞或是令人氣餒，都不干我們的工作。在台灣服事的二十三年裡，我從沒看到任何令人氣餒的事。

最後，有三個來自海邊的一個漁村的人走來對我們說：「你們在這個平原走來走去的，都沒有人要接待你們，來我們的村子，讓我們聽聽你們所要說的。」三位中很老的那一位，有個正合於他的綽號，叫做「黑面」。第二位是中年人，過去曾當過演藝人員，第三位是年輕人。到了他們的村子後，我們就坐在他們頭人的房子前的大石上。在那裡，我們與當地一些有影響力的人談論了許多的事，並吃了飯和魚。那天傍晚，他們用木竿和他們岸邊的船的帆搭起了一個帳棚，在一端放了幾塊石頭，石頭上放著一塊木板做為講台。天黑後，有一個人拿著一個末端折斷的貝殼，就像古時要出戰場時所用的，這個人就用這個「號角」召集大家來。家家戶戶就帶著凳子出來排成了數排。這一切都就緒後，他們就請我們上台開始我們的傳講。我們唱詩、講道，和他們交談、討論，以及回答問題，直到深夜。第二天，居民決定要有一間房子做為敬拜真神的地方，就駕船到海岸下端生蕃的地方去採木竿，雖然他們遇到攻擊受了傷，但卻載回了竿子。磚塊就用泥巴和稻殼混在一起後用模子作成一塊一塊放在太陽下晒。我們把牆建起來，屋頂上蓋上草，也用泥土造了一個講台。然後，每天傍晚，在吹了「貝殼」後，全村的人就都出來。直到我們買了新的椅凳以前，他們就一直帶著自己的凳子，來聽講有關我們的救主永生的福音。不到幾個星期而非幾個月後，男孩和女孩就都會背數篇詩篇和唱數首詩

歌，而老人也多少得到了基督教的知識。

在那裡過了約六到八個星期後，我對於參加我們禮拜中的三類不同的人特別有所感觸。一類是牙齒都掉了的可憐老婦人，她們因為不斷的為生存而奮鬥，所以鍛鍊得很堅強，她們蹲在地上編織時，會一邊甩著線一邊低吟著：

> 有一處福氣地，
> 路遠難計。[1]

這個福地對她們是非常真實的，就如同對於她們在基督教國家裡姊妹們一樣。她們也都盼望著那要來呼召她們的記號，不是要召她們到窄路邊的茅屋教堂，而是到那不是靠著人手造成的殿堂，在那地方疲倦者得到了休息。還有一類是滿臉充滿著朝氣的男孩們，我們的歌把希望帶進了他們的生命裡，他們整天就用他們的語言唱著兒童詩歌：

> 耶穌愛我，萬不錯，
> 因有聖經告訴我。[2]

另一類同樣受囑目的是那些健壯、勇敢的漁夫們，他們一大早就要出航，站著而非坐在船裡，迎著風浪，而當他們搖著長槳時，就邊用力搖邊有節奏的唱著蘇格蘭老調：

> 我認救主無驚見誚，
> 好膽干證道理。[3]

站在沙灘那邊看著他們並聽著他們的歌聲，實在是非常好的感覺，我真希望那些愛對海外宣教工作批評的人，只要讓他們有機會來親眼看

一次就好，他們就會知道基督的福音仍舊是：「上帝的大能要拯救一切信祂的人，先是猶太人，後是外邦人。」

　　儘管這些可憐的原住民有許多缺點，但這第一個信主的村落，卻有許多人一直堅守著其信仰，直到去世歸回天家。這整個村在名義上可說是一個基督教村。在那個村的幾個星期間，我所住的地方是一間很低又有霉味的房間，晚上我就睡在一個箱子上面。一切人們要廢棄的拜偶像的東西都拿來那個地方，而我不止一次就用拜偶像用的錫紙、偶像，以及神主牌子來起火烘乾我的衣服。我離開時，雇了三個人幫忙抬其餘拜偶像使用的行頭到淡水的博物館。

　　另外一個村子曾派了一組人來詢問有關福音的事，我請他們留下，以便參加傍晚的禮拜。他們聽到了二百個人齊聲唱歌讚美全能上帝的聲音，極為陶醉，乃立刻邀請我們到他們的村子。我不知道別人會怎麼做，不過我組成了一個進行隊，由我和阿華走在前頭，其餘信了主的人排成兩排跟在後頭。我們慢慢的沿著彎曲的山路走，邊走邊唱。不久走到那村子時，我們都圍在一起，每個人又齊聲唱出令人振奮的另一首讚美歌。上帝的信息在被唱出和講出後，我們使那個村落也信了主，村民並決定要有一個敬拜的地方，在許多人樂意之下很快建好了一間教堂，並有一個本地傳教師留下來負責那裡的工作，如同第一個村子一樣。在這裡我們有五百人丟棄他們的偶像來成為基督徒，而當他們都聚集到廣場齊聲讚美時，我就不記得在田裡的黑暗夜、我們剛到時所受到人們的惡劣對待，以及夜晚獨自孤單的在一間放著舊籃子、繩子和魚網的潮溼房間裡的疲憊時刻，我的心中只感到充滿著鼓舞、新鮮活力和榮耀上帝！年復一年，我們不斷的到各個村落去向那些皮膚黝黑的原住民傳講福音。於是在噶瑪蘭平原第三間教

堂建立起來了，接著第四、五、六、七、八間，甚至到第十九間，而且每間都有一個本地的傳教師在那裡。

在這個平原的最南端是南方澳，位在蘇澳的南邊。我們以前曾有機會去過那裡，但被當地的人恥笑並遭拒絕，我們決定要再去拜訪那地。當我們在爬著海邊陡峭的山時，天已快黑，但我們還得下到山的另一邊去。抓住石頭後，我們安全的滑了下去，然後就沿著一條很長又彎曲的路往該村去。當我們到達村子時，開始下起了傾盆大雨。走向一間房子，我問是否可以讓我們過夜，得到的是草率的回答：「沒有地方讓蕃仔住。」我們再到第二個房子，也是同樣的被斷然拒絕。第三間房子更是當著我的面就把門砰然關上。實在是毫無希望，天是這麼黑，而太平洋那邊的風雨更是強烈，我們是不可能往東去，而南邊有山，北邊是海港，西邊是生蕃地帶，我們想到了在村子後邊的角落裡有一家漢人，因此期待那戶人家會比平埔蕃待我們好些，於是往那裡走。我們得涉過海草，有時撞到了船，有時被很刺人的露兜樹絆住了。到了那戶門口時，我叫喊著說：「我們可不可以晚上在這裡的任何地方過夜？」有個白髮蒼蒼的老人慢慢的打開了門後慢慢的說：「這裡沒有地方讓蕃仔住。」然後，慢慢的關上門。在下雨的夜晚我們站在那裡，不知如何是好。後來門又開了，那老人的頭再探了出來，人的善良還是勝利了。當我們聽到他說：「風雨很大，如果你們願意，可以進去牛滌裡。」聽到這話時，實在非常感激。我注目的看，看到在左邊有欄杆交叉著，就像西方老式農莊的門，我們就爬了進去。這老人提著燈讓我們找到了牛棚裡空出來的一欄後，接著就是一片漆黑。我們就把稻草鋪好準備和水牛一起過夜。過了約半個小時，有一道微光出現在門邊，就是這個漢人用盤子端著熱飯站在那裡，給

每個人一碗。最奇怪的是不論住宿費或飯錢他都不肯收。有一位長老名高振，雖然生在台灣，但從來不曾在牛棚裡過夜。他後來告訴我，當他想到我是一個從很遠的外國來的人，竟在這樣的地方過夜時，他心裡極受感動，也讓他終生難忘那夜的事。他雖然已經是一個很好的基督徒，但自那事之後，他的信心愈堅定，也更願意犧牲自己來為主服事。

在牛棚過了夜後，第二天早上我們到山上一個稱為鉤猴仔(Kau-kau-a)的村落，此時正是橘子出產的時候，還有桃子、柚子、柿子、李子和麵包果。這裡幾乎已進入到生蕃地帶，生蕃們原本很友善，但自從此村有人以狗肉做為鹿肉給他們，等生蕃發現後乃發誓要報仇才開始變為仇視，鉤猴仔的村民只好遷離。他們搬到北邊約三哩遠的蘇澳，許多人在那裡因瘧疾及其他的熱病死去，其餘的人乃另尋別的地方，因而找到南方澳這裡。目前這裡有十一戶人家是鉤猴仔村落的後裔。自從那時結冤至今已過了五十年，但雙方一直沒有和解，至今，生蕃仍是這個村的人的宿敵。

南方澳的教堂在適當的時刻建成了，儘管我不贊成，但他們還是稱這所教堂為「馬偕教會」以紀念我的父親。許多個晚上，當我在對他們講話時，他們都會因為想到了我們剛到這裡時，他們對我們的冷酷態度而心痛，並熱淚直流。這間教堂除了做敬拜的地方外也是避難的地方。有許多晚上，當婦人和孩子們的丈夫和父親划著魚舟到海上時，為了害怕生蕃，都會到教堂的地磚過夜。生蕃們手藝很好又很膽大，有時他們會在沙上做出看起來像是烏龜爬行的足跡，若有村民因此去捕烏龜時，他們就從藏匿的地方跳出，用他們的長矛把這人刺死。有一天傍晚當我要到門那裡去時，聽到了外面的樹籬裡有口哨

聲，我立刻很快的倒回，發覺有十多個生蕃在外面，但是因為我突然的移動，他們以為自己被發現了，所以就退陣離去。

一八八四年在一個近海的村子，我們有一個教師，但是尚無教堂，晚上人們都要帶槍巡邏，以保護家人。有一次我們去拜訪該村時，正好是生蕃出來獵人頭的時候，所有的信徒包括男人、女人和小孩都坐著直到天亮，並每隔一段時間就唱著甜美的聖詩，讓聲音回繞在山谷裡。生蕃們四處悄悄的獵尋著，偶而就會丟石頭或其他飛物過來。那次，我在那裡幫一個人的大腿割出一塊從生蕃所射出的鐵箭頭，這箭頭深入大腿約五吋長，因為這箭頭已留在大腿有四個月，所以看起來很可怕。這個可憐的傢伙只能天天看著他的大腿日漸腐爛，忍受愈來愈大的痛苦。我有帶著手術用具，花了約二個鐘頭，才把手術處理完畢。當箭頭被取出並放到這個人的手中時，他心中有著無限的感激。這個人那時還未信基督，但他從中聽講有關救主「醫治所有的病痛，癒合一切的傷口」的信息。在往後的歲月裡，聽到他每每對身旁沒有信基督的人講述，他是如何被帶領而丟棄偶像來敬拜活的真神時，實在令人感到高興。

新社是一個平埔蕃的村落，但有不少漢人住在那裡。我們的教堂就建在一條清澈山溪的岸邊，稱為賓威廉教堂(Burn's Church)。[4] 那裡景致極美，教堂也建得與景致夠搭配。它是用石頭、灰泥造的，而且有玻璃窗，光線很好。我畫設計圖，但監工是由本地的傳教師陳火執行的。在台灣要按著合約所定的金額來建一座建築是非常困難的，但是陳火非常的精打細算，所以一點超額都沒有。由底特律的馬偕夫人所捐的慷慨捐款，[5] 因而足夠建一間紀念世界最偉大之一的宣教師佈道家的教堂。教堂的傳教師是一位平埔蕃，但是，教堂裡有原住民和漢人

一同敬拜全地球的上帝。

在大屯山南邊的山腳下是北投，一個平埔蕃的村落，散居著一百多個原住民。從淡水到這裡快步走約需二個小時，從艋舺約三個小時，而從錫口約四個小時。一八九一年我們在那裡找到了一個地方做為敬拜之用，附近有許多硫磺溫泉在冒著，從我們的教堂走路約五分鐘遠就有一條有治療作用的溫泉水流過。十五年前我就想到要在那裡建一間教堂，因為我們知道有關溫泉的價值。若有疥癬，在這水裡沐浴，就可得到痊癒，還有其他許多種的癬，雖然也可被除去，但目前有專治黴菌或細菌所引起的癬的藥，療效更好。

在帶領宣教事工上，沒有甚麼事情比該選甚麼人到甚麼地方去這事更須加以注意。因此，該選誰到北投去呢？當然，就是那位能力好又忠誠的漢人傳教師，他的妻子是一個我們從小就帶大的平埔蕃，也接受過很好的基督教教育。這位年輕傳教師的宣教事工做得很成功。有一個禮拜日，我妻子、三個小孩、一些女校的婦女以及學堂的學生到北投參加禮拜。他們發現整個教堂座無虛席，連一棵樹上也有數十個人坐在樹枝上，因為從那裡既可看到又可聽到禮拜的過程。那天的禮拜非常的好，而且每個開口的人都是經過好好選擇的。第一位是一位曾當過道教的道士，因為那天許多他過去有來往的人都在那裡；再來是一位從東部來的平埔蕃，以及一位從我們較南部的佈道所來的人，因為他們的親戚都在聽眾中；然後有四位從噶瑪蘭平原來的婦女起來唱〈耶穌愛我〉，因為與她們同樣是馬來族(原住民)的姊妹就坐在她們身邊。接著有六位漢人的女傳道人唱了另外一首聖詩，因為禮拜中也有蒙古族(漢人)在聽。這種多元的方式，不僅使禮拜生動有趣，同時效果也很好，因為每個來聽的人，都獲得了適合的生命之糧。我

那天以約書亞二十四章十五節「今天要選定，你們要事奉的是誰」來向大家講道，呼籲他們要決定是要與世界的大能拯救者站在一邊，還是要反對他。幾個星期後，他們有十位平埔蕃的婦女因對於救贖開始感到有興趣，乃到淡水參觀女學、牛津學堂和博物室。她們都心智開放和聰慧，對於所看到的一切也都顯出很感興趣。在北投的事工進行得很興旺。

在噶瑪蘭平原巡行是充滿樂趣的，只是，每次的情況都差不多。不過，當有時有西方的旅客或科學家伴行時，情況就會有所變化。一八八八年瓦伯格博士（Dr. O. Warburg）從德國的漢堡來，從雞籠與我們開始一起巡行。他是一位年輕的博物學家，正在為他的學校採集樣本。結果，他不僅採集到了許多種的動、植物，而且也收集到了許多原住民的紀念品和不同武器。他對宣教工作持有很開放的胸襟，在看到有三百多個人聚在一起禮拜的情形感到很有意思。我們再往更內陸一些新近才被開墾的山谷地去時，有三十多位身上有刺青的生蕃，從高山上來，並讓我們拍照。在一個靠近橫嶺的原住民村落，有足足五百個我們的信徒在那裡舉行盛大的聚會，當我們要互相辭別時，瓦伯格博士說：

我在這裡看到了十六間教堂，以及人們在教堂裡禮拜的情形，也看到了本地人的傳教師在講台上傳講基督教的真理。這些都是我前所未曾見過的。如果在漢堡的人看到了我在這裡所見到的，他們必然就會為海外宣教來奉獻。如果那些對宗教持懷疑態度的科學家，能像我一樣和一位宣教師一起巡行，而且看到了像我在這個平原所看到的，他們對於十字架的傳道者必然會持以不同樣的態度。

〔注釋〕

1 見現行台灣基督長老教會《聖詩》第三四九首，曲名〈天堂攏無苦難〉（台語）。

2 見現行台灣基督長老教會《聖詩》第三九七首，曲名〈耶穌愛我我知明〉（台語）。

3 見現行台灣基督長老教會《聖詩》第二五四 A 首，曲名〈我認救主無驚見誚〉（台語）。

4 見第一章注八 。

5 底特律的馬偕夫人即馬偕船長夫人，她捐了三千美金做爲偕醫館的建築費用。

第二十四章　往東岸下去的巡行
A Trip Down the East Coast

出發－渴望有一所教堂－設立長執和守聖禮典－一條泛舟－海洋之美
－看見生蕃－在奇萊－那位廚師傳教師－燒偶像－五百人－危險的划
船－一個工作例子－啟發－葛蘭格里教堂－在新的平原－又到家了

一八九〇年八月二十七日，我和陳火、順仔¹以及柯玖從淡水出
發，往台灣東岸的更南端去巡行。每次出門巡行都會帶數名學生或傳
教師，因為這樣他們才能夠對於宣教的各方面工作有實際的認識，將
來才能有效的服事及應付各種危機事件。每個人在旅途上都各有其分
派的職責。我們此次巡行的目的是要去拜訪噶瑪蘭的各教會，並到更
南端一個有不少的平埔蕃居住的平原去。那個地方就是奇萊平原，約
有四千個稱為「南勢蕃」的半開化原住民住在那裡。有關那些人的生
活，我們將在另一章敘述，這一章我們將只專注在平埔蕃的村落。

我們先搭汽艇往上游到艋舺，再搭火車到水返腳，然後從那裡走
路到雞籠。順仔，是拔牙功夫最伶俐的，一路上就為不少病人拔牙。
在雞籠，我們舉行了一場禮拜，第二天上午，我們越過了深澳山的庚
仔寮。這山高有二千八百呎，山的底部一直延伸到海邊，最近並有許
多大圓石落在那裡，所以崎嶇不平。在這段路旅行很危險，因為一方
面有土石會鬆落下來，同時腳底所踩的石頭又很溼滑。有一次，我跳
過一個裂坑而動到了一大塊土石，它就掉落下來在我腳跟旁。那天傍

晚，我們又拐了一個角後，就看到了整個南仔吝(南雅)，這是一個住
有三、四十戶人家的漁村。當地的頭人林九班出來歡迎我們，那附近
所有的山丘地都是他的。當地雖然沒有教堂，但我們在那裡唱詩歌並
講道。第二天早上，林先生帶我們到他所擁有的土地上，向我們指出
許多塊地方，每指一處，他就會說：「那個地方來建教堂很不錯。」由
那位漢人地主來提出這樣的捐獻，是很有意義的，因為他知道教堂的
意義是甚麼，並知道偶像和神主牌都將被丟棄。當我們要離開那村落
時，他吩咐準備好兩條船，幫我們划過一處很不容易划行又危險的突
出岸邊。我們在回程的路上快要到他的住宅時，他的幾個僕人跑出來
向我們又叫又招手。他的兒子也在後面跟著來，並請我們留下來過
夜。我們雖然沒有時間停留，但是那天傍晚，那個兒子和僕人卻跟著
我們到了頂雙溪教會。南仔吝不是也讓傳福音「開了一扇門」嗎？

　　在鼻頭村那天，村民都要求在當地建一所教堂。我們在離開之
前，在當地分發了藥、拔牙，並向一大群人傳講了福音。之後，我們
又繼續南下，經過了竹林，越過「角地」到達了林東。在我們到達新
社的「賓威廉」教堂時，天已將黑。在那裡我們用一個小時唱聖詩，
談論，並對要入教的人做考試。第二天是禮拜天，我們舉行了三場的
佈道禮拜，並有主日學和守聖餐。我們又步行了一天來到了打馬煙，
一個平埔蕃的村落。在那裡，有三十九名領受聖餐、四名嬰兒受洗、
並設立了一位長老和一位執事。

　　一八九〇年九月二日禮拜二上午十點，有一艘河舟載我們到達了
蕃社頭附近。我們在那裡打鼓招呼當地的男人從他們的魚網、婦女從
織布機、小孩從遊戲中聚集過來。我們立刻為病患治療，又對要入教
的人做考試，也聽一些人背誦經文詩篇，同時設立兩人做為教會服事

者，對大眾傳道，讓當地四十一名領受聖餐。午餐後，我們走過一條狹窄的沙地，來到海邊，搭上一艘有八個船伕的漁船。漁夫都很用力的划，到太陽西下時，我們划到了山溪的出口，從那裡沿著溪流再繼續划，到了晚上八點時，我們到達了流流仔教堂。我們立刻舉行禮拜，在禮拜結束前，有一對年輕男女由兩個人陪伴，完成了基督教的結婚儀式成為夫婦。這個結婚儀式是預料之外的，因為新娘是在一個鐘頭之前才從另外一個平埔蕃的村落來到這裡。第二天天剛亮，我們就雇了一條漁船，迎著大風浪再往南下去，但我們被風浪推來推去，一直到下午四點才終於駛進入蘇澳港口。一到那裡，我們不浪費任何時間，立刻向南方澳教堂的會友講道，並設法找一艘適合載我們南下的船。唯一可以載我們的船是一條十二呎長沒有篷艙的船。這條小船在下午五點鐘，由全是基督徒的平埔蕃船伕來划，教會的傳道師和信徒都到岸邊，大家唱了一首詩，然後向我們揮手祝我們一路平安。

　　繞過了地角後，船伕就緊沿著岸邊划。雖已入夜，但沒有一個人想睡覺，每一個人找一個不妨礙船伕划船的位子坐著或蹲著，我則坐在船尾舵手的旁邊，那是一個觀察景物的好位置。整個旅程的景致都很美，但那個晚上的景色特別美。在我們的右邊有長滿樹木的山脈，又高又長，像是數座豎立的黑牆，而左邊是一片廣闊無際的海水，頭上是閃閃發光的星星，下面也有水母、沙蠶和滴蟲這些海洋的孩子們在發著光。我曾在孟加拉灣及阿拉伯海的輪船航道上看過極美的景物，但從沒見過像那一晚所見到那樣美妙的發著磷光的情形。坐在船上，身體低得與海面幾乎一樣的高度，我用手把像似果凍的水球撈起，我的手指就像是燒紅了的鐵棒，有熔了的火球一顆顆的滴下去。還有無數夜裡發光的粟粒狀小生物，以如閃電般的速度上到水面就又

划往奇萊平原

竄射到四處，就像打鐵匠手中的鐵鉆四射的火花一般。船伕每搖一次
槳就有火光四射，我們的小船就像在閃耀的光上滑行，並且不斷的穿
越琥珀和金子的光芒之中一樣。

> 從船的陰影中
> 　我觀看牠們服飾的榮華——
> 有藍、亮綠、和柔烏烏；
> 牠們或曲蜷或游行，在處處
> 　都閃耀著金色的火花。[2]

　　偶而也會有西風從山脈間向著我們的小船不斷的吹來，到了清
晨，我們划到了有很長一塊突出的平地附近，看到岸灘上有生蕃，而
且山上不遠處有他們的房子。我們的船立刻往海那頭猛划。從那塊突
出的地、那溪流及那岩石，我立刻記得這個地方，這就是一八七六年
六月四日英國艦艇「田鳧號」（Lapwing）[3] 在當時風浪很大時，在此地
拋錨。艦長、主官和我上了艦艇的一艘救生艇，由六位「水兵」划
槳，沒有帶任何防衛的武器，我們就朝著海岸划。有數百個生蕃從山
上下來到這塊突出的地看著我們。我們很用力的向著岸上划，但是海
浪卻阻擋著我們。我們向他們呼叫、揮手並朝他們拋了好幾塊銀幣。
我們看到他們都是裸身而且面目猙獰，但沒有人想到會有危險，只想
要上岸看看他們。實在是海浪救了我們，當時我們若得以上岸，必將
無人得以生還。有許多來探險的都是因為心中毫無警戒而被那族人殺
了。上帝掌控著風浪，那天上帝就在海浪之後面。

　　划離那地後，在中午豔陽高照華氏一百二十度（譯注：約攝氏四十
九度），船上沒有任何遮避的情形下，我們划到了奇萊平原的商港花蓮

港。這是我過去久久就期望拜訪的地方，因為有一些噶瑪蘭的人會搬到這裡來，而有一位牛津學堂以前的廚師，[4] 也自動到這個地方來教平埔蕃並向他們傳教。花蓮港是位在一個由海水沖刷成的沙岸上，有一條二百呎寬的街道，兩旁是茅草屋。大部分的居民是漢人，但港城的外郊住有一些平埔蕃，主要都是和原住民從事交易的生意。在附近有一個漢人兵勇的營地，由一位軍官管理。

我們的船才剛到達，要拖到石子的岸上時，這地的頭人，一位中國官員，就立刻叫人來邀請我們過去和他進餐，並對我們其他許多方面都加以關照。我很驚訝發現到處的人都知道我的名字，我們從來不曾到過那地方，不過有些人知道我們在北部所做的事。我們的新朋友吩咐他旅館的主人為我們準備好一匹小馬，當然也在馬上繫上一串鈴子。我就這樣騎著這匹即使不是猛烈的戰馬也是一匹極好的駿馬，前面由馬伕領著，一路前進，這實在是我始料未及的。到了傍晚，我們到了加禮宛，這是我十多年來一直想要拜訪的平埔蕃的部落。我們找到了這位變為傳教師的廚師，他住在一間當地人為他所建，用草蓋在竹子上的小屋。因為早就有人寫信來告訴他們而他們也已經等很久了，所以他們對我們的歡迎之熱烈實在難以想像。屋子不久就擠滿了人，門前也站了一大堆人。我們暫停講道，而先對實情作了解。這位廚師傳教師確實做了很好的工，不僅有不少人對於福音的信息清楚明白，還有很多的人也不想再拜偶像。他們像似已經到了可以做決志的時候了。因為有人告訴我那位清廷軍官曾宣佈大家必須繼續拜偶像，用以表示他們對中國的忠誠，我於是騎馬到軍營去晉見，受到很好的接待，而不論過去曾怎麼說或怎麼做，現在一切都沒問題了。士兵們並開始讚揚我們的傳教，而且提到：他們之中有一位曾在淡水從我得

到藥，有一位從雞籠的傳教師得到藥，而另一位認識艋舺的傳教師。衙門的人也加入說，傳教師很好，還有博物室也很好等等。他們的意見是一致的，那位軍官則祝我「平安」。我於是趕快騎回去，請所有願意歸於真神的人把家中的偶像都清除並表明要站在哪一邊。那天晚上，他們在空地上舉行了一個會議，這是個很熱烈的聚會。每個村的頭目都以他們的土語講得很大聲，我走進他們中間，問他們談論的情形，並問有沒有不同的意見。馬上獲得答案，就是五個村都一致同意歸於上帝，他們要敬拜耶和華上帝。他們更決定把一座由他們花了兩千元蓋的神廟拿來做為教堂。隔天是個歡樂的日子，沒有人去工作，頭人邀請我們一行人和他一起，叫了四個男孩每個人挑著兩個籃子跟在後面，我們每個村子的家家戶戶都去，讓他們把拜偶像的一切行頭都丟到籃子裡，然後挑到廟的附近一個大空地，把金紙、神像、神主牌、香及旗幟等堆成一大堆，很多人都圍過來，還有好幾個人互相競賽點火來燒這一堆東西。有很多人對於又髒又油膩的神像表示輕蔑，有一個頭目特別覺得撥弄在燒的東西好玩，而每當有正在燃燒的「觀音」被撥出舉起來時，大家就哄然大笑。整個廟在天還未黑就已由熊熊紅光照亮著。大家都圍過來，我乃請大家跟著我們一起唱：

　　普天之下萬國萬民，
　　都當向主歡呼頌揚。[5]

他們雖然唱得音調不準，但卻是從內心來唱出的，而當那晚把一間神廟獻上做為敬拜榮耀永生上帝的教會時，大家一起唱著那古老的詩篇第一百篇是再適合也不過了。

　　這個部落被稱為加禮宛，無疑是依著噶瑪蘭那地方的某個名字而

取的，因為這些人都是來自那裡的。此地有五個村落，即大社，那裡
目前已有教會；竹仔林、武暖、煙高、七結，總共約有五百戶居民。
以下是我們那次到該地所做的記錄：

約有五百個拜偶像的人在我們面前除去他們家中的偶像，並宣說
極意愛敬拜救世主。

他們也把一間為偶像而建的廟獻出來做為聚會和敬拜唯一活的真
神的地方。宣教是失敗的嗎？

整個星期那匹馬和那個馬伕都免費供我使用，我就到奇萊平原的
每個地方去講道、發藥、拔牙，同時研究南勢蕃的粗魯生活習性。九
月十日星期三，我們準備好要回北部去，在那位軍官的許可下，我們
在軍營中發藥。那位滿大人以一切中國禮來接待我們，他有說有笑，
還試著操作鑷子，並讓我們替他的牙齒做了檢查，而在我們為士兵做
治療時，他甚至站到我們的背後看我們做。他們中間有不少人患了瘧
疾，我相信那些士兵和軍官都期望我們能很快就再回去。

一群人跟著我們到了海邊，並幫我們把小船推到水中。因面向著
東北風，船伕們得奮力的划，夜裡，我們就沿著陡峭山邊的沿岸不遠
處划行。有好幾個地方，可見到生蕃夜裡在黑漆漆的林中點火的一團
火光，那些火光看起來就像是沿岸的燈台信號。整夜，划手們不停的
和風浪搏鬥，既不敢划得太靠近岸邊，因為怕碰到銳利的岩石以及殘
酷的生蕃，又不敢划得太入深海，因為我們的船身很輕而海浪又大。
到了天亮時，每個人都全身溼透又疲憊不堪，但我們還是置身在巨浪
中。整天，船伕都拚命的划，但是沒有前進多少，不過船身都沒有撞
到岩石是值得感謝的。大家自前一天上午開始，就沒有再吃過東西，

因為我們雖然有米，但因為無法上岸去煮。划手們因為太累而變得無力，好在到了下午三點當我們拐了一個地角時，竟划到了一個寬有三百呎厚約一百呎的盆地，並約有五十呎深入的石灘，而盆地的背部及旁邊有聳直的高牆數百呎之高。在那裡我們不必擔心風浪，也不必擔心生蕃。盆地上還有一條泉水從很高的懸崖上流下來，成為一條淡水溪，流入鹹海裡。我們就用我從南勢蕃那裡帶回來作樣本的陶土水甕煮飯，再加上鹹鳥肉配飯，真是好吃極了。到了下午七點，風浪稍微平靜些，我們就又出發。到了雞鳴時，我們已進入了蘇澳，有微風把我們送到了南方澳。那裡的傳教師和人們都立刻興奮起來，我們整天就都在教堂。先測驗兒童，並給三個人洗禮，接著有六十五個人共守聖餐。從那裡我們又搭海船到加禮宛，並在那裡發藥給病人，詢問會友的情形，及安排長老與執事的事情。從那裡我們用走的到流流仔，在那裡也作一些相同的事情，那天晚上就在那裡過夜。

離開流流仔後，我們拜訪了噶瑪蘭平原的每個宣教站，每天晚上在一間教堂過夜，那裡共有二十間教堂，我們還巡視了六個福音站。我們以前從來沒有像這次那樣的在那地方作旅行。我們用一條河舟，幾乎划遍了那裡的每個地方。這樣，給了我一個很好的機會，來繪製一張很精準的地圖。在靠近山的地方，溪水流得很急，但是在平原的地方，就流得很緩慢。有許多地方溪流非常的狹窄，就必須用兩根竹竿用力的推。在這些狹窄陰暗的溪流上，兩岸的樹木和灌木常伸長到中間交接著，從樹葉中可看到數處景致優美的地方。而陽光就斷斷續續的從頭上的浮雲間隔中照射出來。

每到達和離開一個平埔蕃的村落都會令人心靈振奮。通常會由我們先唱一首詩，接著，所有的男人、婦女和小孩會一起加入，使整個

岸邊都充滿了愉快回響的音符。我喜愛這種的唱詩方式千百倍於在教堂裡的唱詩。這樣的唱詩實在是非常美妙的，因為很自由不拘泥於形式，我們就在流水旁、在樹林間、在聽得到上帝使他們歌唱的鳥聲裡，我們高歌讚美我們的上帝。要把每個陌生地方的名字都列出，把每個地方的工作都述說出來，將會讓讀者感到冗長。不過，在此我們舉一個通例來讓大家了解我們的工作，可能會讓大家覺得有興趣。

1. 到了一個地方，我們先到生病的人的家裡去探訪，接著，我們就在空曠的戶外擺上攤子，在那裡發藥和拔牙。那骯髒的檳榔，使得我們的拔牙變得很有名。我們四個人都拔牙，不過，每個病人都要經由我做診斷。

2. 我們把每一戶的名字都登記下來，同時登記他們的財產，這是必要的，因為有人會搬移到新的開墾區。這樣我們就了解每一戶人家的情況，也知道將有哪些地方的教會較有能力來自養。

3. 我們會就教會的奉獻、教堂的維修及參加禮拜的人數等等事情來和長老及執事們開會討論。在這裡進展得很好，這個平原的每間教堂，要不是換了屋頂或重新粉刷，就是做了修補或已把建材備妥了，只有一個村子的長老請求助援。

4. 我們會在眾人面前對上次交代兒童、青年及婦女們學習的功課加以考試，同時會再選一些其他的功課讓他們學習。

5. 把大家分為像老人、婦女、少男、少女、兒童等不同的組，分開來練唱約一小時的詩歌。

6. 我們輪流講道，短講是最有效的，而且一講完我就立刻把所講的拿來問他們。

7. 長老、執事是由會友來選出，再由我來設立。

8. 為嬰兒和成人施洗。不過，有些成人若需要更加強指導，則延後對他們的接納。

9. 守聖餐，許多守聖餐者都覺得心靈得到更新。

除了做上述的各項工作外，也做許多其他的事。我們所做的事對每個地方都有顯著的成效，信徒們都提起了精神，他們的情形和舉止在我們到達時和我們離開時，有了很明顯的不同，特別是在那些我們留著過夜並上下午和晚上都有機會舉行聚會的地方。當我們在說到去「啟發」、「培養」他們，使他們「在各事上成長於主」、「以成為完善的聖徒」這些話時，確實有它的意義。我曾說過，在一個地方曾有五百人把他們的偶像去除，而有些人可能以為這樣一來，福音工作就差不多完成了。但如果我對福音工作有所認識，而過去二十三年的經驗有用的話，我倒要說，福音工作才剛開始呢！保羅最了解這種情形，而說必須培養他們。我不相信在「河」這邊的人世間，有人能達到完全的完善。在台灣這類的信徒就和我們在北美的一些信徒一樣，要說是已得到他們，則仍有一長段的距離，在許多事上仍需要繼續帶領他們。而在做一切工作上，最最需要的，就是先要有「耐心」。

我們拜訪的教堂中有一間稱為「葛蘭加里教會」（Glengarry Chapel），是在東門頭，有一個以蔓延的瓜棚搭成的發藥室。在教堂大家都以敬畏的心守秩序的做禮拜，我們唱很多首詩歌，我也告訴他們，那間教堂是由加拿大的葛蘭加里的善心年輕朋友們募款來建的，他們聽了都很感動。而他們知道加拿大有人願意為遙遠的台灣異教徒來犧牲自己，對他們確實有所鼓勵。

離開噶瑪蘭我們進到大澳平原，那是個從噶瑪蘭再伸往內陸的一個三角形平原，平原的兩側是既高又陡峭的山，林木繁茂。那裡原本

在生蕃地帶經常武裝的平埔蕃

是森林，最近才被開墾的。他們把蘆葦用刀割下後放火把整片燒了，然後用大鋤頭把樹根挖起，農人就撒種或種稻米，用這樣來開墾。房子都不到幾天就搭好，他們先把竹竿立在地上，屋頂蓋上茅草，牆壁鋪上蘆葦後塗上泥土，用竹片編成門，一邊把它繫住，留上一些洞做窗口，之後，一家人就可搬進去住了。當時在那個平原的任何一處旅行都很危險，因為生蕃們被中國兵逼得走投無路。我們到達東端時，去拜訪了一位老朋友姓陳的軍官，他堅持派一些人帶著長矛護送我們上路。晚上我們在破布烏過夜，那晚有一百人聚會，我們也做了講道。隔天早上天氣很好，而依照每日的工作方式，男人們都攜帶武器在前頭開導，穿過無數的蘆草和野草後，到另一個新的村落去。每個人到外面工作，身邊都會帶著武器。有四十個看起來很奇怪的人陪著我們一起去，其中有數人有馬丁尼‧亨利步槍或雷明登步槍，有的則攜帶舊式的美國毛瑟槍，不過大部分的人都是在肩膀上掛著中國式的火繩槍，還有些人舉著長矛隨時待用。那天，有四次數名生蕃就在他們面前逃逸。平埔蕃在頂破布烏歡迎我們，我們就照著我們通常的作業進行，並走遍了約半個村落。最後，我們到達天送埤，這地區最深入內地的一個村落，該村的人才剛開始開墾和搭茅草屋。

　　從那裡我們再走半哩路進去，一路幾乎都是陰溼的草，直到山裡一處彎曲的地方。在那裡，我爬上一棵長在溼的燈心草上的脂濁樹，坐在一枝大樹枝上，從那裡看到有一潭彎曲的湖水，那美麗的湖水沒有外國人曾欣賞過。月眉湖確實是個合於這個湖的名字。湖裡有很多魚，種類有十來種，而湖四周的泥淖裡，有重約三、四十磅的鰻魚。從那裡我看到了兩個生蕃的村落，一個是在山腳，另一個是在橫嶺上。不論老少，看起來都放蕩不馴的樣子。

　　在銃櫃城，有一百多個人到戶外相聚，並舉行了一個戶外禮拜。然後我們就又再走，涉過好幾條溪水再走過許多稻田後，到了紅柴林。在那裡，他們曾為了建教堂做磚塊，但做了三次都被雨水沖壞了，因為處在非常深山裡，那裡很少有晴朗的日子。晚上，他們把油倒在一個六呎高的竹筒中，把它插在空曠地上，在那閃耀的火焰中，我們向一群可憐勞累的原住民宣揚救贖的信息。

　　我們就這樣在那平原上工作，依序拜訪每一間教會。從那裡越過山坡回到了雞籠、水返腳、艋舺、大稻埕，在總共離開了四十天後，又回到了淡水。這次旅行是我們許多次這類的旅行中的一次，而每次的旅行的經驗和結果也都沒有多大的不同。如果讀者從這些描述，能夠從中了解到宣教生活的光明面與暗淡面，如果讀者因而受感動而更真誠的祈禱和敬虔的參加禮拜，則這些述說就不是白費了。

〔注釋〕

1 順仔：即葉順，淡水人，原本從商，是馬偕創建牛津學堂後的第一批學生之一，曾參與《中西字典》的編輯工作，也曾在牛津學堂和婦學堂協助教學。
2 出自英國詩人柯立芝(Samuel Taylor Coleridge)的〈古舟子詠〉(The Rime of the Ancient Mariner)，此節描述海蛇追逐光影。
3 「田鳧號」是英國海軍軍艦，一八七六年間曾在中國、日本、台灣海域間數度航行，馬偕曾於該年六月搭乘該艦前往花蓮訪問。
4 這個廚師就是顏有年，是宜蘭董門頭的平埔蕃，因無法在牛津學堂完成學業而志願到花蓮港一帶的加禮宛平埔蕃人中傳道，相當有成效。
5 通稱〈舊一百篇〉(Old Hundredth)，見現行台灣基督長老教會《聖詩》第三十四首，曲名〈天下萬邦，萬國，萬民〉(台語)。

第二十五章　對熟蕃的宣教

A Sek-hoan Mission

拒絕給住宿－命令離去－邀請回去－一個密謀－密謀者－建立教堂

在西岸有數個可說是已經非常漢化的原住民村落，這些原住民被稱為「熟蕃」。新港就是在苗栗區的一個這種漢化原住民村落，離淡水走路約三天的里程，離海邊也有好幾哩。有一次，我們到那裡去拜訪，當地的人拒絕讓我們住宿。不過，天黑時，有一個看起來很壯的本地人卻讓我和學生們在他的茅屋裡過夜。在問了他之後，我們才知道原來他們已經準備好要祭拜祖先之靈，這是一種混合了他們蕃人以及漢人的習俗和迷信而成的儀式，而在舉行這種儀式時，有三天的時間，外地的人都不准進到他們裡面。所以，人們當然要屋主把我們趕出去，而屋主雖然只是自己一個人，卻拒絕這樣做。後來，當地的頭人送了一封信給我，信上說：

「你這個黑鬚蕃以及你的漢人學徒，必須在明天早上離開，否則就得留在屋子裡三天。」

過了不久，我給了他這樣的回函：

「我們這些做為主耶穌基督的僕人的，明天早上既不離開也不留在屋子裡，藉著我們上帝的力量，我們明天以及再接下去的數天，都要到你們的街上去傳講祂的福音。」

整個村子立刻騷動起來，有許多人都聚集到我們住的地方。有些

人主張把我們殺了，有的人認為應修理我們，而有些人認為不理會我
們算了。結果是最後一種有較多人贊同。第二天早上，我告訴學生們
選擇看要留下或是回北部去，他們立刻決定要和我在一起，而且準備
承受一切後果。我們於是走到街上，看到人們一群群的蹲在地上，手
上都拿著石頭或其他可丟的東西。每個人的臉上都是憤恨之情，而且
不斷咕嚕的罵著我們。有一個年輕人丟了一塊石子，飛過一個學生的
肩膀，擦傷了我的頭。我們仍唱了數首聖詩後才回到屋子裡。第二
天、第三天，我們也都到外面去。第四天，就有幾個人走近我們並且
說話時顯得友善。他們對於自己的行為覺得很不好意思，而且這種感
覺，一直無法揮去，因為在往後歲月裡有好幾次他們都再提起我們剛
來時，他們是如何的接待我們。那位丟石子的青年，後來成為基督徒
做了學生，而且和我們翻山越嶺四處去，學習各種知識，成為傳教師
在噶瑪蘭服事，直到有一次流行病發時，他不顧自己勇敢的照顧病患
而染病去世。

　　幾個禮拜過後，有兩位新港來的人到淡水來找我，很誠懇的邀請
我去拜訪他們並傳講福音。我們陪著他們回去，而不久就開始建一間
教堂。當用太陽晒乾的磚建起的牆差不多已經有五呎高時，我們聽到
了一陣隆隆聲，地跟著動搖，地震使這個建築傾倒過去。是惡兆！有
些人因此叫著：「連地都反對他們，一定是神靈不贊成。」於是大家決
定聯合起來立刻停止我們的建堂。在這附近數哩的所有村、鎮都一起
叫囂起來，情勢非常激昂，我們也隨時都可能性命不保。但是，我們
還是繼續著我們的立場，把一間茅頂的教堂建好了，並在那裡每晚對
一百多人傳講基督及祂被釘的事。

　　有一個禮拜日下午，在禮拜中，有一封信送到我的講桌上，就在

那裡，威脅著我不可再進入蕃人的領地，否則就得死。我們原先的計畫就是隔天要到新港去。雞鳴時我們就開始出發，到了第一個山嶺，我們聽到了尖銳的叫嚷聲，就知道有蕃人在附近。走到了山谷下的一條溪流時就遇到了五十多個。我們彼此互相致敬之後，這些野蠻的山地人把他們的槍口都朝上齊發了一響後，就要我們跟著他們走。他們歡迎我們到他們山裡休憩的地方休息過夜，對我們很友善。那封警告我們不得進入蕃人領地的信過了許多年都一直是個謎。但是一八九三年在我回到加拿大之前最後一次去拜訪那個村落時，謎終於解開了。有個八十多歲的老人 Ap Hoan，承認信是他寫的，他當時力勸蕃人在半路埋伏以便殺了我們。他們不但拒絕了他，還及時迫使他和他的家人離開他們部落的領地。因為後來明顯可看出他已悔改，經他要求，我為他施洗，還有兩位老人和他一樣也都八十多歲了，也一起受洗。

這個原本沒有開發的山谷，後來逐漸變成稻米和蕃薯的良田。當地並建了一間教堂，而且成為那地區工作的中心點，從那個村落，我們再到許多其他蕃人的地方。新港約住有一千個熟蕃，而在那地方的工作，就和在其他半開化了的原住民地方相似。

第二十六章　南勢蕃的生活
Life among the Lam-si-hoan

奇萊平原－熱帶風景－種族特徵－治理－農業－陶器製造－村裡的井
－建築－簡單的服飾－奇特的遮蔽物－煙草與檳榔－公共浴場－道德
與禮儀－預測

　　奇萊平原在台灣東岸更南下的地方，是住有約四千名原住民的所
在地，雖已被漢人征服但仍未真正開始開化。我曾到過這地方數次，
對於這裡的人也有些許的了解。前面已述說過，我第一次到那裡時曾
騎用小馬，而且騎在那又寬又乾淨的彎曲路上是很愉快的。

　　這平原夾在山和海之間，從北到南長約三十哩、寬約六哩，是由
山溪帶下來的堆積物及海水沖上來的沙土所合成的。海邊有很長的沙
灘，沙灘的後面是高起的土地，上面有一千多隻的水牛在那裡食草。
在更往內陸去，土質就不肥沃，有些地方甚至只是硬石子，但適合於
放牧。靠近山邊的土地是黑深的沃土，主要是山上茂密的植物腐爛後
被沖帶下來的。從山中急流的河床裡可看到，在這個探險者所不敢到
的生蕃所在地裡，有花崗岩、煤、粘板岩和雲母。

　　這個平原是我在台灣所見到的地方中最像熱帶的地方。馬路看起
來都非常好，顯然是受到很好的照料。馬路兩旁有的地方種有很大棵
能遮蔭的長青樹，而約每哩路間隔就有一個用竹竿搭造成的休息處，
背帶東西的人可把東西放在上面，並坐下嚼個檳榔，休息一下。和北

部的窄路、田間小路及必會看到的水牛比起來，這裡的風景實在清新多了。這裡會有約一畝無須人工灌溉的山稻，旁邊就有一窪芋頭，接著會有野生的藍靛草、西瓜、甘藷、金南瓜、豆子，當然還有一片的綠草。山野上種著一排一排的檀香樹，每隔一段路，就有一座避蔭的四方形小茅亭。有鳥兒在枝頭上唱歌，有陽光在頭上普照，令人覺得「無拘無束，悠游自在」。

　　住在這個處處風光宜人的平原的居民，大概是最晚才到台灣的原住民。他們和已漢化的原住民及生蕃一樣，都具有馬來的血統，而在某些方面，顯得更與今日住在愛琴海的島民相類似。他們的方言和平埔蕃及生蕃的方言很不同，極特殊。對於漢人的語言他們根本不多加理會，本身也沒有任何的文學。對於中國的政府雖然給予認知，而且也有一團由滿人任軍官的中國兵駐紮在此平原，不過，他們既不剃髮也不留辮子。老年人通常留短髮，但是有些年輕人卻很喜歡把他們的黑髮留長從中對分，以及其他的愛好。

　　他們的政治是部落式的，或以宗族方式來分的團隊。所有男人依年齡來分成不同的階級，總共有九級。第一級是由五十五～六十歲的男人組成，第二級為五十～五十五歲，如此逐漸下降到第九級，是由十五～二十歲的青少年組成。每五年換一級，而每個團隊的隊長是經由每年選定一天以一哩路來回競跑賽來產生出的。而全族的族長再由每一團隊的隊長來競賽產生的。每一團隊都臣服於上一級的團隊，而每一團隊也有其特殊的工作要做。例如：有的團隊要修築路、有的要耕田、有的要編織藤具，以及其他等等不同的工作由不同的團隊負責。而有些工作像是狩獵、收割、打戰等需要由多數人來做時，就會把數個團隊都合起來。下級的人都是由上級的人來管制，而若有人做

南勢蕃的酋長和族長

了冒犯的行為，被確定後，上級者就會把他們驅逐出村子，直到第六天才敢回來，否則他們就會遭到鞭打、財產被毀、家人被逐出，本身也被放逐直到再被召回。

有一天傍晚在加禮宛，有十來個聰明體壯的青年在表演特技給我看並彼此娛樂，而當有三個他們的上級者出現時，這些年輕人立刻消失得無影無蹤，顯示他們對上級者的隨時服從與敬畏。有一次，有一隊年少的出去狩獵，當被長者發現他們自己輕率的出去而沒有讓其他的村人一起出去追捕時，長者非常生氣，把他們趕出村子以為懲罰。但過了一、二天後，卻聽到傳說有三個人被生蕃殺了，其餘的年輕人乃被召回來一起去與對方征戰。

這裡的農人工作很認真勤勉，所以肥沃的土地都被好好的使用。山稻、小米及芋頭種了很多，還有甘藷、黑玉米、豆子、西瓜及小南瓜等都種得很好。短柄鋤頭是主要的工具，在田裡被很靈巧的使用著。他們究竟是在何處學來的工藝不得而知，不過他們很會用金屬製造和修理各種需用的工具。

製陶是大規模的，而且不論是把陶土混合或做模型，都只用手來做。在北部的三角湧，那裡是用水平的輪子來製作中國式的陶器，就和巴勒斯坦人的一樣。而在湯姆遜(Thomson)所著的《那地和那書》裡對於中國式的製陶有正確的描述。但是南勢蕃的陶器製造並非屬於這一門的方法，他們既不用輪子也不用模子。他們把黏土挖出後倒進木槽裡，先用石頭打碎成粉，再加水混攪，然後先拿一團黏土出來捏，再慢慢一些些的加上，把它捏成所需要的形狀後，再用手和水把它弄平滑。所製出的水甕和敘利亞及古時迦南地帶所製造的水瓶很類似，只是沒有那麼長，而且兩邊有耳朵以便手拿。他們都是把它頂在頭

上，當甕子是空的時候，就把它倒過來戴在頭上。甕口的寬，直徑約有六吋，戴起來像是帽子。通常在路上會看到二、三十個婦女從村子的井取水回來，邊談邊笑，或唱著歌，她們的身材優美，每個人頭上頂著裝滿水的甕子，雙手放在身子的兩旁，筆挺的走著，這種景象，即使是一位疲憊了的世界旅行者看到了，也會雙眼為之一亮。

　　人們主要是住在村子裡，每個村子的四周都有雄偉的竹林圍著，竹林外又有很深的溝壕圍繞著。在進入村子大門的一邊，搭有一座用竹子造的長涼亭，上面坐著不少的男人，一邊編織藤具一邊交談村子裡的事，旁邊，在大樹蔭下，就是村子的井。這圓井深有二十呎，上面開口的直徑足足有一百呎寬，愈往下愈窄，到底部時，直徑約只剩二～三呎寬。井口的一處有個缺口，從那裡把一邊的土往下挖成緩坡，挖出來的土就從這個缺口搬出來，而這個緩坡可下去到水裡。在井口的周圍和這個緩坡都設有竹欄杆，婦女們整天來來去去的，頭上頂著水甕到這個公共水源地來取水。

　　所有房子的造型都是同一樣式，與漢人的房子完全不同，就屋內地面來說，要比漢人的優良得多。每個房子約五十呎長、二十呎寬，屋脊處有十二呎高，從屋脊往下斜，到屋簷時約高四呎。邊緣用藤條綁緊到一種球形的架子上。屋頂蓋上足足有二呎厚的茅草，並伸過屋簷有三～四呎長，成為一個低低的走廊。這種房子的造型比較不是為了住得方便舒適，而是為了牢固防颱，因為這平原每年都有很多次的颱風。每間房子內都有用約一吋厚的藤條鋪上的地面，這些藤條緊排放一起，然後用藤絲繫或編在一起。這使得地面既牢固又好看乾淨，而且這地面被搭建離外面的地約有一呎高，比起漢人屋內那種泥土的地面，對健康有益得多。這種地面睡起來很舒服，而這地面也是被用

　　來睡覺的。在屋裡的一端有用土造成的「火炕」。房子有兩個用竹子做的門，一邊一個。每個房子裡的擺設都是隨各家的喜好，沒有固定的方式，而每個門邊都至少有一隻又醜又瘦餓的狗。

　　南勢蕃的典型服裝很簡單也好修補。婦女都戴竹耳環，通常穿圍腰布。男人也都喜歡戴耳環，而有沒有用腰布圍起來，他們並不在乎。女人也喜歡戴上用一吋平方的貝殼和珠子串成的項鍊。而較奢侈的少婦就對銅手鐲及其他的裝飾品很心儀，而且隨時都擦得很亮的。這個部族的人沒有刺青，他們自己也說不出為甚麼其他同類源的原住民會有刺青而他們卻沒有。

　　因為這裡熱帶的陽光非常強，雨又很大，他們就發明一種很有效的遮蔽物。他們用很輕的木條做一個長三呎寬十八吋的架子，上面鋪上蘆葦上端的細嫩部分，再用藤帶把蘆葦繫牢，中間擺上一片薄的木板做為支架，木板上繫有繩子，用來把這遮蔽物繫在脖子上。這樣，不論大太陽或下雨，彎腰工作時，這件披在肩上的遮蔽物都不會礙手礙腳的。

　　米是主要的澱粉食物，吃飯時，地面上會擺上一個大盤子，全家人就圍蹲在盤子周圍，不用湯匙或筷子。而是用拇指和兩個手指「拿飯」來吃。還有一塊生肉是吃飯時的佳肴小品，沒有用刀子切成小塊，而是用手指和牙齒來撕開。

　　煙草種植很多，需要時就把乾了的葉子捲成六～八吋長、一吋半厚的大香煙。不論男女個個都吸煙和嚼檳榔。不論在樹蔭下、在家裡或在路上，任何地方，所看到的男女，成群或獨自一人，每個人身上都帶有一小葫蘆用貝殼和煤炭燒成的石灰，以及一袋煙葉和檳榔。他們的嘴很髒，甚至變形，而且都不停的嚼動。不論是在走路或在休

息，都是在忙著準備或吃香煙和檳榔。這些習慣，不僅有說不出的
髒，而且使他們的健康極為耗損。

可是若有人以為他們對於清潔不重視的話，就該去看一看他們的
一些村子裡所設的公共浴場。七腳川是個位於很陡的山腳下，有一千
多個村民聚居在那裡。有一次他們邀我去看他們的公共浴場，那裡從
岩石之旁的山泉流出一條清涼的溪泉，供應村民的用水。浴場的裝備
很簡單，有兩根裂開的竹管讓水噴出，一根長四呎，另一根八呎，這
兩根竹管被架在七呎高的地方，在那裡把水從岩石旁引出來。清涼的
水就從竹管的噴口整年不斷的噴出，在那裡，青天白雲就是這個公共
浴場的牆圍或遮簾。而即使在那種這麼原始的地方，也自有其規範。
在浴場裡，男人都得站在溪泉的外邊洗，而女的都得站在內邊洗。浴
場整天都有人來來去去的，婦女們來時，先把帶來的水瓶裝滿水後放
在一邊，然後她們就在水泉下或站或坐或蹲的讓涼水沖個痛快，還不
時發出愉悅的笑聲。等沖夠了或還得再去做其他的事時，她們才把水
甕拿起來，頂在頭上走回家，還邊走邊唱歌的。

在像南勢蕃這種社會裡，人們無須講究舉止儀態的高雅與否，他
們還未受到那些促成了基督教文明禮儀規範的偉大運動的碰觸，所以
從來不會去做思考或內省來喚起自我的意識或羞愧的感覺。他們從來
不曾聽過上帝之名，也不知道祂的恩典和真理。他們的生活充滿勞苦
和艱難，他們對自然界的敬拜並無法使他們得到救贖或聖潔。他們的
心，受到許多的迷信而變得黑暗，他們也無法理解任何看不見的東
西。他們所信的神靈都是充滿報復與殘酷，要不是因為害怕那些神靈
可怕的力量，他們根本就不會去理會那些神靈。他們沒有祭司、偶像
或廟宇，而是不論在地裡、空中和海裡，處處都有令他們害怕的神

在一個南勢蕃的村子裡

靈。因為他們的平原很不容易到達,而航行到那地方又很危險,所以
要讓他們基督教化,就需要有特別專門對當地的宣教工作。因為在北
部仍有許多較具穩定性的市鎮及部落「仍待去把它們基督教化」,所
以我們若也花費不少精力在這個不穩定且將會消失的部族,似乎是不
智之舉。在現在及未來漢人的主控下,這些原住民將無法繼續存活下
去。這個部族的人,一邊有生蕃的連發槍和長矛,另一邊有漢人毫無
德行、貪婪無饜的侵佔,在沒有多餘的持續力可以來對付生蕃及漢人
的情況下,他們只好不斷地被侵蝕。

　　南勢蕃的未來是不難預料的。他們對於道德或社會的概念既然沒
有,也不會去吸取任何可使部族生添活力的文明生活。他們的命運就
像許多東方和西方世界的蕃人部落一樣的悲慘:只要一接觸文明就完
了。在奇萊平原漢人的文明代表就是兵隊和生意人,而隨著士兵和生
意人而來的就是世俗的慾望和誘惑。這個部族的人已開始受到害人的
酒及放縱的生活的蹂躪,這不僅使這個部族的人的聰慧與道德日益衰
退,也使他們的身體沒有得到健壯,反而變得枯萎敗壞。

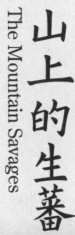

第五部

山上的生蕃

The Mountain Savages

第二十七章　生蕃的生活和習俗
Savage Life and Customs

感到有興趣－親自的接觸－與巴克斯船長一起旅行－狡猾的酋長－社
會組織－住屋－食物－衣著－刺青－樂器－婚姻－道德風氣－宗教－
迷信－爬上次高山－失望－在一個墳墓上－招待－與生蕃過聖誕節－
破壞性的影響－婦女的命運－宣教工作

生蕃的文明即使落後，而那種住在茅屋與穿獸皮衣的時代即使不
知是在我們祖先多古早以前的時代，但是，對於生蕃的生活，那種野
蕩不羈、在荒野叢林裡以英勇的耐力悠遊穿梭、不屑於文明的甜美、
過一天算一天、若所期盼欲求的受到阻礙時就視為災難，這些都令我
們感到有興趣。生蕃的心意「是如風般的來去」，想要時不顧一切，
不要時隨意丟棄。

在台灣的原始山林中可看到生蕃一切生活的光明面與暗淡面。沒
有人知道這些皮膚黝黑的馬來族人已經在這些山上獵狩鹿及山豬有多
少世紀了，而歷史記錄最遠也只能追溯到一千年前，但在這之前，他
們就已經在這島上了。除了被漢人的侵佔，把他們限制在某個地界
內，並供給對他們具破壞性的連發槍外，生蕃們今日的生活和做法與
千年前沒有改變。我在他們的村子部落裡親自與他們接觸了數個禮
拜，因而得知他們的習俗與信仰。與他們接觸時，雖然因為不知道他
們的野性會何時或如何發作，而隨時都可能有危險發生，但是卻也極

有興趣，也具有意義。

我到達台灣一年後，我陪英國皇家「侏儒號」(Dwarf)的巴克斯船長(Captain Bax)一起深入到生蕃的地帶做旅行，因為他很想到原住民住的地方去看一看。在離淡水有三天路程的地方，有一些友善的原住民與他們的酋長準備護送我們上山。他們帶我們走過數條溪流，越過許多山嶺，到了一座高山的山腳下一條清涼溪泉邊時，我們歇了腳，吃了午餐後，我們從那裡開始爬山。因為山很陡峭，又野樹雜草叢生，在前頭帶路的人就必須邊走邊用長刀斬除雜草野枝。因為爬上去實在太難了，就連「最有辦法的人也得停下來喘喘氣」。在我們尚未到達三千五百呎的頂端時，酋長本身就倒了，還得勞駕用長藤把他拉上去。那個山嶺就是漢人與生蕃的分界線，我們若要再更深入，就得冒生命的危險，而我們在做過評估後仍決定要冒這個危險。在斬棘闢路又越過另一個山嶺後，我們來到了最後一座山的頂端，我們的領路人乃大聲呼叫，後來就聽到了回答的聲音，從下面的山谷有一個部落的人帶著槍、矛、弓和箭開始朝著我們爬上來。我們就在下山的半路上與他們相遇，在做過信號後，我們被許可通行，而他們就緊跟我們，有許多紋身的婦女和光著身子的小孩都跑出來看我們這些陌生人。

天黑時，我們在一個大山谷上，遇到了數百個生蕃，都蹲在一起。這時我們被告訴停下來歇步，但因為這裡見不到房子或茅屋，於是我們的人開始起火、煮飯和準備一個過夜的帳篷。站在熊熊的火旁，四周有山和林木圍隔外界下，這些生蕃的首領們把眼睛睜得大大的，第一次聽到大衛的第一百篇詩篇被嚴肅的歌頌著，而這也可能是他們的最後一次聽到。即使他們無法聽懂，但當夜晚的風把回聲帶回時，似乎在訴說著山谷聽得懂並在回應著詩篇上的呼召，要「以歡樂

之聲向主高歌」。[1] 這些首領們一直靜靜的注視著我們，當我們躺下睡覺時，他們就圍著火蹲著。那晚，因為太冷，我們無法入眠，而這些生蕃，就像守夜者一樣，整夜都不闔眼的注意著我們這些生人有無任何可疑的動靜。

天亮時，我們說服酋長和他的兒子帶我們去看他們住的地方，在經過一番猶豫和商量後，終於有三十多個生蕃和我們開始出發。穿過叢林，踩著被風吹落的果實，我們的衣服都被有刺的枝子勾破了，但我們還是繼續前進。此時，聽到了一個叫聲，抬頭看到有一隻大鳥棲息在一棵樹上。突然，大家靜默無聲，這位老酋長就像貓一樣的悄悄匍匐向前，到了一棵樹下時開了一槍中國的火繩槍，這隻漂亮的鳥就被擊落收入了袋子裡，由一位生蕃背在肩膀上。到了這裡，巴克斯船長和我開始懷疑酋長到底要帶我們到哪裡，這時，我們來到了一個已鏟清的空地，酋長走回來告訴我們，有一些漢人在空地的那些小茅屋裡，如果我們能夠繞過去在空曠地與他們搭訕，則他和他的族人就會從躲藏的樹叢中突擊他們，他們將無路可逃。這位老奸巨猾想利用我們做為他英勇殺人頭的工具，我們覺得太受侮辱了，乃嚴厲的告訴他，他實在太不誠實了，我們從老遠來拜訪他，而他竟然欺騙我們。當通譯在翻譯時，他們都在聽，每個人聽後都目光開始顯出怒氣。他們彼此在經過一些交談後大家才緩和下來，酋長乃承認自己的過失，並應許要帶我們到他們的村落去。我們就朝著幾乎完全相反的方向走，而且很驚訝的發現，這條路雖然是彎彎曲曲，卻是有修整過很好走的路。走到了一座很高的山頂時，他們要我們暫時止步並保持肅靜，然後發出一種很奇怪的叫聲，從另一個山頂上立刻就有回答。從那裡我們下了山，又再爬上另一座山，在那裡看到了他們的村落，有

數百個男人、女人和小孩都目不轉睛的看著我們，還有那些瘦餓的狗
兒不停的對我們鬼叫著。我們還聽到其他可怕的狂呼叫囂聲，經解釋
才知道是因為他們正在歡宴慶祝有一顆漢人的頭剛被斬下帶回來。

　　我們被請到座位上，有好幾個我們那晚在山谷上時我曾給他們奎
寧以治他們的瘧疾的，向我們走來並說他們是我們的朋友。我們因對
於他們茅屋的建築感到興趣，乃拿出紙筆來作素描，他們注意看著我
們一會兒，當他們知道我們是在做甚麼時，他們彼此間就開始生氣的
談論著，有幾個年輕人甚至衝進屋子裡拿出了有鐵頭的長矛。他們氣
得發狂，眼光兇狠狠的，我們體會到實況，乃把筆紙悄悄的收起來。
他們的怒氣慢慢消失後，我們試著向他們解釋，但不論說甚麼他們都
無法接受。因為對於他們的不了解，我們犯了一大禁忌。他們很忌諱
對某種東西拍照或畫畫，因為會把此東西的精髓取出來。所以我們的
畫畫，不僅會把房子的精髓取出，而且可能被用來做出對我們有利而
對他們有害的事。我們後來被告知，當時我們若堅持繼續畫畫下去，
我們就沒有一個人可以活著出來。

　　那晚，我們又到了山谷，當我們把火燒起來時，有足足五百個生
蕃從木叢裡來聚集在這裡。我們送了一些禮物，並經由通譯，告訴他
們有關偉大的天父及耶穌「為了讓我們變好而死」。在那裡，我們一
行人唱了一、二個小時的詩歌，並禱告聖靈讓我們所傳的信息能在那
些處在黑暗中的未信者獲得一些感受，然後我們就躺下休息。第二天
我們冒著大雨前進，走了許多溼滑的下坡路，終於出了叢林。過去不
曾有白人像我們一樣進入這麼深山過，可是當我們要從木叢裡出來
時，船長因為熱病（瘧疾）而臥倒了，只得用轎子抬回淡水。我是一直
到回家後的第一個晚上，才在一生中第一次遇到那種如冰和火般忽冷

忽熱的瘧疾的可怕。

在這些深山裡，有許多不同的部族，而每個部族各有其特殊的語言、習慣和生活方式，但都具有同樣野性的生活。他們通常住在山頂或高原的小村落，我看到最大的村落有約七百人居住，而通常是約一百五十人。每個村有個首長，而每個部族有個酋長。酋長通常是最勇敢最有領導能力者，而他的兒子如果也很勇敢而且受大家愛戴，有時就會繼承他的位子。酋長具有絕對的權威，不過他有個像似諮詢的團體，約由六個資深的勇士組成，在遇有重大事情時，他就和他們討論。

他們的住屋通常是由木板、竹子或藤造成的，有時會用泥土塗在蘆葦上。最好的房子裡的地板是用半吋厚的藤條鋪成的，但房子都沒有隔間。父母就睡在東邊，男孩睡在西邊，而女孩就睡在南邊。一個村子通常有五、六間這樣的房子，而若有十多間就算是大的村子。牆上掛有被煙燻得發亮的鹿和豬的頭顱做為室內裝飾，而外面在屋簷下，也掛了整排的這種頭顱，偶而會有漢人的頭顱也在其中襯托著，這些頭顱有的較新，有的已經掛很久了。

打獵是生蕃主要的食物來源，在森林中可以從事許多種的打獵，用槍、矛、弓和箭就可以狩獵山豬、熊、鹿及較小的動物。事實上，只要是活的，都可狩獵來作食物。他們對於吃並不很講究，如果無法獲得他們所想要的，就吃任何可以得手的。不過，若有選擇，則他們最喜歡的佳餚是一片從剛獵到的動物身上仍溫溫就割下的生肉。他們也作少許的耕種，通常這是女人的事，一個約一百人的村子，若耕種三、四畝地就夠全村的人吃了。每戶都有他們自己的一小塊田地，主要種的是山米、玉米、芋頭、一些甘藷及柚子，至於莓果類、李子、

梅子或橘子類都是野生的。耕種時只需一把短柄的鋤頭。

　　他們的服飾並不多難看。通常是用粗麻做成袋子狀，有兩個洞可讓雙手伸出，這就是外衣，底邊會用與人交易換來的法蘭絨布所抽下的鮮紅或藍的線編織在一起，以做為裝飾。帽子是用藤編成，並用山豬或鹿的血沾過，有時會用獵捕到的動物皮包裹起來。釦子、珠子及銅線都是極受珍視的裝飾品。婦女有用珠子、貝殼及紅玉髓很藝術性編成的頭帶。手上和腳上喜歡戴上成串的銅環，還有白色貝殼製成的臂環戴在婦女們紅褐色的手上被認為很好看。男女都戴耳環，婦女戴的是一種約五吋長半吋厚的竹子，用細黃草間隔的纏繞著；男人則喜愛較粗大但較短的。這種耳環就塞過耳朵上所鑽的洞，對外國人來看既不舒服也不典雅，然而，習俗讓這些住在森林裡淒慘過日的人和住在歐美的貴族一樣，都受習俗所牽制。男人不論衣服穿多或少，每個人都一定有一條用藤條編成的寬腰帶，上面攜掛著一支長長、彎曲的尖尾刀，這把刀子不僅用來割荖葉、檳榔、木頭，在需要時也用來割動物的皮或漢人的頭。這條腰帶在食物缺乏時也很有用，據說肚子餓時，只要把腰帶多轉一圈或打個結，就可讓人不覺得那麼難受。

　　每個生蕃都有刺青，而且還很用心的刺。刺時是遵照著一個很細膩的圖案。在前額的藍黑色線條是短、直、水平的；臉頰的是不同的彎曲線條，有一定的排列法。從耳朵到嘴邊是三條曲線，下面是一排菱形的圖樣，再下面又三條曲線，不過是從耳朵經由嘴巴下面到另一個耳朵，又下去，是一排裝飾，再下去，又是三條曲線，這樣才完成刺青的圖案。沒有一位得獎者在領獎時，會比生蕃在站起來被刺青時更覺得驕傲。

　　他們只有兩種樂器，一種是用竹子的硬殼做成的，長有三吋，寬

住在山上的生蕃

有半吋，中間切一個「舌」，兩端繫上繩子，它的製作原理和單簧口琴相同，發出的聲音也類似。另一種是「鼻笛」，用竹子做，長有一呎，用鼻子吹，並像橫笛一樣的用手指按奏。

每位生蕃都結婚，所以沒有老的單身漢或老處女。不過，結婚是一種社會殊榮，每位男子在未證明自己有能力當獵人並至少帶回一個漢人的頭以前，是不能結婚的。但有時，卻因為機會不好，即使是最勇敢善戰者也得不到漢人的頭時，酋長可能就會特准讓那個在獵鹿或山豬的競賽中得勝者結婚。女孩的父母會為她做安排，並回答一切有關的問話。結婚時，除了新娘在被帶到夫家前會高興的用許多種顏色的裝飾品和東西打扮外，並沒有甚麼特別的禮儀，而族人的熱鬧飲酒跳舞，就是表達了大家的祝福。

這些生蕃極特別的，就是他們並沒有那些文明或非文明社會上所具有的各種道德敗壞行為。賭博或吸食鴉片的人幾乎沒有，而除了中國商人及在邊界的漢人把單純的生蕃帶壞外，幾乎不曾聽說有謀殺、偷竊、縱火、多妻或多夫、姦淫等事件。各部族間彼此相戰不停，但大家對於偷襲漢人都認為是理所當然而且是值得稱讚的事。不過他們之間很少有犯罪的事，「如果有某個英勇者在酒醉吵架時縱火或傷了對方，他就必須被罰去獵取某個數目的鹿皮並宴請全族的人。」

不管這些生蕃的宗教是甚麼，應可稱為自然崇拜。他們完全沒有中國人偶像崇拜的概念與表徵，也不對看得見或看不見的任何東西鞠躬敬拜，對於具有人的格位的至高上帝也沒有概念。不過他們有慶宴，多少帶有某種宗教的意義。在收穫完成時，他們會有跳舞和慶宴以對天地表達尊敬和感恩。他們也相信無數神靈的存在和其不斷的影響，包括他們那些已去世的祖先和勇士們已離開了肉體的靈魂。他們

對於靈魂和肉體有很清楚的不同名稱：ta-ni-sah 是靈魂，而 egyp 是肉體。雖然已離開的靈魂是在甚麼地方他們並沒有清楚通盤的概念，不過相信這些靈魂有可怕的力量，因而使他們一直生活在恐懼和受苦中。有時會為離去的靈魂擺上食物和酒，然後以祈禱的心情來吃這些東西，並請求這些靈魂給予祝福和豐盛。有一次有一個部族在舉行這種儀式時，我在那裡。他們把右手舉起，食指伸出，每個人都同聲祈禱說：「Na-e-an(天啊)，hang-ni-ngi-sa-i-a-ku(賜我們心裡平安，賜我們長壽，賜我們豐盛)；han-pai-ku(我們現在要吃了)。」在此同時，食指在酒裡沾四次，然後又說：「Ma-ra-nai(地啊)，han-pai-ku(我們現在要吃了)；ai-mu-na-va-hi(請你離開了的靈魂給我們平安)。」

有的部族一年有三次與敬拜他們的祖靈有關的典禮。他們認為對他們祖先過去所遇到的艱苦，與他們對於獵殺山豬和鹿的技能表示讚美及景仰是他們的本分。大家聚到村子裡的廣場，男女就手牽著手圍成一圈，中間擺著酒、餅、小米和鹹魚，以獻給所期待出現的靈魂。有時，他們會手牽在一起排成長排，有二、三個首領會揮著在長竹竿尾端的紅白旗。這種典禮一定都在晚間舉行，看著他們半裸的身子跳前跳後的，並不時在空中跳躍，而旗子在熊熊的火焰中飛舞，同時又不停的有旋律似的吆喝狂叫，實在是很怪異的景象。

對於小鳥的叫聲和動靜他們最為迷信，要出征，特別是去打獵，更是在去獵人頭時，他們就會出去丟棍子到樹上以驚擾鳥兒。如果鳥兒的叫聲是某種聲音，而又飛向某方向，則首長無論如何決不肯召集大家出征。不止一次，因為他們對於小長尾縫葉鶯(tailor-bird)的信從，而造成我們旅途的困擾與不便。有一次，我打算去爬次高山(Mt. Sylvia，譯注：現稱雪山)它的最高峰約為海拔一萬一千呎。我們已雇好

了一位酋長和十多位勇士來當開導，而後來成為基督徒的酋長兒子當時就當通譯，我們開始出發的地方是在一處我們稱為「茅屋」的地方。如果巴克斯船長完成了這趟旅行，這將是他所到過最深入的內山。有兩個人走在前頭先把刺人的藤草斬除，可是第一天，我們的衣服就都被割破，手也擦破很痛。第二天，在一個高峰上，我們的開導發出了信號的聲音，接著就有數聲槍響做為回答，然後就有另一批生蕃和我們相遇。他們圍著我，從頭到腳仔細對我打量。然後笑著說：「你沒有辮子，你一定是我們的親戚。」

那晚在他們的村子過夜，第二天，我們再越過另一個山，沿著一條幽暗的峽道，在那裡，從突出的岩石往下看，可看到在二百呎下有一條奔騰的急流沖過一些大的卵石。到了下午，我們又走到了另一個部族的邊界，這時叫大家暫停歇，有排成圓形的飯糰，中間放著一大竹筒的山地酒和一個喝的杯子。他們都坐下喝酒，還齊發了數聲的槍響，突然就有二十多個此部落的生蕃和他們的酋長出現，並把他們的火繩槍舉著，其實他們早就躲藏著在觀察我們。我們的酋長做了信號後，槍才放下，他們就一個一個走到我面前，先把手放在我的胸部，然後再放在他自己的，說：「你是我們的親戚。」然後兩部族的人彼此把手擁在對方的脖子，把臉相向一起喝酒祝雙方健康。

第四天早上我們開始登次高山，心中充滿著興奮和好奇之情，因為這座山是我們所夢想要爬的。我們一路往上，雖受割傷，仍繼續爬。到了很高的地方，有一處較無草木的小空地，看到只要再爬一天就可到了山的最頂端。從那裡，可看到下面所有的山岳及彼此交錯的山谷，四處有茂密的柏樹和樟腦、橘柑、梅子、蘋果、毛栗、橡樹和棕樹，而像傘一樣的大羊齒樹(蛇木)則長得約有三十呎高，伸開的複

葉有二十呎長，很壯觀。而從柏樹和樟樹的樹枝叉頭可看到帶狀的羊齒，以及從枝頭上懸掛下來各種不同的美麗蘭花。在一邊有竹林，其竹幹深綠，頂端的葉子像羽毛似的。林中的樹木被刺藤交纏網著。站在那塊突出的峭壁，環視著上下四周偉大的景觀，細聽從頭頂的罅隙急奔而下的山溪樂聲，在遠方西邊的台灣海峽像一條長長的藍色燈光閃爍著，而百岳間看起來，就像是一片深綠的靜海，「所有的巨浪都固定住不動」，這種感受實在是太令人振奮了。

　　但在前一晚的狂喜後，第二天上午接著而來的卻是失望。眼看著那山頂覆蓋著白雪的次高山幾乎就要到達，而酋長卻說他決定要回到「茅屋」去，因為他曾經到外面詢問鳥兒，而他們的飛向警告他說必須回去。沒有商榷的餘地，只有排成縱隊依著原來的腳步回去。雖然不甘願，但我們還是加快步伐的下山去，到達村子時，正好讓勇士們趕上一場如鬼般的歡樂慶典，因為我們不在時有一個人頭被帶回來。有一個醜陋的老酋長，興奮狂野的跳著舞，並把他的手圍在我的頸子上，要我和他嘴相對一起從他的竹杯中飲酒。我加以拒絕並退後，毫不客氣的瞪著他，他受了驚並加以道歉。當我們離開時，他們一再邀請他們的這位「黑鬚親戚」再回去拜訪他們。

　　有一次在高約九千呎的西峰附近的森林裡，我在一個生蕃的村子外漫步，突然聽到憤怒的陌生聲音叫我停步。我四處環顧是甚麼事，就看到了一些生蕃和他們的酋長站在稍遠處，他們的手都扶在長刀的柄上。他們顯出很生氣幾乎發狂的神情，我立刻走向酋長並把我的手放在他的肩膀上，怒氣才息止。原來是因為我剛才踏在一座古老的墳墓上，而依照他們的迷信，認為若碰觸到一座墳墓，必將給族人帶來極大的不幸。他們通常把死了的人埋在一個數呎深的洞裡，雙膝被拉

到胸前，而死者所有的武器也都放在墓裡。上面用樹枝和葉子蓋好後，大家就都急著離開，不敢再回頭看或回去修墳。

我和我的幾個學生在那地區約三個禮拜之久，無法回到開墾了的地區，因為遇上連續的大雨，使得溪水高漲無法過去。我們甚麼東西都沒有，只得仰賴生蕃，但我們甚麼都不缺，因為他們有甚麼或能得到甚麼都與我們分享。他們給我們黑玉米和儲藏在竹瓶的野蜜，也給我們用山米釀成的酒，生蕃們很喜愛這種酒，但喝後都會昏沈沈的。有一次，英國領事巴伯先生(Mr. E. C. Baber)和我一起旅行時，曾品嚐了這種酒，認為是一種「劣品」。

有一年我和生蕃們一起度過聖誕日，我的學生柯玖和一位新店的長老也和我在一起。我們是從新店渡過新店溪後不久就到了山裡。第二天，我走在他們前頭，相離有一段距離，我遇到了一位婦女，背上背著小孩，起先她像是很害怕，但當我和她說話時，她就露出了笑容，而孩子更是大笑。不久，她的丈夫出現，手上握著他的刀並面帶凶氣，這婦人和他說些話後，他也變得友善。聽我說到希望拜訪他們的酋長時，他們自動要帶我去，而這位酋長掌管著八個村落。我們一路經過一些長蘆葦的沼澤和叢林，上坡又下坡，並越過一些石頭和倒下的樹木，就這樣不停的走著。路上數次注意聽鳥兒的指示，不過都得到許可。

當我們到達酋長的村子時，我們被帶到他尊貴的面前，他很和氣的接待我們。我的學生和我是他的客人，而其餘一路一起來的人也安置他們在另外一間房子裡面的一處。那天他們獵到了一隻熊，並且給了我們一塊還溫溫的生鮮熊肉，不過我們對於溫的生熊肉無法像他們那樣的品嚐，所以婉謝了。婦女們就去割一些山米，把穀打下後，把

它放在一個大的盤子裡用力踏以便去殼，再倒入一個臼裡用一隻四呎長的木杵握在中間搗米，不久，內殼就脫落可入鍋煮了。有三把舊刀子插在地上做為撐鍋子的炙叉。晚飯時，每個人就用木杓和手指把飯作成飯糰，再拿幾片熊肉，隨勇士個人喜愛的口味在火上加烤。

　　酋長的房子是一間有三十呎長的大房間，夜裡兩端各有一個火堆，男人都站在一個火堆的周圍，婦女就蹲在另一個火堆旁。沿著牆有五個放在長竿子上的床，最上端的床就讓我睡，再下來的床給學生們睡，晚上有點用松樹心製的蠟燭，一根燒完了，就換另一根。在房間對邊的長椅上躺著一位生蕃母親和她剛出生在睡覺的嬰孩，她是個人，也有身為人母的本性，但卻是個無知的蕃人，竟在那裡不停的吸著長竹煙槍。男人們邊吸煙邊說故事和討論著狩獵，以及不久將到邊界的出征。婦女們則忙著在多軸紡織機上紡紗，並邊繞苧麻線邊談笑或互相揶揄，就像在基督教國家裡的姊妹一樣。沒錯，是姊妹，因為祂造了她們，也為她們而死，並從榮光之處以兄弟的眼光俯視著她們。我們提議要唱一首歌，「一首錫安的歌」，他們都顯得很感興趣專注來看和聽。原住民比漢人更有音樂感，我們唱了許多首聖詩，並經由曾到淡水拜訪過我的酋長的兒子的翻譯，我告訴他們有關那遙遠的天家以及上帝對世界的愛。那天是聖誕夜，在那個遙遠的野地，不曾有白人到過那裡，而在那些從來沒有聽過耶穌來到世間的男女和小孩圍著我們時，來向他們述說那位伯利恆的聖嬰、拿撒勒人在各各他的故事，令人極感振奮。我也禁不住想到他們悲慘的景況，以及在基督教國家無數人當他們在那一天唱著「聽啊！天使在吟唱，榮耀歸於新生王」[2]的聖誕歌曲時，他們能有的機會與該有的責任。

　　這些部族的人一直不斷的改變他們的村落地點，當酋長或家長去

世了，他們就不想再繼續留在原地，而會到別的地方重新開始。被放棄的村落，很快就被草木遮蓋過，而唯有從少了大棵樹的景象才看得出那是他們以前居住的地方。他們開闢林地的方式很特別，是爬到樹上先用他們的刀子把樹枝砍掉，然後把樹皮刮掉，等颱風來時，就把死了的樹吹倒。他們就把這地清理來做為村子和耕地。有些部族的人數正在快速的下降以致難以獨自存在，將來，自然就會被較強的族吸納過去。自然增長的人口比失落的人口數要少，而生蕃婦女的艱苦命運使她很難養育，也使她的後裔較無力來承受生蕃艱困的生活。

　　生蕃生活中一件可悲的事是婦女的情形，因為她在家中的負擔最重。白天她整天在田野間工作，晚上把所得的帶回家，然後她就到外面撿一大捆的木材揹回家。天天在外風吹雨打做著同樣的工作，吃得又不好，還有其他生活上的重擔，使她從原本是個健康發育很好的女孩，很快的就變得比她的年歲衰老很多。在文明國家中的女性正是丰姿年華時，生蕃的婦女已經心枯力竭、又老又醜了。數世紀來的文明進化以及基督教的影響，使得男女能平等分擔重擔，並教導那些遊手好閒的勇士們，弱勢的女性並非是要供部落裡的領袖們隨意呼喚差使的。在一個更高度組織複雜的社會裡，婦女們雖然也會為了生存而必須受到更尖銳的挑戰，但無論如何，必不至於像生蕃婦女的生活那樣的被殘忍折磨，因為這種生活，絲毫無樂趣與情調可言。

　　然而，我們在生蕃之間所做的宣教工作少得可憐，只是偶而打個游擊，偶而到他們的村落去對他們蒙昧的心靈做一些工而已，也確實是做了一些。但我們不認為所做的這些可以稱得上是宣教工作，而在目前，我們似乎也無法再做得更多。從西方來的宣教師無法在山上久留，因為那裡常常大雨不斷，對於健康非常損害。還有他們有多種不

同的方言，也是另一個困難。未來可能可以培養出一位他們本地的人在那裡傳福音，在此之前，我們希望以目前這種方式在我們能做到的範圍內盡量去做。在生蕃邊界的數間教堂目前有些生蕃會多少固定的來參加禮拜，我們一直繼續與他們保持聯繫，而且在平時，也不用擔心他們個人會有暴力的行為。不過，至少就目前這一代來說，無論採用何種方法來向他傳教，似乎都會遇到難以克服的阻礙。他們的道德生活是空白的，而靈性異象也是盲目的，他們的感受能力雖然不是沒有，但卻是死的，要想以真理來感動他們似乎沒有希望。此外，他們生活的無限艱困，得不斷的奮鬥，以及生活情景的貧瘠，最糟的是，受到狡詐的漢人商人引進極度毒害的酒品，將使他們變得嗜酒成癮。遇到漢人這種頑固又敗壞德性的力量時，宣教工作似乎顯得無望。然而，這些阻礙只是似乎難以克服，而宣教工作也只是似乎無望，但福音已為生蕃的內心帶來一線亮光。已有男女信主並得到釋放，這些人極凶暴的性格已變得馴服，他們致命的慾望也受到控制和淨化。他們之中有些人雖然仍在他們的山中為著生活而苦戰，有些人已經離世，然而我確切的盼望著，將來在另一個地方，將會和那些在台灣的森林中、在熊熊的夜火旁第一次聽到上帝和天堂的人，彼此再相見。

〔注釋〕

1 見二十四章注五。
2 見現行台灣基督長老教會《聖詩》第八十二首，曲名〈當聽天使在吟講〉(台語)。

第二十八章　和獵人頭者在一起
With the Head-hunters

他們最熱愛的－此習俗可能的開端－世代對漢人的恨惡－叛徒平埔蕃
－是天生的獵手－出草時的裝備－計畫突擊－白天出擊－由夜色掩蔽
－得勝者的歸來－獵頭慶宴－陳列獵得的頭－與漢人拚鬥－失敗－在
漢人手中－報復－被同血族出賣－尾隨在英國水兵之後

　　台灣的生蕃最熱愛的是獵取人頭，這也是他們被控訴的一項暴力
罪行。他們自幼到衰老都只熱衷於這一件事，從不感厭倦，也絕不會
動惻隱之心。一位酋長到了年老時，可能已對於獵取鹿和山豬興趣缺
缺，但他至死都對於獵取人頭之事興趣盎然，也把突擊後提著人頭戰
利品英勇的榮歸視為是終生最意愛的。他死前最後的願望就是他的兒
子們也都能以靜悄悄的步伐精準刺中對方，為部族帶回更多的戰利品
來贏得祖先的嘉許。

　　這種的熱愛在文明人眼中是令人毛骨悚然的惡事，但不要以為這
樣他們就不具有其他蕃人或半文明部族人所具有的道德。前面已提及
過，在許多道德方面，這些山上的生蕃要比其他蕃人或更文明的人還
要令人欣賞。他們與血統很近的婆羅洲土著們在個性、生活習俗上都
很相似，都有相當程度的誠實可信度，而若有任何整體不道德的現象
發生，幾乎都可追溯到是源自邊界地與漢人交往後學來的。

　　獵人頭的習俗可能是源自早期小村落與部族間的戰爭，而既然在

蕃人的眼中生命並沒有所謂的神聖，敵人也沒有所謂的權利，那麼問
題只在於用何種方式來讓敵人死和報復所受的屈辱。而把人頭帶回來
就像是一種醫學上的證明，表示對該部族的判刑已經被執行了。當部
族間的仇恨變成根深蒂固，以致某些部族被視為是不可原諒的敵人
時，就以能得到該部族的人頭者可得獎來做為鼓勵。而在獵人頭時能
顯出最高技巧的勇士，就受到最大的榮譽，成為村子的頭人或部落的
酋長。於是，台灣的生蕃把敵人的部落視為是他們的矛靶，而敵人的
頭就是他們茅屋的特別裝飾品。

這些原住民認為他們已擁有台灣數世紀，因此，這個島是他們
的；所以當漢人來時，被視為是入侵者，而且不懂得尊重本土人的權
利。漢人對於任何疑點都有辦法加以合理化，並從甚麼都沒有，而能
變成擁有這土地。本土人反而被逐入山內，自由受限、生活受干擾。
因此，漢人成為蕃人所恨惡的敵人，而能為自己的部族所受的屈辱報
復，不僅活著的村人加以讚賞，連已逝的勇士祖先們也加以贊同。因
為祖先的靈在看守著部落的幸福，而且有力量帶來福或禍，如果家中
的兒子們未能對漢人加以報復，就必定會受到祖先的懲罰。

雖然，因為對漢人的仇視是那麼深，因此把漢人的頭視為最高的
戰勝紀念品，但是對於與自己有血緣關係的平埔蕃，他們下手時也絕
不心軟，理由是他們去臣服於漢人。這些已被征服了的原住民在他們
看來等於是叛徒，有機會時，也要讓他們受到懲罰。漢人的頭雖然是
第一獎，但有機會取得平埔蕃的頭，也決不放過。因為平埔蕃的背叛
去臣服於漢人，使生蕃對他們極怨恨。

蕃人是天生的獵手。他們有天生的本領和極大的耐力，對於動物
的習性很了解，能很有耐性的等候和長途的跟蹤，腳步輕快，出手又

準，而且在獵追時，都全心全力投入。而當他們所要獵取的是人頭而非一般動物時，他們更是熱血沸騰。為報心中之仇，再怎麼獵追都不會感到疲累。他們的嗅覺比警犬還敏銳，腳步比老虎還輕巧。出草獵人頭前，一切都先經過計畫，有時要花數個星期，甚至數個月，腦子所想的一切，都是有關預期中的出擊。他們埋伏在山上先觀察在下面平原他們所要下手的對象的一舉一動。那些農人是幾時來做工幾時回去，何時會收割稻米或蔬菜，漁民是幾時離家幾時回來，村子裡誰會上城去，這個村子的防衛力有多強，最適當的出擊時間與地點是何時何地。偵查的人在未出擊前早就把這一切瞭若指掌。

出去獵人頭時的裝備很簡單，只有一隻長矛、一把刀和一個袋子。長矛的柄是一根長約二十吋的竹子，矛頭是一個長約八吋的鐵箭頭，整支長矛既輕又容易攜帶，並隨時都握在手中。刀子長約十八吋，鐵製的，尾端很尖，通常是彎曲的，插在一邊開著的硬木鞘裡，並隨時掛在腰帶上。袋子是用很強韌的苧麻繩編成的，攤開時是一個網，在網的頸端繫上繩子後跨在肩膀上，可裝上二、三個人頭。每一個出去獵人頭的人一定都會帶矛、刀和袋子，此外，有時會再帶弓和箭，偶而也會帶火繩槍。

他們隨時都在察看漢人，而只要一有機會，不論在何時何地，他們都會出擊。而只要有一、二個月沒有任何人頭被帶回，他們就會變得煩躁不安，對此事熱衷使老血氣也會開始發作，並安排出征獵人頭事宜。酋長會把他的諮商勇士都召來，把安排的計畫和大家好好討論，對任何建議都詳加考慮。出擊之事一旦確定，事先須安排的事也都安排就緒，獵手們就配好裝備一起出去，人多時甚至可到五十名。不過當他們快走到邊界時，為了不讓漢人察覺，就分成小組由最資深

武裝的獵頭者，有時也稱為「黑旗」

和最勇壯的領隊。

通常若是白天出擊，他們就各自行動，而因為事先已清楚對方的行蹤，所以都是以快手偷襲而不是在空曠地上靠技巧和力量來克勝。生蕃外表看起來像似很猛勇，但內心其實很懦弱。「在埋伏時極勇，到空曠地就萎縮」。他通常躲在大石頭或草叢的後面察看，一旦對方走到長矛一戳就可及時，他就會毫無預警的快手出擊；有時他會躡足到在工作的農人背後，在他還未發覺前就把他殺了。這種出擊通常是針對那些採藤或樟腦的工人，因為漢人的藤業很興盛，會雇很多工人。而藤有時可長到五百呎長，蔓延過四周的植物和樹梢，工人就先把藤條從近根處斬斷，然後人後退著拖，像把一條長繩拖離纏住的東西。當工人正全心全力工作時，生蕃就悄悄的從背後走來用長矛把他刺進去。採樟腦也是很危險，因為工人都是拿著短柄斧跪著或彎著腰砍樹幹，生蕃就趁此時，在工人還來不及回頭，頭顱就被斬了。在山邊工作的農人也把自己暴露在對方之下，因為農地較空曠，但是農地旁的山上和對面的山坡往往還是雜草叢生，蕃人就躲在草叢裡注意著男女農人的一舉一動，一有機會，就在對方還來不及察覺之前就已經把事情解決了。生蕃通常躲在通往田裡人煙稀少的小徑旁的蘆葦或高草裡，或躲在山路近海的拐彎口，等著若有人單獨路過時就出手，等對方察覺時已被刺中了。白天出去獵人頭就是用這種方法，獵人出去只稍不久工夫就又回到安全的山林裡，而且肩上背著的網子裡有足以證明他的技巧的東西。他未走到村子就先高聲野叫來通知村人，而在山下的平原裡，村民們也開始奇怪為甚麼到這麼晚了，某人的丈夫或父親還不回來。

不過生蕃較喜愛在夜裡出草去獵人頭，出去時都是一組人一起

去。通常選個附近沒有鄰居的房子，先把它包圍在一個大圈子裡，再慢慢縮小圈子，直到信號發出就出手完成出擊。有時會先讓一個人悄悄趨前放火點燃屋頂的乾茅草，當屋內的人往外逃時，立刻被刺死，頭被斬下放入袋子中，不一會兒工夫，除了餘燼仍發出霹啪的聲音外，甚麼也聽不到了。如果不急著辦事，獵手會先把門堵住，再用濕的草把所有的縫或開口堵住，讓屋內的人在屋裡被濃煙嗆死，然後才把他們的頭割下。這種方法只有在附近都沒有別人可來救的單獨房子才安全。如果找不到這樣的房子，生蕃就會看好城裡有演戲或有其他活動的日子，因為鄉下的人可能會進城而且留到較晚才回家，所以晚上在這種小路上走都是不安全的。要是這種方法也沒辦法得到人頭，他們就會埋伏等待農忙時早出或晚歸的農人和他們的家人，而當農夫、農婦整天忙著鋤田或在田中插秧除草時，較不那麼警覺，就是他們最易下手的對象。漁村的婦女和小孩最怕的就是當漁夫們傍晚出去捕魚的夜晚，有時等漁夫回來時，妻小可能都已被殘忍的生蕃殺害了，因為在村後的山上，生蕃們把村子的動靜都記得清清楚楚的。

一獵到人頭生蕃們就會盡快回自己的村子，而仍在山頂上尚未到達村子，就高聲發出勝利的狂叫，等候的村人一聽到這聲音就會派一群人到村外迎接這些勇士並護駕他們回來。全村的人不論男女老幼都會出來，甚至連狗一聽到這狂叫聲也都知道是怎麼回事而興奮起來。大家都出來歡迎英雄們的歸來，全村的人大聲尖叫又長聲呼嘯的，狗兒也都不停的吠叫著。獵人就對大家講述他們的經驗，是如何避開被察覺，如何出手，甚或如何在搏鬥時受了傷等等。他們邊述說還邊作勢，而對於他們所講的大家都聽得津津有味。

一夥獵人頭的一路來到酋長家後，就把戰利品拿出來讓大家看，

接著又是一陣作樂，而獵到的人頭若不止一個，那全村的人必會樂翻天。不過，只要一個人頭，就夠全村的人像鬼似的發出令人難忍的歡叫聲。頭會被擺在屋子的中間大廳，不過人群若太多時，就放到戶外的廣場。頭的旁邊放著一壺山米釀的酒，是要給被斬了頭那人的靈魂的，並且請求這靈魂讓這些獵人能再順利獲得其他漢人的頭。大家就手牽著手圍繞著頭，老婦和少女，少年和老人。然後有一位老人會拿來一個盛滿酒的葫蘆和一個竹杯，把酒分給每個人，每個人在喝了酒後，變得更興奮。大家就繞著頭一圈又一圈不停的跳著像似雙步的舞，勇士們又跳又叫的，小孩們也尖銳的叫著，還有最為興奮的老祖母們的破裂聲，都混雜在一起，而老酋長還請大家再繼續盡情的歡樂下去。在跳舞時，大家還不停的唸頌著如酒神祭的野歌，那種聲音只能以地獄裡的聲音來形容。我在次高山的山腳聽到過他們所唱的歌的聲音就像是「嗨呀－嗨耶－嗨唷嘿！」開始時，先從低音開始，最後以很高的鼻音的尖叫聲來結束，而且有許多重複的，並在每段的最後就以呼叫來做結尾。這樣的形容，或許能給大家了解一些生蕃在慶祝獵到人頭時的情形。他們所唱的這歌的意思是，他們因戰勝敵人而歡欣，同時感激他們的勇士們把頭帶回來。

如此歡樂的通宵慶祝，直到第三天，如果有人跳舞跳到頭發暈或喝酒醉了，他們在圈子的位置就讓給別人，讓自己慢慢來恢復。到第三天，才把頭做處置，處置的方式，各部族不同。有的在村子裡用竹竿做一個三腳架，把頭吊在頂上；有的把頭放在外面任由其風吹日晒，直到肉都剝落。至於把頭拿來煮後把肉吃了的倒是很少，不過把腦髓煮成膠再把它做為報復的佐味品倒是很常有的，他們並曾把它當珍品一樣的請我品嚐。

　　等人頭的肉全都掉落後，頭顱就被當成獎品一樣的掛起來，有時掛在屋內，但最常掛在外面的屋簷下。誰家的頭顱掛得最長，就最受村子的人羨慕。家家戶戶都有這種裝飾品，而酋長的家看起來更像是個解剖專家的博物室。這些頭顱掛上後就一直留在那裡，經年累月的受著煙氣和雨水，看起來就更可怕。至於辮子就都掛在屋內。我曾數次夜裡在一個生蕃的屋裡睡不著覺時，就數著那些人頭和辮子，並思考著這種熱愛對於他們的意義，及對於那些在平原上哀傷的家人的感受。我睡不著覺或睡中做惡夢，是否因為擔心也會像這些人被殺，或是因看到這種殘忍的景象，我自己也說不上來。

　　在大嵙崁更深入內山的地方，有一個漢人的開墾區，一八七七年我在那裡看到了開墾者和約二十多個生蕃的一場激戰。蕃人分成兩組從不同的點做攻擊，有一組已經得到他們要的獎並帶著三顆人頭要逃離，另一組已包圍著我們所在的營區，但因他們的同伴的呼聲警示了我們，我們乃得以立刻衝出去抵制他們的攻擊。只要再稍差一刻我們的圍欄必遭火燒，到時屋內的人必遭去頭。因為大家都已被驚動，整個開墾區的人都全力追殺，生蕃逃離空曠地後，組合了他們的力量，又凶狠的回來對付追殺他們的人。雙方乃開始激戰，生蕃們手腳敏銳，射擊又精準，他們又跳、又射、又叫的，就像魔鬼一樣，這些嗜血如命的馬來族人堅守著陣地近一個鐘頭，但是漢人也不是懦夫，最後，不畏生死的向前直衝，才把生蕃趕回他們的山裡。

　　如果出征獵人頭沒有任何斬獲，勇士們會覺得非常羞愧，在有的部族甚至三天不敢回村子去。無斬獲就是一種差恥，他們雖然很少失敗，但對失敗卻很在意。而村子若有一人被捕或被殺，全部族的人就會大舉哀傷，而失手的地點也會好幾年都刻意避開。

　　而獵頭者若落入漢人的手中也是很慘，他們如何對待漢人也得到相同的回報。我曾在一個住有約一萬六千名漢人的噶瑪蘭平原的三結仔街(宜蘭)鎮上，看到一幕顯示漢人和生蕃同樣個性的情景。約一個月前，在鎮外一哩遠的一間漢人的屋子裡，有許多人晚上聚在那裡拜神，有一個人走來報告說外面的大麻叢裡有些不尋常的動靜，大家立刻懷疑是生蕃，男人立刻帶著槍和其他的武器出去追逐。生蕃在逃離時，有五個被殺，五個逃脫入草叢裡，有一個爬到樹上，但被狗發現，後來他被捉拿，帶進鎮裡關在牢中。他一直未被告知將被如何處置，直到預定的日子到時，他被帶到清廷軍官的衙門附近的執刑場。許多人都圍來看，兩個刑吏也各帶著一把長約二呎很重的寬刀來，男人和男孩們都圍繞著看這刀並時時去摸它，還評論著這刀的價值。在第三聲槍響後，不久就有二十個士兵帶著老舊的雷明登步槍匆忙的走來，後面跟著兩個扛伕用一台破舊無篷的轎子把這個可憐人抬來。他的雙手被反綁，有一根竹子從他的頭髮插過直到他的背部綁的繩索裡，竹竿上頭高過他的頭約兩呎，上面貼著一張寫著他被處死的罪因。當扛伕把轎子放下時，這生蕃就蹲伏在轎子內被硬拖出來，他的臉因害怕都變了形。他蹲在那裡一會兒，不久就倒向前去了。有一個刑吏從後面重擊了他一下，另一位就用他的那把寬刀把頭割下。頭被綁在一根竹竿上帶到西門，要掛在那裡。有數十人到那裡去，為的是要得到生蕃部分的肉體來作食物和藥。生蕃如果是在內陸被殺，通常他的心臟會被拿去吃，身體的肉也被割成一條一條的，骨頭就被煮成膠，保存起來做為治瘧疾的特效藥。

　　有時生蕃是受到與他們同具有馬來血族的平埔蕃人的出賣。有一位有名的老酋長和部族裡的二十四位勇士在一個山頂上，在那裡有一

群平埔蕃向他們招手要他們過去飲酒互祝健康。這些生蕃猶疑了好一陣子後，終於過去，但才剛要開始飲酒，平埔蕃就露出他們的詭計並攻擊這些生蕃。在經過一陣肉搏之後，那些勇士獲得逃脫，但酋長卻被擒捉，並被送到中國官手中，官方當然給平埔蕃一筆獎賞。他被下牢受酷刑後，被拖到街上，許多婦女都拿著長針去戳他，為她們那些死去了的丈夫或兒子、朋友們報仇。當下令要他跪下以受刑時，他顯出可怕的笑容說，他死無遺憾，因為在他山上的家裡，有整排的漢人頭顱，只差六個就可湊足一百，而每一個都是靠他自己的技巧得來的獎。有許多住在邊界的漢人都圍著他，因為他們也學了生蕃吃人腦，而且這些人希望吃了酋長的腦後，他們也會像他們所害怕的這位酋長一樣的勇敢。

　　生蕃們也獵取外國人的頭，有時有些對海岸不熟的人就會難逃被殺。一八七六年，我受當時任海軍少校現任英國海防司令官修爾（Shore）的邀請，上了他的英國皇家「田鳧號」艦船，一起南下台灣的東海岸。這艘艦船在蘇澳灣拋錨，讓二十四個水兵離船上岸，並告知他們由軍官莫立（Murray）帶隊。他們很快就在岸邊的石子上升起了火，並帶著他們的網去捕魚，我也伴隨軍官同去，並在岸邊漫步。突然，有一個漢人跑到我面前並用手指指向離水不遠的岩石，甚麼話都沒說就又不見了，我朝著他指的方向望過去，就在離岩石數碼之外有東西在朝著我們移過來。他們就是獵頭者，眼睛專注著水兵，就像老虎一樣，靜悄悄的躡足而來，直到獵物已在他們可及的範圍內。我沒做任何解釋，就叫人把火移到另一個地方，這讓生蕃知道他們已經被發現了，於是他們立刻消失在叢林背後。要是他們沒有被發現，他們的計畫一定就得逞了，或是若在晚上，他們也一定不會失策。那些水

兵帶著魚回來，在燒熱了的石頭上烤，好好的享用一番。一直等到他們享完樂安全回到了船上之後，才被告知他們曾可能遇到的危險。

　　還有許多可以述說的事件，不過上述這些已足以說明生蕃生活的情形，也可讓大家看到要使生蕃變得較溫柔和「馴服他們使成為有用良善的人」的各種困難。

第六部

淡水的宣教總部

At Headquarters

第二十九章　淡水描繪

A Sketch of Tamsui

臨近港口－沿河而上－宣教的建築物－市鎮－人口－實業－醫館

　　從香港搭輪船經台灣海峽往北行駛，左邊看到的是中國大陸。到了廈門船轉向東，橫過海峽，駛向淡水的港口。如果是高潮時，船可直接駛過擋在入口的沙洲，但若低潮時，就一定要在港外下錨。從拋了錨的汽輪上層甲板上我們可以鳥瞰淡水。在我們眼前，往東看，遠方可以看到淡水的背部有一層一層南北走向的莊嚴山岩，是過去因火山噴出形成的，現在上面已都覆蓋著多年生的綠木。山坡上有這裡一塊那裡一塊的茶園，再下面，有很多綠油油的梯田，中間點綴著草木。田地上沒有圍籬，也沒有明確界量的直線，而是不同大小塊和形狀的田地，有著綠色的界邊，一階階規則的往下降，穿過山谷一直到近海邊。

　　最後信號終於揮動，我們的船乃起錨緩緩的駛入淡水河口。入口時，我們的右邊是南邊，有觀音山，山高一千七百呎，上面的草長得很高，又有許多竹叢、榕樹和杉樹。山腳下的村子和農舍，在枝葉繁茂的古榕樹、搖曳的柳枝及刺人的林投樹間隱隱可見。那裡，有時水會淹到好幾呎高，所以岸邊是泥淖地，人們就在那裡養殖牡蠣。我們的左邊是一片低平的沙灘，由黑火山岩和斷續的珊瑚礁岩圍繞著，婦女和兒童們就在那裡撿拾牡蠣和海菜。在那片流動的沙上，豎有「黑

色警標」，稍微更遠一點，有「白色警標」。更過去，有一個漁村，漁船就擱在岸邊，魚網一排排的掛在外面晾乾。那裡有一座老舊的中國堡壘，其正後面更高的坡上，是另一座堡壘，有著新式很寬廣的泥土工事，把砲台和軍隊遮掩著。

我們的船慢慢的沿河而上，駛過石灰刷白的中國海關及其歐洲官員的住屋。從這裡，坡度突然陡峭的上升二百呎，在坡面上，有一座紅色高大看起來老舊但很堅固的建築，那就是古老的荷蘭堡壘，現在已做為英國領事館，領事館上面有大英帝國的國旗在那裡飄揚著。在領事館的下邊，有一座四周花園整理得很好的房子，是領事的住處。在我們正對面的坡頂上，有兩座寬敞典雅的紅色建築，四周有樹道圍繞著，從海的遠處就可看到的，而且其造型和中國任何通商港埠的建築都不同，這兩座就是牛津學堂和女學堂，是加拿大長老教會宣教的建築物。在旁邊，有兩棟幾乎被樹遮蔽著的白色房子，是宣教師的住屋，兩棟都是有厚厚白色石灰牆的瓦頂平房。更遠，又有兩棟平房，較後面的那一棟是海關秘書的宿舍，另一棟和宣教的建築在同一條路面的，是中國海關稅務司的宿舍。從那裡一直到下面溪谷的斜坡，是本地人的墳墓，有一條小溪從溪谷流到前面的河裡。從河那裡開始，就是淡水鎮，整個鎮沿著河一直上去，背面是山坡。

事實上本地人稱這個鎮為「滬尾」而非淡水，淡水是整個地區的名字，而領事館的文件上書寫為「Tamsuy」，外國人就誤把地區的名字以為是這個鎮的名字。

淡水的人口有六千一百四十八人，一千零一十三戶。不過，中國官方在計算市鎮的人口時，是連附近屬這個市鎮的官吏所管轄的村子的人口都算進去。像淡水，就包括附近的四個村：小坪頂，人口七十

三人；新莊仔，有一千一百一十二人；小八里坌，有一千五百八十人；小雞籠仔，有一千三百二十人。所以，淡水的人口，依中國官方的計算，為一萬二百三十三人。

　　淡水算是一個熱鬧的地方，市場就和其他的市鎮一樣，擠滿了賣魚賣菜的以及各種叫賣小販，大家都爭著做生意，米店、鴉片館、寺廟、藥店也都並連著爭取顧客的惠顧，還有木匠、鐵匠、理髮師、轎夫等也都忙著為顧客服務。不過整體而言，這個鎮除了是個商業港口外，並沒有甚麼特別的產業，而且可說是煙燻燻滿髒的。然而，因為是通商港口之一，外國人可以在這裡擁有房地產，所以，這個地方，就因而變得重要。

　　馬偕醫館就在大街鄰近，因為醫館的三邊有山谷的溪流不斷流過，把所有的垃圾和髒物都流走，所以，就衛生方面來說，是再好不過的位置。這所醫館有各式各樣的病人，其中有些甚至來自極遠深山裡。與醫館相連的是教堂和傳教師的住處，離醫館僅數十呎，就是船公司的數家商行。淡水的東邊有三千一百呎高的大屯山（North Hill），它的最高峰在更遠的東北邊，高達三千六百呎，直入雲霄。

第三十章　培訓本地傳教者
Training a Native Ministry

主要的計畫－需要本地傳教者的理由－受過培訓的傳教者－第一所學堂－培訓的方式－宣教師的博物室－有何益處？

　　在北台灣宣教工作的主要計畫是培訓本地傳教者。其目的是要把基督福音傳給人們，使他們在昏暗中能受到真理神能的啟發，以驅除過去一直讓他們朦朧看不清上帝之城的謬誤和罪惡的烏雲。這是所有海外宣教的目的，但要達到這目的，就必須採用合於當地環境的方法。有時，在某個地方很恰當有效的方法，用在另一個地方時，可能就變得荒謬無用。用在歐洲或北美很成功的方法，用在亞洲可能就會失敗。中國不同於印度，而台灣又不同於中國。若有人或宣教會認為一個好的理論，必能通用在世界各地，因而無須去考慮社會力量、生活習俗，甚或氣候的影響，那就犯了嚴重的錯誤。

　　我會如此強調在北台灣需要有本地傳教者的一切理由，現在無須再做重述。因這與語言、氣候、社會生活，以及本地人從事基督福音工作的效能等都有關係。我從一開始就認定宣教的希望不是在外國宣教師的身上，年復一年，我對於這種認定只有更加的確信。收成的主已在本島興起了本地的工人，他們的服事目前雖然仍未能為白人地方的人所賞識，但相信到了那一天，當白人工人和本地工人都扛著大綑的收成到收成之家時，彼此必將歡喜相見。

　　用本地工人的一個原因，就是至今，無論以人力或經費來論，這都是最經濟的方法，而所有務實且真誠的宣教朋友們，也都能見識到這一點。會讓外國人死去的氣候與環境，本地人卻能生存；而會令我寒顫或生熱病的地方，本地人卻能在那裡生活得精神抖擻心情愉悅。又因為支付給本地工人及其家屬的費用是那麼微乎其微，所以教會奉獻用來支付一個外國宣教師的費用就足以雇請許多個本地的工人。雖然在台灣的生活費比中國大陸要高，但依我們來看，支付給一個本地人的費用與習慣於西方生活的人的最基本需要來比，仍舊只是一極小部分而已。每個月要支付給一個本地傳教師及其家屬的費用，僅九元又八十三分墨西哥幣，不到九個金幣。下面是一般花費的例子：

每月米錢	$ 3.00
醃菜	4.00
木柴或煤炭	1.50
雇人挑水和清潔米	.65
剃頭	.30
鞋、襪和衣服	.38
總計	$ 9.83

　　而決定要有本地的傳教者，也從那些最早的信教徒中選出合適而且也是我們所想要的人來開始進修，以準備未來從事服事的工作後，我立刻想到了該如何來訓練他們的問題。在此，我們要先明白，宣教工作是必須要由受過訓練的傳教者來做。在基督教的國家，一位沒有受過訓練的傳教者可能會成就一些事情，但在信異教的地方，就無法有所成就了。不論是在外國或本地，傳教者要能令人民尊敬而且能持

續工作，就必須具有知識而且有熱誠。至於在訓練傳教者時，若能有很好的大建築、很大的圖書館，以及雄厚的財源，雖然必定能有所助益，然而這些都不是不可或缺的最重要要素。雖然要把工作做得很好，缺乏這些就很困難，但是工作時，若能真心下去做，則所缺乏的這些重要要素就會慢慢隨之而來。我們在北台灣的第一所學堂並非是現在那座俯視淡水的雄偉牛津學堂，而是在戶外的大榕樹下，上帝的藍天就成為我們的拱形屋頂。

從阿華開始，我每天有一個到二十個不等的學生陪伴著我。每天我們從吟詩讚美來開始，天氣若好時，我們就到戶外，通常是在榕樹或竹叢下，在那裡讀書、研討和考試。晚上，我們通常會進到屋內，我會向學生及其他來聚會的人講解一段經文。事實上，每個晚上，不論我們是在哪裡，甚至我們出門巡迴佈道時，我都會講一段有關上帝的真理，心中也都期望藉此來培訓學生。學生們通常都會做筆記，然後研讀所記下的，並準備第二天接受複習。

另一處我們喜歡去的戶外是在雞籠的岩石上。我們租用舢舨，帶著陶罐、米、蔥蒜和芹菜，然後我們搖到海外有沙石桌和柱子的地方。中午時，大家就四處撿小木枝來起火煮飯，大家也常找黏附在石頭上的鮮蠔，用自己的尖指甲剝開來吃，這樣就省去再做午餐了。我們會在沙石上研讀到下午五點，然後就沿著岸邊水淺處走走，看到了有貝殼、活珊瑚、海草、海膽等，就會潛入水中把它撿來作研考。有時會讓大家用繩鉤釣個把鐘頭的魚，一方面為自己提供食物，同時也可用來做標本。

當各地教堂陸續建成時，我們依舊是日日、月月、年年的每天上課到下午四點。每個學生都訓練能唱歌、講道與辯論。下午四點後，

我們就到附近去拜訪會友和未信的人家。學生們常被朋友邀請去家中作客，這乃是他們向朋友家人傳講真理的好時機。每個晚上我們就在當地的教堂舉行公開的禮拜。

　　第四個培訓的方法也是一個對他們極有助益的訓練，就是一起到各處巡迴旅行。在旅途中，一切都可成為討論的事物，包括福音、人們、如何向人傳講真理以及創造一切的上帝。在旅途中，每個人每天都會習慣性的去收集某種東西的標本，像是植物、花、種子、昆蟲、泥巴、黏土等，到了休息的地方時，就對所收集到的東西做研究。

　　在我們早期的學生，甚至到了淡水的學堂建好後，都是用這樣各種方式來培訓他們，而每個學生都被訓練成很有效率的工人，不僅講道流利、巧於辯論，也是成功的傳道者。學堂現在是我們的培訓中心，但只要是對學生的發展有所幫助，使他們的心思得到活力，心智受到磨練的，我們都放入培訓中。

　　我在淡水的書房和博物室是開放給學生的，而他們也都好好的利用這些做為資源。經過二十三年的累積，書房裡可說是資料完備，裡面包括很多的書籍、地圖、地球儀、圖片、顯微鏡、望遠鏡、萬花筒、實體鏡、照相機、磁石、賈法尼蓄電池組，以及其他的化學器具等，當然還有展示與地理學、礦物學、植物學和動物學有關的各種標本。在我的房子裡原可做為客廳的地方就被用來作博物室，在那裡我們收集了大量的任何可想像得到與漢人、平埔蕃及生蕃有關的、有用的或有趣的東西。裡面也有許多的貝類、海綿類及各種珊瑚，每種都把它分類並附上標籤。所有的蛇類、蟲類及昆蟲也都經過處理，保存起來。還有許多的神明偶像、神主牌及與地方宗教有關的用品，也收集各種樂器、道士服及與漢人神明有關之物，還有各種農具及武器

等。山上的每個生蕃部族也都清楚的展示著。還有一座和我過去所看到不同的十呎高的神像，也完整的收集了代表生蕃各方面生活的遺物。這些東西有的很奇特，有的卻令人傷感，有的令人看了毛骨悚然，因為顯出生蕃們的殘酷。有四尊與原人同樣大小的人像放置在室內的四角，像是在守衛整個博物室。有一個角落是一尊道士，穿著紅色的道袍，一手拿著道鈴以驚醒附在人身上的鬼神，另一手拿著一根驅杖，以把鬼神驅走。另一個角落是一尊剃光頭的佛教和尚，穿著暗黃灰色的架裟，一手拿著經卷，另一隻手拿著唸珠。和尚的對面是一尊面目猙獰的殺人頭生蕃，他的前額及臉頰有刺青，他的一邊有長矛，而弓和箭就用帶子束在肩膀上，腰上配著長刀，而他的左手正揪住一位不幸者的辮子。第四個角落是一尊生蕃婦人，穿得很簡陋的正在織布，就像在山上蕃人的家中常看到的婦人一般。

　　在基督教國家裡的一些善良的基督徒們讀到了我所描述的這些時，可能會大為吃驚，料想不到一位宣教師竟然會把時間花費在收集和研究這些東西上。我無意在這些人面前辯解，如果他們能明白在異教徒的地方要培訓一位在異教徒家庭出生長大的人，來成為傳揚主耶穌基督的福音的傳教師的意義，或者他們能夠想到這樣培訓出來的傳教者，能自然的使驕傲的科舉士人也心服，使霸氣的中國官也願意來接近，並吸引國內外那些最好最睿智的人士的興趣時，這些人就不會在讀了我所描述的這一切後，立刻在文後無知自大的批寫上「有何益處？」（Cui bono?）

第三十一章　牛津學堂

Oxford College

建築－加拿大人的慷慨捐助－園地－從造物推論到造物者－學堂的教
學方法－課程－學生－晚上在禮堂－練習－講話－鼓舞

　　牛津學堂(Oxford College)[1]坐落在一處優美的角落,比淡水河高出
約二百呎,從那裡朝南可俯瞰一切。整個建築從東到西有七十六呎
寬,從南到北有一百一十六呎深,它是用廈門運來的小塊焦紅色的磚
建成的,外層再以油漆塗過,可使建築在多雨的淡水不易損壞。大廳
有四個拱形的玻璃窗,講台的寬度和建築的寬度一樣,並有一面同樣
寬長的黑板。每位學生都有一個桌子和一把坐凳,台上擺有世界地
圖、天文圖表,以及一個可掛著的寫在棉布塊上的樂譜架子。學堂有
可以容納五十人的學生宿舍、二間教師家庭宿舍、二間教室、一間博
物室兼圖書室,還有浴室和廚房。每間屋室都有很好的通風、光線及
設備。有一個大操場,周圍有二百五十呎長的走廊圍繞著。

　　學堂之得以興建,是因一八八〇年我第一次回加拿大休年假時,
我的故鄉安大略省牛津郡(Oxford)的郡民,在郡府伍德斯多克鎮
(Woodstock)的《守望評論報》(*Sentinel-Review*)的提議下,發起了為台灣
建立一所學堂的募款,當地的各教會牧師及信徒朋友們都熱烈的響應
及捐獻。就在我要回台履職的前一晚,在伍德斯多克的衛理公會教堂
有一場盛大的惜別晚會,會上他們把六千二百一十五元加幣交到我手

牛津學堂（漢文名定為「理學堂大書院」）

中。用這筆錢，我們在淡水建了這所學堂，因而就把學堂取名為「牛津學堂」(漢文名字稱爲「理學堂大書院」)。在回憶這事時，我仍對我家鄉的朋友的慷慨捐助及其他事件，心中充滿著感激與欣悅。當我想起了一八八一年那個充滿著愛的惜別晚會，腦海中更是清晰的記得牛津郡最傑出的郡民，那位已過世的布魯斯菲厄德教會的羅斯牧師(Rev. John Ross of Brucefield)[2]的身影與模式，他的信仰生活對我是一大鼓舞，加拿大教會也應不會忘掉他的愛心。

建築物完成後，再來我們就是整理園地。我們把各種的樹、灌木和種子在適當的季節種下。種後當然就須用心照顧，否則會遭到蟲子和白蟻給摧毀。如今的校園，從新的公路(原注：此地的外國人稱此路爲學院路)一直到學堂的校門口全長三百六十呎。我們沿路兩旁都種常綠的榕樹，樹枝已都相互交接，學生在上完運動課後是個很好的乘涼地方。在學堂與女子學校之間也有一條類似的路，這條路長三百七十呎，一直通到二校後面的圍牆。學堂的兩旁也各有一條路，只是沒有那麼長。每條路寬約十呎，上面鋪著從海邊取來的珊瑚碎片。整片的園地由水臘樹和山楂種成樹籬圍起來，樹籬頂部的寬有四呎，樹籬的高好幾呎，整個的樹籬共長一千三百又四呎，經年綠綠的，到了花期，樹籬開滿著漂亮的紫色花朵。整個園地總共種有一千二百三十六棵長青樹，看起來就像個小樹林，還有一百零四棵夾竹桃間隔的種在五百五十一棵的榕樹間。當夾竹桃開花時，花期有數個月之久，美麗的花由深綠的榕樹葉襯托著，非常好看。

我若在淡水，晚上就會在樹木下、叢林間一繞再繞的走好幾圈，既可運動，又可察看學院，還可冥思。花和樹的味道與景色能讓人感到精神百倍，整個校園看起來令人賞心悅目，對於學堂也很有幫助。

不少漢人和官員來到這裡，都對於學堂的一切讚嘆不已，信徒們來到
這裡，也覺得走到各處都令他們心情愉悅。這些，算不算是宣教的一
部分呢？沒錯，確確實實是宣教的一部分。我個人來到異教徒之中，
要努力提升他們，來讓他們知道上帝的本質和目的。上帝是秩序井然
的、是喜愛美景的，而我們應該從花草樹木間來看見祂神奇的造化，
我們更應該從見到上帝所造的宇宙萬物的井然有序上，努力跟隨主的
腳步，讓一切也井然有序與美好。

　　在學堂時，我每天都會對學生講話一次到五次。他們都會對所講
的做筆記，所教的科目都會定期做複習，在課堂上也會不斷的做練
習。學生在被問到基督教思想中甚麼最能讓人信服時，有位科舉及第
的學生說：「預言的應驗，特別是耶穌基督的復活。」另一位學生認為
是十種瘟疫及其意義，若研讀它，將感化很多的人。不過在二十五位
學生中，有二十位對這個問題的立刻回答是，從效果推論到原因，特
別是從造物推論到造物者，必能使本地的人印象深刻與信服。所以，
我所認定如何最能讓漢人來看出耶和華的永恆真理的方式，一直是沒
有錯的。

　　聖經一直是我們極重要與良好的教科書。在聖經地理與歷史方
面，我們會特別去研讀與猶太地、埃及、波斯、希臘、敘利亞、阿拉
伯、耶路撒冷、羅馬、巴比倫、尼尼微、哥林多、以弗所等地有關的
史地。課程依著舊約與新約裡所提到的順序來進行，也讀聖經中偉人
的生活。此外，對於聖經不同時代的動物、植物與礦物也給予注意。
但我們並不因而就忽略了現代科學，西方學院所有的重要課程我們都
給予必要的重視。有關上帝話語的教理更是給予有系統的講授，對於
上帝、人、罪、基督是誰及其事工、教會、聖禮、死、審判、將來的

報應和懲罰等,在察考各方面的佐證及辯證下,都給予詳細的研讀與解說。

學堂裡有新生及已在校研讀數年的學生,還有在傳道上已有相當經驗的助教。學生中有十一、二位是漢人,其餘的是平埔蕃。漢人可能比平埔蕃更聰明與勤勉一些,不過,每一位都可說是非常認真努力的在學習。我們把每一刻都用來培育學生身、心、靈的發展,並把許多時間放在教會史、聖經神學、動物學、地理學、天文學上面。我每天並給予學生一~六次不等的不同內容的講述。所有教義問答小冊裡的問題都給予討論並要大家熟記。每晚我們也都會在禮堂大廳聚集一到二個小時,女學堂的婦女們也都來參加,她們坐在廳的中間,四周坐的是學堂的男生。每晚持續的聚會,對於學生身、心、靈的培育,實在有難以估計的助益。在此簡單描繪我們晚上聚會的情形,或許能令人有興趣。

晚上七點正,學堂的鐘聲就會敲打,學生們會從兩旁及大廳的末端順序進到各自的位置。女學堂的婦女們在中央,小孩子就坐在前頭或角落,來觀看的人就在門口邊,聚會的人數總共有一百多人。病重的就不參加聚會,有時有的學生患了瘧疾熱病,還是包著毛毯來聚會。桌子是活動式的,所以有必要時,大家可以坐擠一點。台上有講桌、枴燈,而且通常有擺花,後面是常被使用的黑板、地圖和掛有二十四首由學生工整抄寫在白棉布上的有樂譜的詩歌架子。桌子上擺放著待檢查的習字簿。

首先,我們先唱一首聖詩,然後由一位學生帶領禱告。接著,由孩子而後婦女輪流來唸和複誦,並回答問題。在做各種練習時,只要一唱歌,就能助興讓全場有生氣。我們在北台灣的教會並沒有風琴,

不過，我們實際上也無需風琴，因為不論老少，每一位都很熱烈的參與頌讚，而聽過我們唱詩的人不論其評語是甚麼，總是讚譽大家歌頌時的全心投入。許多外國人，即使聽不懂所唱的歌的任何一個字，還是非常欣賞我們禮拜時的歌唱，而且有很多人在聽和看我們歌唱時，顯然都非常受到感動。

　　我們的練習雖然是多樣化，但卻是依序進行的。有一位學生會在台上拿著指點棒，來指點出所要練唱的歌譜，所有廳裡的學生都站著，用右手打著節拍。先由一位學生和小孩領唱第一行，其餘的人就一起接著把整節唱完。第二節可能只由婦女唱，第三節由所有學生一起唱，第四節就由全體一起唱。或由一排的學生唱第一行，另一排的學生唱第二行，然後由婦女唱第三行。這樣不定的變化，沒有人知道何時會輪到由他來唱，所以每個人都很注意。如果大家的聲音不夠響亮和清晰，我們就做幾分鐘的軟體操，特別是對於喉部與胸部有幫助的體操，然後大家才再繼續唱。接著有可能就是來練習有關聖經、地理、歷史或任何的科目。

　　學生們會輪流在台上做五分鐘的講話，講完後，由其他的同學來批評。任何在態度、衣著、表情或其他方面有不好的地方都被提出來。新來的學生常會害怕得發抖，但經過數個月的練習後，他們就能把不好的習慣克服，敢面對批評，並成為能夠在台上侃侃而談的人。每個人不是去模仿別人，而是發揮自己的專長，這樣過一段時間後，每個人在公眾面前都能很有自信的發表言論，但卻沒有自傲之態，這些都是靠著不斷的訓練而來的。

　　在整晚聚會中，我常會以二十～三十分鐘的時間來向大家講述有關聖經或科學的題目。晚上的練習和禮拜結束後，婦女們先離席，其

他的學生跟著也離開。大家都回去把所新學到的做複習。聚會時有時也會有辯論，或看幻燈片而後講解。每一學期的每個晚上，所作的都會有所不同，每個學生都非常喜歡來聚會，在牛津學堂看不到任何填鴨式或無聊單調的教學。真希望那些對宣教工作有所批評的人，能看到在擠滿著人的大廳裡，小孩子、年輕人和灰了髮的婦人，每個人的眼神和臉上都充滿著明亮與渴望的神情！真希望這些令人心靈感動的讚美歌聲的回響——其中許多是山地的聲調，能傳到我的家鄉故居！當在憂慮、病痛或勞累的夜裡，聽到那些從異教徒變為基督徒的學生們唱著「主是我的牧者」³及「更走近天家」的歌聲時，是多麼令人振奮。而學生中有許多人正準備要帶著基督祝福的福音，進到他們曾被引出的黑暗之地。

〔注釋〕

1 牛津學堂是為訓練本地傳道人而設立的學校，是現今「台灣神學院」的前身，一九一四年遷至台北牛埔庄(今雙連台泥大樓)，一九五六年再遷至陽明山嶺頭現址。

2 約翰‧羅斯(1821-1887)後來成為「小馬偕」——即前淡水中學校長偕叡廉(George William Mackay, 1880-1963)的岳父。偕叡廉於一九○一年返回加拿大求學，於一九一一年獲得位於美國麻省渥契斯特的克拉克大學的教育學碩士學位，隨即於四月間和羅斯牧師的六女兒羅仁利小姐(Jean Ross, 1887-1969)結婚，並於十月一同啓程前來台灣從事中學教育工作。

3 見現行台灣基督長老教會《聖詩》第六首，曲名〈主耶和華是我牧者〉(台語)。

第三十二章 由本地女傳教者傳教給本地婦女
Native Workers for Native Women

女傳教者－接觸台灣婦女－一窺漢人社會的生活－珍仔從出生到結婚
－外國女傳教者在本地婦女之中－「下賤的蕃仔」－禮貌性的客套話
－熱病－本地的聖經宣道婦－她的培訓－教學工作－女學堂－課程－
學生－會成功的計畫

當耶穌到各城各鎮傳教時，十二個門徒跟隨著祂，「還有一些婦
女也跟著祂」。教會的大家長耶穌基督清楚的知道婦女存在的需要，
而且世世代代在祂所建立活的殿堂中，婦女也將特別從事於傳教給婦
女的事工。在北台灣我們早期的一小群奮鬥學生中，有幾位最熱心與
成功的工人就是婦女，她們勇敢而且幾乎單身的在惡劣逆境中向許多
人傳福音。直到今日，她們所曾傳過福音地方的教會，依舊極為懷念
她們所做的美好事工。雖然環境對女傳道者是那麼的惡劣，但她們之
中有些人全心全意為主傳福音，甚至因而至死也甘之如飴。這對於生
長在基督教國家傳教環境優越的人來說，是難以理解的。

要怎樣才能讓西方世界的基督徒來明瞭身為一個漢人婦女的生活
是甚麼樣子呢？要如何才能讓人明瞭要想連結白種人與黃種人之間的
差異間隔，是多麼困難呢？或要如何才能讓人明瞭要去接近漢人婦女
的困難，特別是當漢人婦女的習俗、想法與做法在西方婦女看來，認
為實在是不可思議甚至是荒謬可笑時？那麼，除非是先對漢人的社會

生活有所明瞭，否則，確實是無法明白要向漢人婦女傳福音是有多麼的困難，以及要克服這些困難是多麼的不容易。在這裡我無法做詳細的描述，所以只能簡單介紹，讓大家一窺其究竟，不過，對於一些有心人來說，即使僅是一窺，也能讓他們感到極有意義。

身為漢人的妻子若沒有孩子，生活會很悲哀，而且常死得很淒涼，所以很多人若自己無法生育，往往就會買或收養一個孩子，不然丈夫就會再娶個小老婆進門。而當第二個老婆娶進門後，我們可以想像當大太太的，生活一定會更加的不快樂。如果丈夫很鍾愛大太太，則只會令大太太因無法替丈夫生出兒子在往生後祭拜他，而內心更為悲傷。事實上，做妻子的若無法生育，丈夫可以惡待她，甚或把她驅出家門，讓她在世上淒涼的過日子。

通常如果生的是個女孩，沒有人會對她關注，而設若這個女孩是個有殘缺的，像是有兔唇，可能就會讓她立刻死去。如果這個家庭已生有女孩，特別是窮人家，再生的又是女孩，即使母親再百般不捨，也還是得遲早讓她不留在這個家裡。因為日子通常都很不好過，所以，這個多餘的女孩能越早除去越好。

讓我們就以小珍仔（Tin-a）的情形為例。如果她是生長在像是商人這種富裕的家庭，她當然就能好好受疼愛長大成人。不過，她在小的時候生活仍得受許多迷信的苦楚！在四歲時，她還胖胖的腳趾頭就得被彎向下面與腳掌緊貼著，然後還被用棉布帶子緊緊的纏起來，之後把這腳塞進一隻尖頭的小鞋子內。大拇指就成為整隻腳的主要部分，而她必須日夜都穿著這隻令人厭惡的鞋。她的母親即使聽到女兒因疼痛而哀號，也必須鐵著心腸，因為珍仔的這雙腳若沒有照顧得好，長大後就別想有個美好的姻緣，將來也只能做個窮人家的媳婦日夜操

勞。

　　剛開始的幾年，她還可以在門口和她的兄弟玩耍，只是哥哥或弟弟動不動就喜歡罵她、打她、拿她出氣。她當然必須聽從家中的男孩子們。到了年歲較大一些時，她就必須學煮飯、洗衣和拿針線縫繡。她還得學習良家淑女的模樣，使人覺得她很討人喜歡，因為她知道，唯有將來得著一個好姻緣，她這輩子才能活得幸福。她的心思就如此不斷地被這樣教導著，如果這也稱得上是一種教導的話。雖然她也學習一些孔孟之言及一些道德格言，而且能把這些都背得滾瓜爛熟，然而她心中卻是充滿著各種有關女孩子人家就該這樣，或不該那樣的無稽之談。

　　到了十歲時，她就不可再到屋外，而且除了家人外，不可和任何男子交談或在一起。如果有客人來，她也只能從裡面的房間偷看，而且自己絕對不可讓來客看到。她實在的樣子如何是一回事，但她的父母每在過年過節時，就得讓她身穿絲綢、面撲白粉、戴上珠寶、撒些香水，總要把她打扮得讓人看起來端莊淑雅的樣子，這樣以後她出嫁時，至少就能收到相當於幾百塊美元的聘金。而最重要的，就是她必須裝得羞答答的模樣。父母在這段期間，對於她的一舉一動都小心翼翼的防衛著，因為這與社會地位有關，絕對不可讓人家看見她出了家門自己在外頭，否則前功盡棄，不僅讓一家名聲掃地，以後她也別想嫁得出去。對於這樣的不良習俗，雖然很想幫忙除去，但是在異教徒的國度，這種道德思想是根深蒂固的，要想讓他們改進有可能嗎？大概非常難，不過，好在還有一絲希望，因為就在這種看似無望之際，卻看到了基督福音的力量，這點從來到女子學校的這些婦女與女孩子們身上，我們可以看到基督的力量已經使她們脫離束縛。她們不僅在

外表上整潔乾淨，一切舉止談吐也落落大方，令人欣賞。

當珍仔十四歲時，他們就找了一個做媒的，通常這種工作都是由姑嬸姨婆或心口靈巧的婦人來做。這位必要的女人，會到某個少年郎的家走上幾趟，並和他的父母說項和商討，同時安排訂婚許配事宜，而一般在把聘金談妥後就大致底定。聘金的金額可能有一百到三百美金不等，由男方付給待嫁新娘的父母。然後就是看日子，並選個良辰吉日來辦喜宴。新娘會坐著遮起來的轎子，上面蓋上大紅布被抬到新郎家。在和他一起拜完高堂和祖宗，以及完成許多行婚儀式後，她就完完全全屬於先生和婆婆，並任由婆家的人以善或惡對待。對於我們這些最樂意與漢人相處的外國人，心中最感哀傷的就是看到身為新娘所必須受到的種種殘酷束縛。

現在要問，在如同台灣這種情況、具有這些禮俗的社會裡，要如何來接近本地的婦女們並向她們傳講耶穌的福音呢？可能會想由外國婦女來住在淡水，設法與她們接近。這位女士剛來時，面貌紅潤充滿活力與希望，打算邊料理自己的家務邊學習語言。這樣進行了數個月，天氣開始變熱，熱病也跟著開始，這位女士元氣變得愈來愈虛弱，結果三餐也只得勞駕本地的男廚師來做。而她雖然很努力的學習語言，無奈漢語實在是世上最複雜而難以充分掌握的語言。過了一年，即使她把每個字都發音得很準確，但她還是會驚訝的發覺不知怎樣說話才能算是得體。她可能會滿心熱誠的希望早日開始工作，於是，她出去到外面，換來的卻是大家對她的圍觀與注目。她的衣著與她們的不同，有的人甚至爭論著她到底是男是女。人群的嚷鬧聲也隨之而起，而且不論她走到那裡，總是聽到人群叫罵「蕃仔！下賤的蕃仔！」的聲音。單就她因為遠離家人來到異地這一項，就足以讓人群

來藐視她。縱使過去二十年來北台灣已對於西方多少有所知道,但是他們太忙於生計了,根本不會想要再去對西方的生活方式與習俗做更多的認識與了解。一位西方女子,單就因為獨自步行到外頭,就已經違背了他們認為得體的女人所該有的舉止。

或者,如果她聽聞了一位她認得的人家女兒病了,出於基督的愛,她帶了一些好東西上這人家去探望與幫助。這家人在見到她時,可能沒有顯出被嚇到的樣子,甚至可能表示非常歡迎並請她進入屋內。她試著和他們談些話,也告訴他們有關唯一真神的事,但是他們卻只對於她的穿著、服飾感到興趣,並不斷的彼此談論或問她有關這方面的問題,或問她西方婦女為何只束腹部而不束腳,等等這些令她感到無奈與迷惘的問話。他們也會不斷的請她再多坐片刻、喝些茶,也聲聲要她下次再來。但是當她在台灣住了一段時間以後,就明白其實這些都只是中國人禮貌性的客套話,並不真正具有其誠意。而事實上是,當他們看到她毫不顧到社會禮節隨意闖入病人家時,心裡已著實大吃一驚,因為照禮節,只有親人可以進入病人的房間。所以在她才剛一離開,他們就立刻論說一般蕃仔都是多麼無禮,而這位女子更是如此。這位西方女子,出於善意與愛心,誠心誠意想要給這個有病患的漢人家庭一些慰問,卻換得這種下場,能令人不對她感到同情嗎?將來或許受到基督教力量的影響,會讓這些習俗有所改變,不過,在目前,必須先了解他們就是這個樣子,對這些,唯有多細心觀察,並且對於許多不愉快的事都不要太在意。

這位外國女子也發現自己除了只能在淡水港口附近活動外,哪裡也去不了,因為只要她每到深山內地七天或十天,就會得到瘧疾熱病,迫使她必須暫停工作,甚至病情若嚴重,還可能永遠無法再工

作。至於越過山嶺和聖經宣道婦（Bible-women）一起在噶瑪蘭平原工作，更是不可能的事。因為除了道路難行不通外，氣候又非常潮溼，而且當地衛生情況很差，即使是本地的傳道者，也感到極為艱苦。每個外國人到了深山內地只住上幾天，就都會病倒。了解台灣情況的醫生，都不會准許讓外國女子嘗試到深山內。即使是在北部能得到最好的照料，她都可能會常常發熱病。而她就是能這樣不斷的繼續努力學習語言四、五年，結果要她來教別人，其效果還是不如在她身邊的漢人婦女。因為本地訓練出來的聖經宣道婦，不但對自己的語言熟練，也對自己同胞的習俗了解透徹。而在經過聖經的研讀訓練後，她隨時都能引用聖經中適當的話語和例子來有效的對人傳講。反觀這位外國女子，每次開口，就得苦思該用甚麼句子來說才恰當，才不會去冒犯漢人社會中許多繁瑣的禮節。

　　讓我們再來看看本地的聖經宣道婦能做的有哪些。甚麼樣的婦女被稱為聖經宣道婦？她如何從事服事？以阿嫂（A So）為例，她是一位頭髮已灰白的寡婦，並已把兒女都扶養成人，而且已有孫兒，自然的也受到眾人的尊敬。因為她的兒子們有的都已結婚，所以她在家中對各事物都有影響力。她原本並不知道耶穌，不過在她家旁邊有一間教堂設在那裡。起先，她也是朝著教堂罵說：「外國鬼子，」只是她喜歡從她的格子窗聽教堂的唱詩。後來，她也注意聆聽傳教者的講道，並注意到學生們，個個看起來都很整潔、聰明、和藹可親的樣子。最後，她開始喜歡教堂的禮拜，而且對於真理的道理愈聽愈喜愛，特別是聖經裡的詩篇以及所唱的詩歌她最喜歡，因為那些撫慰人的話語令她的心得到安慰。於是，她去除了家中的神明，並公開表明自己是一個基督徒。後來，加拿大教會的婦女們所捐獻的錢積聚了一大筆，便在淡

水建了一所女學堂。阿嫂在女學堂讀了好幾期後，便被送到一間教堂，在那裡，她的時間都花在教導孩童和少女們，探訪四周鄰居並回答她們有關教會、宣教師、上帝以及天堂等許許多多的問題，她把她所學習知道的有關真理的事告訴她們，並告訴她們，她是如何把神像除掉的。她讀聖經及其他羅馬白話字，令她們覺得很稀奇；她的禱告，她們傾聽；她唱聖詩，她們都很喜歡。她一旦知道她們的疾苦病痛，通常，就會和傳道師及傳道師娘一起去安慰她們。她知道何時用何種方法到鄰居去探訪最為恰當，而且探訪時該如何做才是得體。她的年紀、儀容、舉止都令人起敬，而那些不信基督教的婦女們對她很聽信，因為她就和傳教師娘一樣，在生活各方面，她總是比她們都更懂得一些。她很能體會這些婦女們的心境，因為她自己就和她們一樣曾受過同樣的痛苦。她知道纏腳的一切苦痛，她也有過家人的生病及死亡，而當她們心愛的女嬰必須送給別人家時，她知道怎樣安慰她們，因為當她自己在黑暗憂傷的日子裡從上帝領受到安慰，她就用這安慰來安慰那些憂傷的母親們，並讓她們能夠聽懂，上帝就像牧羊人照顧他的羊群一樣的在照顧著我們。到了禮拜六，她就會去探訪那些初信基督的人，並叮嚀她們在隔天幾點把自己準備好，到時她會去帶她們一起去做禮拜。這些婦女們就這樣在不知不覺中被漸漸帶領走向真理，而直到她要被調派到別處時，她們才發現自己竟然已經與這位聖經宣道婦建立了這麼深的感情。不少這些聖經宣道婦都是最具熱誠而且工作效率很高的，而每位聖經宣道婦對於當地的傳道師都幫助非常大。有許多家庭的全家人，都是經由這些聖經宣道婦的帶領來信主的，而且教會裡愈來愈看得出這些本地婦女工作者令人驚異的工作成效。

　　建造一所大的學堂來讓婦人和女孩子們有一個培訓的中心地點，其必要性就如同設立一所學院來訓練男的成為傳教師一樣。婦人和女孩受到持續數個月教導的影響，年紀較長的婦女的生活必能受到重塑，而年少的女孩其人生也能獲得正確的導引。為了這個目的，加拿大長老教會婦女海外宣教會以滿心的熱誠捐了一筆必要的經費來建這所學堂，我們乃於一八八三年底在離牛津學堂數十呎的旁邊開始建造。一大群男人常常為建造做工到半夜，而學生們就圍站在工人的四周吟唱聖歌來讓工人工作愉快。經過十一個禮拜後，一座以切石整齊建造的寬敞建築就完工了，女學堂校地的正面和牛津學堂在同條路上，而且同樣的寬長，從校門直走，就可到達禮堂，禮堂的兩旁各有一間小教室，禮堂的後面是一個大校園，四周是宿舍，包括有廚房、數間僕人的臥房及數間儲藏室。宿舍的設備簡單必要，不像歐美的女生宿舍設備那麼講究，因為講究的設備，與這些婦女在自己家中的生活也不搭配。整座建築最重要的是光線良好、空氣流通，而這些都非常充裕。

　　學校只聘雇本地的傳教師，所以雖然有些人事費用，但所花費的與一般比起來非常的省。學校駐有兩位女舍監和一位傳教師及傳教師娘，而大部分教師的教課都是義務免費的。年紀較長或是已學到較高階的，就教新來的和小孩子們。通常，在牛津學堂教學的傳教師，他的妻子和女孩子，或母親就都到女學堂來。所以這所培訓女傳教者的學堂裡，可看到有白髮的老婦人，也看到小女孩，彼此不少是母女或婆媳，每個人都同樣的忙著學習讀、寫和唱。牛津學堂的老師，可以輕易的在兩個學堂都教課。學校沒有教英語，但希望學漢文的人，有漢學的老師教她們讀和寫。由本地婦女來教羅馬音白話漢語比由外國

人來教能教得更好。羅馬音漢語就是用羅馬字來把漢語拼出來,而讓婦女來學羅馬音漢語是我們的期待,因為要期待婦女們把漢文的漢字都學會是很浪費時間的。每個學羅馬拼音的人,很快就自己能讀聖經。有一個女孩子,十七歲才學羅馬拼音,一個月就學會讀新約教義問答的小冊子。而漢人女子在縫紉刺繡的手藝上,個個本身就都非常拿手,根本用不著外國女士來教她們,這點,和其他的宣教地方有所不同。

要叫漢人或平埔蕃的女子在女學堂留住很長的時間,雖不敢說是不能,但卻是有困難。依我們目前的情況,要叫年幼的女孩離開父母,從東海岸跋涉長途來淡水住宿求學,實在有點太過奢求。而一般家庭生活都滿掙扎的,所以,年紀較大的女孩都得幫助家務,無法離家。因此,女學堂的學生要如何得到,在考慮到要讓受培訓的女子在各種傳教上都能有意義又有用,就不能只去關照到那些受聘於自己機構的人的女兒。因為若只自私的關照與自己學校有關的人,則所培訓出來的女子將在傳教上不具多少影響力。我們的目的是要讓那些非學校相關的農人、工人、商人的女兒來受培訓。在漢人的地方,要達到此目的,則所作的計畫必須遠大、有彈性,而且合於漢人的方式。在認定這些基本的事實後,女學堂於是設立,而所訓練出來的聖經宣道婦將能被派到傳教的每一站。於是,由本地的傳教師依這種原則來注意,看有誰適合來女學堂受訓,就如同在基督教國家由牧師推薦一樣。她們都是從各個不同教會來的聰慧女信徒,而且來時,常同時帶二、三個自己教堂信徒們的女兒來。做母親的,當女兒出遠門時,把她託給別的婦人去幫忙照顧是一種非常漢人式的做法。有時,來女學堂受訓的婦人會把自己的女兒、媳婦或其他親戚一起帶來。因為這

女學堂的舍監：一位平埔蕃紡織女

樣，有一期，女學堂的學生人數竟高達八十人。

　　這些婦女在這裡被教導學習讀、寫、唱、聖經史地、聖經教義問答，而牛津學堂白天有全校的講話時，她們也過去聽，並參加每晚的背誦和其他的練習。同時訓練她們教學法，以及裝備她們將來在各方面的工作。就這樣，這些培訓出來的婦女們被送到各佈道站，以她們的長才做出最好的服事。她們一共進到一百個非常偏遠的小地方去傳教，與當地的已信或未信基督的婦人與女孩們接觸，使她們得以與淡水中心較強健的生活接軌。

　　我所提到的這些方式，並非要其他的宣教會或宣教師也應該這樣做，我也不是說在台灣就只得依此方式來做，我只是要讓大家看看我們在那裡所採用的是甚麼方式，並讓大家知道，這種方式確實是有成效的。或許，在經歷了二十多年的經驗後，我還算夠資格來說，依我的看法，唯有用這類具有遠大、彈性、漢人式的培育方式，才有可能使北台灣將來人人信基督。因為若要維持一批外國人在此地傳教，其費用非常龐大，而外國人對於本地語言與社會習俗上的障礙極不易克服，還有此地的氣候，除了淡水及附近地區外，到其他地方傳教，都很容易讓人生病。但是，從本地聖經宣道婦所做的，可以看出上帝恩眷她們，使她們的傳教工作既確實又能持久。所以我過去一直認為由本地婦女工作者來傳教給本地的婦女，是花費最省、效果最好，必定會成功的計畫。而現在，對於這種計畫，我依舊和過去一樣的確信。

第三十三章　醫療工作及醫院
Medical Work and the Hospital

醫療宣教的重要－本地醫師－醫師的收費－疾病的分類－診斷－四季
的疾病－藥劑師－霍亂、呼吸道黏膜炎、 消化不良的治療－惡性瘧疾
－道士、佛僧、法師、漢醫的治療法－瘧疾發燒－外國療法－牙醫術
－初試－工具－方法及結果－馬偕醫院－醫療工作對傳教的影響

　　醫療宣教的重要性不需再強調，了解現代宣教歷史的人都知道其
重要性。我們一開始在台灣工作就特別強調上帝所做的事及所說的
話，並透過醫療工作，而開啟了馬上可以助人的大門。在我所接受的
各種預備訓練當中，最實用助人的，莫過於在多倫多及紐約所受的醫
學訓練。我發現人們因各種疾病而遭受痛苦，若能夠解除其痛苦並醫
治其疾病，會使宣教工作獲得朋友及支持者，並得到他們的感激。

　　但是我的意思並不是說，在台灣沒有醫師。其實台灣有很多醫
師，而他們的醫療方法，雖不科學，但卻很有趣，且值得研究。台灣
沒有正式的醫學院、沒有考試、沒有學位。習俗就是法律，成功就是
證書。醫療者用自己或別人做實驗，因而了解一些藥物的醫療效果。
或者他跟隨一個老醫師，並從經驗中學習。或者他研究醫學書籍，認
識足夠的學理，而開始行醫。一個人也可能因為自己生過病，嘗試了
許多處方，而具備了治療別人所需的知識。一個藥局生，可能因為常
常看到醫生的處方，知道如何配製，而自行開業。一個人可能因為其

他行業失敗，買了一堆處方，然後就開始行醫。總之，一個人如果想要保有他的行業，就必須具有知識或有精明的頭腦，不然他便得不到人們的信任和愛戴。

漢醫的收費從西方的醫師或病人來看，一點都不貴。一次門診的費用約為一百文(cash)，相當於美金十分錢。開業醫師，在人們眼中，地位崇高，而醫師的服務也得到相當好的報酬。但是一個走江湖賣膏藥的就得不到人們的信賴和尊敬；這些人常常邊耍雜技邊賣藥膏和祕方。

本地醫師將疾病分為內科和外科，很少醫師兼具兩種。內科的病因為看不到，治療方法也比較隱密，因此內科醫師比那些治療傷痛的外科醫師受到尊重。

診斷是用按脈的方法。醫師坐在病人的對面，病人將手置於桌面的毛巾上。如果病人是男性，則醫師用右手為病人按脈，先按病人左手，再按病人右手。如果病人是女性，則醫師用左手按脈，先按病人右手，再按病人左手。醫師將自己的拇指放在病人手腕突出的骨上，然後將末指之外的三個指頭放在脈搏上。脈搏的不同情況，以五個不同的字(譯注：急、緩、沈、虛、無)來描述。第一個字表示又高又漲，第二個字表示低沈、緩慢，第三個字表示更沈、更慢，第四個字表示虛弱得快要沒有之感，第五個字表示完全感覺不到什麼。

心和肝被認為是導致脈搏變化的原因。一般相信，心有七孔，風邪從這些孔侵入，造成脈搏的變化。疾病因季節而不同：春天的病由肝引起，夏天的病由心引起，秋天的病由肺引起，冬天的病由腎臟引起。

醫師都會開處方，然後把處方拿去藥房配藥。藥局生很仔細的秤

量不同藥劑，然後用紙將藥包起來，將藥和處方一起放入藥包，並在藥包外面標示藥物的名稱。但是一般人都看不懂所標示的是何物，因為即使一個很通常的物品，在標示時也會用一個大家都不熟悉的字眼。礦物、岩石、貝殼通常磨成粉狀，並經過烘烤。蔬菜、根、花、樹皮及種子則做成藥湯或藥茶。

　　本地人民認為，動手術外國人比較高明，但是內科疾病則漢醫較內行。要經過一段漫長的時間，他們才會洞察自己的無知，糾正自己的迷信。想到他們所使用的很多治療法，真是令人想不通，為何病人會如此單純，容易受騙，而使那些醫療法得以獲利。

　　對於霍亂的治療，很多人採用一種抗刺激(counter-irritant)的外療法。在身體一些不同部位插上針，並在食指和中指的關節間揉捏，直到變紅。毛髮和薑有時和茶油混合後，塗摸在身體上。呼吸道黏膜發炎(catarrh)的一種特效藥是，將下列三種物品用沸水攪拌：從墳墓的棺材切下來的木材、從麻衣剪下來的麻布、從墳墓或墳墓的棺材邊挖出的土。而從牙齒刮下來的齒垢則是治療狗咬的上等藥物，這是我親眼看到的。黃臉、消化不良、排氣不通，可以食狗肉而療癒，用小狗最好，瘋狗也行。胃炎的一般治療法是，將手指浸在溫水或靈水後，用手指揉頸子的皮膚。如果嬰兒皮膚顏色發黑，就用破掉的炒鍋之碎片，不斷互相摩擦，讓其發出尖銳的摩擦聲，直到嬰兒哭起來。如果一個人吹風淋雨之後，皮膚龜裂，疼痛不堪，那就是因為他曾經用中指指著月亮，冒犯了月娘之故；因此，治療的方法就是，要他向月娘合手跪拜，坦承過錯，請求原諒。

　　讀者不可因為以上的描述就推論說，漢人比世界上其他的人都單純、容易受騙。雖然，這麼精明的人卻這麼容易被無知的庸醫和巫術

所欺騙，像是不可思議的事，但這真的很奇怪嗎？想想看最文明的那些歐洲國家在上一個世紀是甚麼樣子？一些西方的國家和人民，他們今日又是如何？還不是四處都有一些情願受騙的人們？

最惡毒的疾病，也是最普遍、人們最害怕的疾病，就是瘧疾。一般認為，患這種病是因為病人不幸踩到道士或法師放在街道或路旁的紙錢；或者因為自然界中，冷、熱之間的衝突；或者因為有兩個鬼，一個是屬於自然界中的陰體，他向病人扇風，使病人發寒，另外一個是屬於自然界中的陽體，他吹著火爐，產生熱，使病人發燒。但是如果提到這些鬼的名稱，會令鬼生氣，因此，人們絕不使用「寒、暑」這種名稱，而把它叫做「魔鬼病」(devils' fever)或「乞丐病」(beggar's fever)或其他一些不會有害的名稱。

瘧疾的治療法因治療師而異。道士用桃花葉、綠竹葉、金紙，製成符咒，將之繫於病人的衣服或髮辮。有時在病人手腕綁一條紅線，綁數個星期。或者用印章，例如道教始祖老子的印章，蓋在病人的背部。但最有效的方法可能是，道士吹號角或搖鈴把魔鬼升起來，然後用鞭子把鬼趕走。

佛僧用香灰製成的茶水給病人喝，或者他在發粿上面寫一個類似「砒砷」(arsenic)的字，然後將發粿放進滾水裡，等它冷了之後，再拿給病人吃。如果各種方法都無效，和尚便把病人送到就近的寺廟，讓病人躺在神桌底下一段時間，以避免受到病魔的攻擊。

法師用三根大約三呎長的竹棒，每根竹棒尾端綁一個紅布，口唸咒語，驅趕鬼魔。或者他用稻草做一個人，然後請鬼魔進入稻草人裡面，然後帶著稻草人離開房屋，然後獻紙錢、豬肉、鴨、蛋、米及青菜給鬼魔。另一個法師們認為一樣有效的方法是，將七根從黑狗身上

拔起來的毛，繫在發燒病人的手上。

漢醫善於談論自然界陰陽衝突的道理，並認為只有用他的藥才能克服此衝突。他的處方之主要成分是車前草的種子、廣皮、甘草、白牡丹根、紫檀、槿木、人參、當歸、柴胡、黃芩、鐵線蓮 (*clematis*)、岩風屬植物 (*libanotis*)，以及瓜木。

我並不覺得漢醫處方比道士或法師的處方更有效。我的確知道有些漢醫，他們用上述藥物開處方給病人，並收取費用，但給自己用的藥，卻是細心包於紙內的五～二十顆奎寧丸。

這個可怕的瘧疾，外國人把它叫做太陽痛 (sunpain)、間歇性發燒 (intermittent fever)、發冷發熱 (chills and fever)、發燒畏寒 (fever and ague)、啞畏寒 (dumb ague)、叢林熱病 (jungle fever)、非洲熱病 (African fever)，而我曾聽人把它叫做淡水熱病 (Tamsui fever)。此病的真正原因，無疑的是由有機物質的腐爛所引起，生病的程度，則因病人的體質、氣候及周遭環境而異。我曾和雪山附近山區的生蕃一起生活好幾個星期，發現他們一般都算健康。平埔蕃農夫遷移到那附近，開始建屋、耕地。一週後，整區的住民都染上最嚴重的瘧疾，而看到那些生蕃痛苦的情形，真令人心疼。另一樁因土裡的東西腐爛而引起的毒害，與淡水女子學校的興建校舍有關。自從挖下數呎深的地基後，一直到建築完工為止，工人們或多或少感染熱病。一件值得一提的事是，一個人的一隻手、一隻腳或身體的一邊可能感染熱病，並且呈現瘧疾的所有症狀，但身體的其他部分卻安然無恙。

治療上採用幾個方法。剛開始感染時，體質不錯的人可能只是流了許多汗就無事。但是如果全身都被病的毒所感染時，則需要長期、持續的醫療。將檸檬切片用水煮開，讓所有的汁都跑出來，平時不但

是清涼的好飲料，而且，患瘧疾時，毫無疑問的，大量飲用會對病情有所幫助。我的治療方式是：先用足葉草（*Podophyllum*）和蒲公英（*Taraxacum*）做的藥丸，然後經常使用奎寧劑，接著，如果需要的話，再用過氯酸鐵（perchlorate of iron）。我總是堅持要求病人要吃流質食物、做運動，並呼吸新鮮空氣。希望將來能發現一種類似天花疫苗的東西，可以消滅瘧疾的病菌，使本地人和外國人都能過著比較不痛苦的生活。

整個城鎮的居民同時感染瘧疾的情形，在台灣並不少見。我曾經看過一家二十口或三十口中，因感染瘧疾而沒有一個人能夠工作。在這種情況下，一個和他們住在一起並且了解他們生活的本地牧師，可以藉由西藥，提供受難者很有用的服務，並且因而見證了主的福音：祂「治好了許多患各種病症的人」。[1]

除了治療瘧疾之外，牙醫術可以說是台灣醫療宣教中最重要的一環。牙痛是歷久以來，成千上萬的漢人及原住民的一種痛苦，牙痛可能因嚴重的瘧疾、嚼檳榔、吸煙，或其他不良的習慣而引起。人們對於牙齒的成長、牙病及牙齒的治療，懷有許多的迷信。他們相信牙痛是因為牙齒裡面有黑頭蟲在咬，而他們設法驅除黑頭蟲的方法，有些很有趣，有些很噁心，有些很有創意。

本地人拔牙的方法粗糙且殘酷，有時他們用一根線或用剪刀的刀口將牙齒拔出，江湖醫師用小老虎鉗拔牙齒。許多人因為粗野的拔牙方式，而顎部受傷、大量流血、昏厥，甚至死亡，難怪所有人都懼怕拔牙。

我在一八七三年第一次為人拔牙。有一天我和學生們離開竹塹的時候，被十幾個派來監視我們的士兵跟著。其中一個士兵因為蛀牙而

疼痛不堪，他說：「有一隻蟲在牙齒裡面。」我當時沒有鑷子，但檢查過病人後，我找了一個硬質的木片，把它弄成我想要的形狀，然後把牙齒拔出。這當然只是最原始的牙醫術，但牙齒被拔出來了。可憐的士兵，因歡喜而流淚，感激不盡。幾年之後，當一群士兵在辱罵我是「蕃仔宣教師」時，一位高大的軍官走出來，責備他們，說我是替他拔牙，解除痛苦的老師。

我第一套拔牙的工具很簡單，是請一位本地鐵匠，按照我的吩咐打成的。現在，我已經有一套最好的工具，是在紐約訂做的。我很少使用刺針，從來不用鍥、鉤、鑽孔器或螺旋鑽。我也不需要椅子，因為當還有一百個牙痛的人在排隊等候時，任何精心高雅的準備都只是浪費時間。漢人很勇敢，很能忍耐手術時的痛苦。

我們在全國巡迴旅行的習慣是，找一處空廣的地方，往往是在廟宇的石階上，唱一、兩首聖歌，然後開始拔牙，接著講道、傳福音。牙痛的人接受拔牙手術時，通常是站著。拔出來的牙齒就放進他們手中。因為我們若把牙齒保留起來，會招來漢人對我們的猜忌。我有好幾個學生，都很會用鑷子，我們常常不到一個小時，就可以拔掉一百顆牙齒。自一八七三年到現在，我拔掉的牙齒超過兩萬一千顆，我的學生們拔掉的牙齒，差不多是我的一半。現在人們知道，他們不需要忍受牙痛的摧殘，而解除痛苦也不需要冒任何危險。道士及其他敵視宣教師的人，會告訴人們說，發燒和其他疾病之所以得到療癒，是神明的幫助，而不是因為我們的藥物。然而，解除牙痛，人們卻知道顯然是由我們做的。因此，在破除人們對我們的歧見和反對方面，拔牙比任何其他方式都更有效。

我們不管到什麼城市或鄉村，都替人醫病。我們在病人家裡看

為大家拔牙（左起：馬偕博士、嚴清華和柯玖）

病，給他們藥物。醫療的總部，和其他部門的總部一樣，都是設在淡水。在淡水，有醫院和病房，以及必要的醫療設施。起初，醫院只有一個房間，但在一八八〇年，我們以三千美元，建造了一間寬敞的醫院。[2]這是美國底特律市的馬偕夫人，為了紀念丈夫馬偕艦長而捐贈的禮物。這間醫院現在叫做馬偕醫院，對於成千上萬的民眾來說，它是一個極大的祝福。一八九四年，也是我年休回加拿大述職那一年，醫院所做出的統計報告是，全年所看的新病人有三千一百五十六個，舊病人有七千五百八十個。

　　當然，並不是所有我看過的病人，都被醫好，或者所有被醫好的人都皈依基督教。但是在這二十三年當中，生病被醫好的人很多，病痛得到紓解的人數更多。而醫療服務，使人們對於宣教更容易接受。很多人因此而皈依基督教，並向他們的親戚和朋友作見證。因此，醫療工作所產生的影響之大，是無可估計的。病人皈依的直接結果無法描述，但我們可以舉幾個有趣的例子。五十六歲的 Bun Hien（文賢），本來是黑社會的一個頭子，行為不檢，幾乎全盲。被治癒後，變成信徒，並帶領他的小孩及孫兒們一起信主。一個少婦服用鴉片，企圖自殺，經治療後，恢復健康，結果她六十二歲的父親來到教堂，接受福音，並且直到去世為止，都沒有改變。一個姓邱的人嚴重燒傷，一位本地的牧師成功的處理他的傷。治癒後，邱帶領他的七個小孩來教堂，全部變成基督徒。其他還有很多故事，像 Chhi Hok（徐福）的故事、敲鑼的 Lim O（林學）、兒子被水牛的角刺到後被醫好的 Kho Ban（許萬）、發燒的病患 Chhi（徐）、被狗咬的 Ku（邱）、吸鴉片的 Ong（王），以及一個患神經病的儒學教師等等故事，因為篇幅有限，無法一一記述。因篇幅的關係，也無法記述其他許多因身體疾病被治

癒，而認識救主的人。這些人當中，很多本來很反對福音，最後不得已才來找外國人的；但後來卻由敵人變成朋友。其中有些人已蒙主召回，有些人則尚經常在教會服事主。

〔注釋〕

1 見《新約聖經》〈馬可福音〉一章三十四節。
2 根據馬偕日記，偕醫館是一八七九年九月十四日完工。

第三十四章　外國人與宣教事業

Foreigners and the Mission

仇視的報導－在台灣和諧相處－和外國人相處的經驗－外國人對本地
傳教師的善意－很少再聽到被叫「蕃仔」－外國人社群的贈言與贈品

　　宣教師常常抱怨說，來此地的外國人，不管是商人或遊客，對於
基督教的宣教事業都不聞不問。從報導也會讀到，外國人社團對於宣
教師及宣教工作公然或暗地的輕視。從一些傳聞，可以知道，不管在
中國或日本的城鎮、港口，宣教師和外國人之間都存在著嚴重的裂
痕。從商人、官員、遊客的口中，我們聽到他們的批評，說宣教師軟
弱、心地狹窄、毫無影響力，宣教工作是失敗的、欺騙的。另一方
面，宣教師則暗指外國商人俗氣、軍人生活放蕩、領事們缺乏同情心
且無靈性，而外國遊客則心存偏見、四處遊蕩，他們的出現，只給予
宣教不利的影響。

　　其實我不應該說這些別地方的宣教工作所發生的事，但我一想
到，如果這些外國人和宣教師之間的惡劣關係，真的有事實根據，就
真令我感到傷心。也許，上述的裂痕真的存在，而雙方也已經互相在
挖苦，但台灣的情形卻不相同。回顧我們宣教的整個歷史，我可以確
切的說，宣教工作者和此地的外國居民及遊客之間的關係是非常和諧
的。在前面的章節裡，我一再重複的提及，歐洲及美國商人、領事、
海關首長、醫師等，都對我們非常友善，並為我們服務。外國廠商，

像德記洋行（Tait & Co.）、和記洋行（Boyd & Co.）、德忌利洋行（Douglas
La Praik & Co.）等洋行的代表們，以及其他被漢人雇用的外國人，都對
我們的宣教工作真誠的關心。領事及海關首長，像 Frater, Allen, Hosie,
Ayrton, Morse, Hall, Bourne 及 Hobson 等，都是我的朋友，對他們，我
心存感激。他們的公司不止一次援助我到「蕃區」。當 Hobson 擔任海
關首長時，曾和我一起到山地去，那是一次令我們兩人都難忘的經
驗。那天因為很冷，我們白天大部分時間躲在一間小屋，屋裡充滿了
燃燒溼柴所冒出的煙，可憐的 Hobson 到了晚上還是無法入眠，一方
面可能因為荒野的環境所致，另一方面是因為我用一件鹿皮包住身
體，而身體每動一次，就發出像開槍一樣的吵鬧聲。我也記得，一個
炎熱的晚上，為了和我共進晚餐，Hobson 及林格醫師（Ringer）[1]從淡水
步行到八里坌，那時我們已經十二個月沒有見面了。

醫療界人士都很願意協助我們，而也確實在許多方面提供了很有
助益的服務。林格醫師不僅在我生病嚴重的時候照顧我，並且當他住
在淡水港的時候，不但對宣教提供義務的服務，並主持醫院業務。

也有世界各國的科學家來淡水訪問，而當他們在我的博物館參觀
一、兩個小時後，便對宣教工作表示關心和興趣。他們認為，他們在
博物館所看到的這些東西，他們自己必須花好幾年時間才有辦法收集
到。他們也常常陪我們巡視教堂，表達他們對外國宣教的善意。

一八七三年的一個禮拜日，在五股坑的地方，突然出現一個高個
子的陌生人，他以美國口音叫我，跟我打招呼。他是美國科學家史蒂
瑞（J. B. Steere），[2]目前在密西根的安那堡大學（University of Ann Arbor）教
書，那時正在熱帶地區旅遊，替他們學校的博物館收集樣本。他成為
我們淡水的貴賓，在他停留的一個月期間，我們之間有著愉快的交

往。他對我的學生很有興趣，有一次我外出幾天，由他掌管一切，他竟然教我的學生兩首歌。雖然他不懂得本地語言，但他可以唸聖詩裡的羅馬字。他把歌曲的音符寫在黑板上，然後帶學生練唱。當我回來時，學生們唱詩篇一○○篇及一二一篇歡迎我。那些學生到現在仍然對這幾首歌念念不忘，並把它取名為「植物學家之歌」。

關於船長、官員、工程師在台灣以不同方式援助我們的故事，敘述不完。他們都一樣的關心，有些並特地向本地的傳教師及信徒表達其善意。英國大使 O'Connor 及英國將軍 Salmon 訪問了我們的牛津學堂，英國的一個軍艦司令也來訪問過。他們以最慈祥的語氣向學生們演講，由我翻譯。我發現，西方各國的人，都自覺對基督教有虧欠，並願意協助宣教及宣教師。因為他們自己不是宣教師，所以他們說的話更有分量，不僅在歐洲及美洲如此，在異教地區也是如此。相對的，學生及信徒也被教導要尊敬並善待所有外國人，而二十年前常常用來稱呼外國人的蔑視字眼「蕃仔」，如今在北台灣已經很少聽到。

宣教工作和外國社群之間的友善互動關係，可以從一八九三年我回加拿大的前夕，他們送了我一副極佳的望遠鏡以及謄寫在絲巾上的贈言看出來。雖然這些贈言對我有點過度誇獎，但我很珍惜它，所以允許讓這贈言在此書再重記述一次，因為它中肯的表達整個外國人社群對我一生投入的工作之關懷。

致馬偕博士，在他離開福爾摩沙的前夕

一八九三年八月十七日於淡水

馬偕博士，在你離開之際，我們在此聚集，祝福你一路平安愉快，並表達我們對你的致意，以及我們對你在台灣二十年來所完成的

美好工作之肯定。

　　我們不常將自己內在的想法表達出來，但是我們確實非常欣賞你偉大的成就，以及在上帝的幫助下，成功的獲得我們周圍漢人的支持。就這點來說，我們認為，自基督教在中國傳教以來，從來沒有人像你這麼成功過。

　　過去無數年來你全心全意所投入的工作的偉大與高超，相信一定也令你自己心懷感謝和滿足。你的辛苦所帶來的祝福，足以讓任何人感到驕傲和快樂，而即使沒有其他的表現，單單因為你的教導，使本地人和外國人得以和諧相處，就足以說是一項偉績。我們還記得你剛來時台灣的情形，相比之下，現在確實看到本地人行為舉止上有很大的改善，而我們認為，這些改善乃是你的功勞。本地人由懷疑轉為信賴，使最膽怯的外國人，現在也可以隨意漫遊各地。在各地漫遊時，誰又能忘記所見到的那些整潔又美麗的教堂呢？還有，誰忘得了當我們到美麗的福爾摩沙各地時，都受到當地教堂人員的熱誠歡迎、和藹的招待，以及讓我們舒服的住在宣教所，使我們得有愉快的回憶？所有這一切，都是因為你的教導及你的影響。

　　我們除了對於你的工作感到既讚賞又敬佩，也要感謝你，因為你的努力而使漢人和外國人得以和諧相處，這對我們有極大的益處。此外，我們整個外國人社群也都覺得你就是我們的「偕牧師」。對於「未知的世界」，尤其是當我們之中有人離開這個世間時，你是我們信心的表徵和楷模。當我們之中有人離世時，你是唯一能同情我們、幫助我們、與我們分享感覺的人。當我們之中有結婚或歡樂的場合，你一樣的能夠和我們分享感受，並幫助我們。因此，不論是個人或整個社群，我們要在此表達我們的感激和謝意。

最後要請你，馬偕博士，接受北台灣外國人社群、船長、官員，以及在此過境的輪船機械師們，所贈送的一點心意。如果我們這個心意可以讓你在觀望星星時更感受到在夜裡所要傳達上天的榮耀，並讓你因攜帶它而一路感到輕鬆愉悅，那便是我們大家最高興的事了。

L. TE BRETON,

B. P. WHITE,

CHARLES PYE,

ALFRED G. ROBSON,

J. R. WILSON,

R. MUSSEN,

ARNOLD C. CLARKE,

HARRISON W. LEE,

G. BALL,

F. W .E. DULBERG,

WILLIAM GAULD,

WILLIAM DAVIS,

FRED B. MARSHALL,

F. M. TAIT,

R. H. OBIY,

M. JENSSEN,

B. C. MATHESON,

F. FENWICK,

R. A. DONALDSON,

PAUL SCHABERT,

J. MERLEES,

F. C. ANGEAR

JAMES CROMARTY,

ISAAC ROBERTS,

J. D. EDWARDS,

V. LARSEN,

J. REMUSAT

H. B. MORSE,

W. S. AYRTON,

O. E. BAILEY,

G. M. HINRICHS,

G. SCHNEIDER,

G.. NEPEAN,

W. CLONEY,

A. F. GARDINER,

A. BUTLER,

P. W. PETERSEN,

A. SCHWARZER,

J. S. ROACH,

WILLIAM ROBERTS,

F. F. ANDREW,

E. HANSEN,

F. ASHTON,

〔注釋〕

1 林格醫師(Dr. L. E. Ringer)是英國人；是英商洋行聘請的公醫，受馬偕邀請在滬尾偕醫館看顧病人，工作期間爲一八七三～八〇年。他曾於一八七八年解剖一位葡萄牙人的屍體，發現了世界第一例活在人體內的肺蛭蟲，受到國際矚目。

2 史蒂瑞：美國密西根安那堡大學博物學教授，於一八七三年十月至次年三月間來台進行調查旅行，由英國領事布洛克(Bullock)和甘爲霖牧師陪同，從南部一路北上，最後隻身抵達淡水，拜訪馬偕。除了觀察動植物外，他也留下不少有關原住民生活習俗的珍貴記錄，一八七八年撰成《福爾摩沙及其住民》(*Formosa and Its Inhabitants*)。台灣特有種鳥「黃胸藪眉」名爲 Steere's Liocichla(學名：*Liocichla steere*)即由史蒂瑞於一八七三年在玉山山區發現，故以其姓氏爲名。

第三十五章 **我們和英國長老教會**

With the English Presbyterians

北部和南部－互相尊敬－宣教的基礎－工作人員－甘為霖先生的拜訪
－和李麻先生旅遊－佈道站和統計－醫療工作－輝煌的歷史

雖然台灣南北距離不超過二百五十英里，但是住在南部的人和我
們住在北部的人，卻好像相隔一個大陸之遠。南北之間沒有海運直接
聯繫，而路上來往既困難又危險。台灣南部的宣教工作，是由英國的
長老教會在從事。雖然他們最北的佈道站和我們北台灣宣教區最南的
佈道站相距不遠，但還是遠得好像是兩個國家一樣。每數年來自淡水
的宣教師和來自台灣府(台南)的宣教師才可能相遇一次，但他們的相
遇就好像：

夜間駛過的船隻們，在擦身而過時互相交談一下。[1]

雖然我們只是偶而接觸，並且我們的宣教方式也很不一樣，但是
我們兩個宣教隊伍的關係至為友善，而且我們的「希望和教義一樣，
救人濟世的心也一樣」。他們有較龐大的外國人工作團隊，我們則較
注重由本地人的教牧工作。然而，事奉上帝的工作，並沒有一定的方
式，每一個人按照自己的能力和情況去事奉共同的主。南台灣的宣教
師確實是如兄弟般可敬愛的同工。當我剛到達台灣(南部)時，雖是一

個陌生的新人，他們卻熱忱的歡迎我，介紹他們的工作，陪我巡視任何我想去的教區。他們所做的工作，曾由他們之中的一位甘為霖牧師，寫在《福爾摩沙佈教之成功》報導裡面。我手邊只有最近他送給英國長老教會大會的兩篇報導，我就根據這兩篇報導的資料來做以下的簡報和統計。

南台灣的宣教工作是在一八六五年由馬雅各醫師（J. L. Maxwell, M.D.）開始的。他是一個虔誠的基督徒醫師。他所屬的英國長老教會海外宣教委員會的召集人在一八七〇年的報告中，提到他的工作時，說：「這件事在某些方面幾乎如夢一般，並且，以這麼少的人力卻獲得這麼大的成果，實在非常榮耀上帝；它主要是靠著一個傳教師的力量在從事這份工作，就是馬雅各醫師，一位品德崇高的基督徒醫師，他於一八六五年為我們出去工作。」這位宣教工作的開拓者，的確是一位可敬的基督徒，當他從職場退休後，他擔任在倫敦發行的《醫療宣教》刊物的編輯，繼續為國外宣教事業服務。

一八七一年，當我剛抵達台灣時，南台灣的宣教團隊是李麻牧師（Hugh Ritchie）、甘為霖牧師（William Campbell）及德馬太醫師（Dr. Dickson）。目前的工作團隊，根據一八九四年的報告，是甘為霖牧師（一八七一）、巴克禮牧師（T. Barclay, M.A., 1874）、宋忠堅牧師（Duncan Ferguson, M.A., 1889）、安彼得牧師（Peter Anderson, L.R.C.S. and P. Ed., 1878）、金醫師（W. Murray Cairns, M.B., C.M., 1893）、余饒理先生（George Ede, 1883）、文安姑娘（Annie Butler, 1885）、朱約安姑娘（Joan Stuart, 1885）、萬真珠姑娘（Barnett, 1888）。

報告中說：「涂為霖牧師（William Thow）的突然去世，使所有工作團隊及整個本地教會受到很大的打擊。涂牧師是一位可敬的宣教師，

和許多漢人基督徒有極深的互動，所以他的去世都令他們極感不捨與懷念。」我有幸在工作上曾與涂牧師相遇，知道他的同事及教會對他的讚揚，他的確受之無愧。另外，李庥牧師及盧嘉敏醫師（Gavin Russel）也都已經在台灣宣教工作時蒙主恩召了。

第一位來淡水訪問我的人是甘為霖牧師，他和我一起到內陸的鄉鎮地區傳福音。幾年之後，他繞道噶瑪蘭平原，第二次來訪問我。我們相處甚為愉快。在雞籠時，有一個晚上，我們決定從隔天開始的十天巡迴旅程都不講英語。隔天，天還沒亮，就聽到起床的口令：「Liong tsong khi lai.（攏總起來）」我們立即上路，經過彎彎曲曲的路，途中不斷交談，但完全不使用英語。最後我的朋友對我說：「馬偕，我們這樣嘰哩咕嚕的用台語講，實在很可笑，還是讓我們兩個蘇格蘭人回來使用自己的母語講話比較像話吧。」

一八七五年，李庥牧師來淡水，我們共有九位傳道者陪他一起出去巡訪七十天。我們檢視北部所有的工作，訪問我們所有的佈道站，然後向南走，越過山嶺、沙地、叢林及懸崖，最後抵達南台灣宣教區的最北佈道站。我們一個站一個站的訪問，檢視他們的整個工作。後來，我們在台灣府，和宣教師以及本地工作人員，一起開一個長執傳教師協議會。會議連續開了數日，我和北部來的傳教師們都有幸參與這次會議的討論。那次之後，我又去南台灣訪問數次，並且一直很喜愛他們的宣教。他們的宣教師非常賣力，他們的信徒讓人覺得熱心、真誠。

在一八九四年底的南台灣宣教報告中，計有二十個已設立的教會，另十八個尚待設立，已受洗的會友有一千二百四十六位。宣教工作因為數個最有效率、最有經驗的宣教師生病，而受到很大的阻礙。

和我們北部一樣，瘧疾是他們的敵人。他們的佈道站分佈於漢人、平埔蕃和「熟蕃」之間。在台灣(Tai-wan)區，包括一個漢人佈道站和四個平埔蕃佈道站。東山(Tong-soa)區包括十一個漢人佈道站和一個客家佈道站。嘉義區包括五個漢人及四個平埔蕃佈道站。彰化區包括一個漢人和五個「熟蕃」佈道站。東海岸有三個平埔蕃佈道站。本地傳教師有二十六位，都尚未封牧，另有八位學生在進修，準備做傳教師。報告中也報導數則地方教會可喜的消息。此外，報告中也說：「在二月即將召開的長執傳教師總會中，本地同工們將決定，讓同工對教會事務的管理負起更大的責任。同工們認為，他們不久就能有一、兩個本地傳教師封為牧師，這將是台灣宣教史上一個值得慶祝的日子。」

至於醫療工作對宣教的影響，甘為霖牧師寫道：「醫院服務的對象有兩類，門診的病人以及每星期二和星期五來拿藥的病人。因此，每年都敞開醫療大門，以便幫助數千人，這些人不是只來自一、兩個鄉鎮，而是涵蓋數百平方英里的各地。」甘為霖先生並開始進行一項非常有趣的盲人工作，而因為所作的事都受到祝福，使得宣教甚為成功。

有部分宣教師們認為，讓本地傳教師及教師們來擔負更大的責任是很重要的，因此必須透過教育來培養本地的人才。甘為霖先生寫道：「我們的神學校工作未能依照期待進行，是一件令人惋惜的事，因為現在，我們在職場上有這方面的迫切需求。目前的學堂建築物，不需要做很多修改，便能容納二十個學生；而以正常的流失率計算，如果我們要保持健康而必要的進步，這個學生數應該要繼續維持。在一八九二年時，我們只有八位學生註冊，一位是泉州(Chin-chew)的漢人，兩位客家學生，以及五位平埔蕃父母的小孩。顯然，我們必須全

盤的檢討，為何這麼多漢人子弟不想接受我們所提供的學堂教育。主
要是因為沒有基督徒老師，因此我們的地方教會學校很少，而在英國
的朋友也都知道，因為缺乏所需的設備，余饒理先生所主持的中學一
八九〇年秋天就必須關門。數年來辦理這所中學的經驗，讓我們相
信，在此階段的宣教，辦學極為重要，且極有價值。只要這所學校能
再維持幾年，就能夠送一些年輕人到學堂讀書、到地方教會小學、醫
院做管理工作，以及到任何其他基督教的部門去服務。」

　　南部的宣教工作創始於艱難的環境下，但它卻完成了巨大的工
作，並且有一個可歌可泣的歷史。在他們服務名冊上，有許多值得一
提的人。南部的宣教是黑暗中的一盞燈，是上帝和真理的見證者，是
帶福音給千萬人的使者。他們的宣教方式和我們不同，然而他們的精
神是耶穌的福音精神。我因他們的每一項成就而與他們一起高興，並
為他們在心靈上的任何收穫，以及在建立南台灣為「上帝的城市」方
面的任何進展，而高聲歡呼。

〔注釋〕

1 出自美國詩人朗費羅（Henry Wadsworth Longfellow）的詩作〈神學家的故事：伊
　莉莎白〉（Theologian's Tale: Elizabeth）。

第三十六章　回顧與前瞻

Retrospect and Prospect

調查－外國醫療助理－華雅各牧師－閏虔益牧師－黎約翰牧師－吳威
廉牧師－吳威廉和本地傳教師－一八九四年統計－吳先生的報告－教
堂－本地牧師－自給自足－關係的改變－「*Eben-ezer*」

　　當一個人站在現在的高點時，就會想要回顧過去，瞻望未來。二
十四年前，在一八七一年秋天，我第一次離開自己的國家，年輕、無
經驗，是我的教會派出的第一個國外宣教師。我走出去，但是不知道
要往哪裡去，因為我的傳教區域還未確定。然而上帝「塑造我們的未
來」，祂引導著我。一八七二年初，我舉頭眺望淡水四周綠油油的
山，聽到一個比人說話更清楚的聲音，上帝小聲的對我傾聽的心靈
說：「就是這個地方。」一八八一年秋天，在我第一次年休回國述職
結束時，我再次出發往台灣，不再孤獨，不再無知，因為那就是我的
工作地，那就是我太太的生長地，那就是寫在我心上的土地。現在，
一八九五年秋天，在我第二次年休述職結束時，我第三次出發，這次
有我的太太與三個孩子同行，還有我的學生柯玖陪伴。在道別聲中，
我們帶著快樂的信心出發，知道我們要去台灣做工，並為耶穌救主作
見證。我們信賴祂的引導，因為祂知道路；信賴祂永不會迷失。

　　關於在北台灣宣教的經驗，還有許多外人不知道的故事。回顧過
去的歲月，我看到一個一個幫助者，接續進入我們的生活，參與我們

的工作。前面已經提過林格醫師（Dr. Ringer），他是外國人社區的常駐醫師。他從一開始到一八八〇年，一直在醫院及醫療上提供服務，並扛起這部門的主要責任。約翰生醫師（Dr. Johansen）接他之後，服務六年，一直到一八八六年，在這一段艱苦多難的期間，他負起了宣教的任務。之後是 Rennie 醫師，從一八八六到一八九二年，他擔任醫院及醫療工作的主管業務。之後到現在，是 F. C. Angear 醫師負責此重要部門的業務，而他和前幾任的醫師們一樣，對於宣教工作慷慨付出時間及提供服務。

　　一八七五年，兼為牧師的華雅各醫師（Rev. J. B. Fraser, M.D.）和他太太加入我們的行列。華醫師是已故加拿大長老教會總會書記華牧師（Rev. J. W. Fraser, D.D.）的兒子，有兩年的開業醫師經驗，神學院畢業後，一八七四年九月被多倫多中會封為牧師，受國外宣教委員會遣派來台，專門負責醫療工作。忠誠服務約三年之後，因為妻子於一八七七年死亡而不得不攜帶孩子們回加拿大。他目前在安大略省的 Leith 地方牧會，並且是國外宣教委員會裡很活躍且能幹的成員。

　　隔年，一八七八年的夏天，閏虔益牧師（Rev. Kenneth F. Junor）抵達淡水，受加拿大教會派遣，來此宣教，他一直服務到一八八二年。在我第一次休年假的一八八〇、八一年期間，他是唯一在職的外國宣教師。他和本地傳教師負責整個宣教工作。當時有二十間教堂，每間教堂有一個本地傳教師，正式的會友有三百多位。後來閏先生的健康不良，便於一八八二年十一月回加拿大，他目前參與紐約一個重要的城市宣教工作。

　　一八八三年，黎約翰牧師（Rev. John Jamieson）及其夫人來台，接續宣教事工。雖然黎先生一直健康不良，卻堅持工作。一八九一年，他

因長年身體虛弱而去世，他的太太乃回加拿大。

一八九二年五月，吳威廉牧師(Rev. William Gauld)完成神學院課程，受國外宣教委員會的指派，於同年九月和其夫人來到淡水。他們受到所有工作人員的熱烈歡迎，並以高度的能力和熱忱，開始研究語言、人民及工作的方法。在我這次訪問加拿大期間，吳先生是唯一在職的外國宣教師。而因為近來的戰爭和本地人對日本統治的長期抵抗，使得時局相當不穩定，幸好宣教工作還能謹慎而成功的進行。國外宣教委員會也因而能夠報告說：「吳先生以高度的同理心和判斷力開始在台灣工作，我們熱烈的期待著美好的結果。委員會本來因為吳先生剛到不久，馬偕先生就回來，因而感到不安，深恐吳先生無法勝任新職。這些不安現在都已排除。」

阿華(嚴清華)，順仔(葉順)及天能(莊天能)是吳先生宣教的伙伴，他們的經驗和判斷都足以信賴。吳先生在一八九三年底的報告中，提到阿華時說：「雖然我們不斷的在協商，但是我們之間沒有半點摩擦。我認識他愈久，愈是喜愛他，愈信任他的誠實，及尊重他的判斷。有麻煩的時候，總是委託他到出事的地點去處理。他回來的時候，從他微笑的臉就可以看出他已經將爭端完滿解決。而他每月從宣教部所得的聘薪只有二十銀元，或者十一金元四十三分。」

一八九五年寫給長老教會總會的報告中，有關宣教方面的統計數字是：封牧的外國宣教師兩位；封牧的本地宣教師兩位；未封牧的本地傳教師六十位；聖經宣道婦(Bible-women)二十四位；經常來教會領受聖餐的教友一千七百三十八位(男一千零二十七位，女七百一十一位)；受洗者二千六百三十三位；設於教堂的施藥所六十個；醫院門診一萬零七百三十六人次；本地人給宣教的奉獻二千三百七十五元七十四

分；本地人給醫院的奉獻二百六十四元一角；外國人社群給醫院的奉獻二百六十九元。

同一年吳先生在報告中說：「牛津學堂仍然關閉，等馬偕博士回來。牛津學堂是一個對宣教很有幫助的學校，我們擔心它將來是否會停辦而中斷了它的影響。」

「一八九四年，女學堂復校了一段時期。戰爭爆發後，我們認為女孩子離開家這麼遠不好，因此送她們回家。」

「我們經驗愈多，愈體認本地教會傳教者在宣教上的重要。大部分的本地傳教者都做得很好，而兩位已封牧的本地牧師更是非常卓越。我上次到新店——一個鄉下小鎮，或鄉村——拜訪陳火（陳榮輝）的教會時，他們在禮拜六晚上做禮拜，有七十人參加。禮拜日參加禮拜的人，早上約一百七十人，下午約一百二十人，晚上約七十人。許多鄉下人必須趕路回家，因此無法留到晚上做禮拜。能夠向一群聚精會神的聽眾講話，是一件多麼愉快的事！週一到週五晚上的禮拜，除了唱歌、禱告之外，也嘗試教人們讀書。這個新設的教會，確實具有許多發展潛力。認識陳火便會愛上他，他的督導能力不如嚴清華那麼好，但在自己的圈子裡，他卻是極有幫助的。他為人快樂、有條理、乾淨俐落、老實，是一個忠誠的牧師、好的講道者、有同情心的朋友。多年來，他運用影響力，讓自己的同胞認識基督教。因上帝的恩典，他至今仍然繼續從事同樣的工作。嚴清華是一個了不起的人。他有良好的神學訓練，他的講道虔誠而有力。他是一個天生具有行政能力的人，加上二十年的經驗，使他更老練。他認識自己的人民，從政府官員到吸食鴉片的乞丐，他都認識，並對他們有影響力。他的工作，對於宣教，有無比的價值，而我們相信，我們還能夠得到他許多

年的幫助。其他的牧師和聖經宣道婦都用自己的方法，做自己的工作，邁向好的目的。我們久久期待，盼望有一天能夠有一個本地的教會，支援自己的牧師，而不需要國外的援助，並且能夠幫助世界其他地方有需要被幫助的人們。一件值得感謝的事情是，過去一年來，這裡的死亡率很高，可是我們的宣教團隊，包括外國人和本地人，都沒有一個人逝去而離開工作。」

「我們期待真誠的信徒能夠迅速增加。我們更希望，被接納為會友的人，能夠忠誠於主、信心堅定、用日常生活來為主做見證。」

前面的章節裡，提到許多宣教工作的據點，以及教堂設立的地方。教堂的地點我們已標示在一張地圖上，包括六十個宣教據點的名字。以下是這些據點的完整名單：

1. Tam-sui 淡水
2. Pat-li-hun 八里坌（觀音山腳）
3. Go-ko-khiN 五股坑
4. Chiu-nih 洲裡（和尚洲、蘆洲）
5. Lun-a-teng 崙仔頂（三角埔）
6. Toa-tiu-tiaN 大稻埕（大龍峒）
7. Bang-kah 艋舺
8. Sin-tsng 新莊
9. Sia-au 社後
10. Sa-kak-eng 三角湧（三峽）
11. Tho-a-hng 桃仔園（桃園）
12. Ang-mng-kang 紅毛港（新竹附近）
13. Tek-chham 竹塹（新竹）
14. Tiong-kang 中港（香山與後龍間）
15. Au-lang 後壠（後龍）
16. Sin-tiam 新店
17. Sek-khau 錫口（松山）
18. Tsui-tng-kha 水返腳（汐止）
19. Koe-lang 雞籠（基隆）
20. Sin-sia 新社（三貂嶺西北方）
21. Ta-ma-ian 打馬煙
22. Hoan-sia-thau 蕃社頭
23. Ki-lip-pan 奇立板
24. Ka-le-oan 加禮宛

25. Pho-lo-sin-a-oan 波羅辛仔宛　26.Lau-lau-a 流流仔

27. Lam-hong-o 南方澳

28. Sai-tham-toe 獅潭底（新港社往內山的生蕃社）

29. Chin-tsu-li-kan 珍珠里簡　　30. Pi-thau 埤頭

31. Ta-na-bi 打那美　　　　　　32. Sau-hut 掃笏

33. Tang-mng-thau 東門頭　　　34. Sin-a-han 新那罕

35. Bu-loan 武暖　　　　　　　36. Ki-bu-lan 淇武蘭

37. Ki-lip-tan 奇立丹　　　　　38. Toa-tek-ui 大竹圍

39. Thau-sia 頭城　　　　　　　40. Sa-kiat-a-koe 三結仔街（宜蘭）

41. Poeh-ong-sia 八王城　　　　42. Ang-chha-na 紅柴林

43. Thian-sang-pi 天送埤　　　　44. Teng-phoa-po-o 頂破布烏

45. Tang-koe-soa 冬瓜山　　　　46. Teng-siang-khoe 頂雙溪（雙溪）

47. He-si-a 灰窯仔（淡水賢孝里）　48. Pak-tau 北投

49. Pat-chiaN-na 八芝蘭（士林）　50. Pang-kio 板橋

51. Toa-kho-ham 大嵙崁（大溪）　52. Pi-teng 坪頂（桃園坪頂）

53. Lam-kham 南崁　　　　　　54. Tiong-lek 中壢

55. Toa-o-khau 大湖口（湖口）　56. Pak-mng-khau 北門口（新竹城外）

57. Gek-bai 月眉（峨嵋）　　　58. Tho-gu 土牛（靠近月眉）

59. Sin-kang 新港（苗栗地區熟蕃社）

60. Ba-nih 貓里（苗栗）

　　每個教堂都有一個本地的駐堂傳教師，並且其中許多教堂另有一個聖經宣道婦。牛津學堂的學生提供了很有用的服務，在許多教堂協助牧師、傳福音、到一個一個家裡教導人們，在許多沒有教堂的地

方，不定期的舉辦禮拜活動。以此方式，宣教事業逐漸展開，迅速而健康的成長。

數位傳教師參與在淡水宣教的督導及教育工作。以下名單是受過訓練且具備工作能力，並負責教堂業務的本地傳教師：

1.Tan He（陳火）

2.Tan Leng（陳能）

3.Go Ek Ju（吳益裕）

4.Tan Theng（陳騰）

5.Chhoa Seng（蔡生）

6. Lim Giet（林孽）

7.Tsun Sim（陳存心）

8.Siau Tien（蕭田）

9.Li Kui（李貴）

10.Lau Chheng（劉清）

11.Tan Ho（陳和）

12.Tan Ban（陳萬）

13.Keh Tsu（郭主）

14.Tan Eng（陳英）

15.Eng Goan（偕英源）

16.Tan Siah（陳錫）

17.A Lok（林阿祿）

18.Iap Tsun（葉俊）

19.Thien Sang（陳天送）

20.Lau Tsai（劉在）

21.Tan Kui（陳貴）

22.Eng Iong（偕英陽）

23.Ang An（洪安）

24.Thong Su（潘通士）

25.Jim Sui（李任水）

26.A Hai（潘阿海）

27.Pat Po（偕八保）

28.Jit Sin（張日新）

29.Chin Giok（李振玉）

30.Ki Siong（潘其祥）

31.Pa Kin（偕巴根）

32.Hok Eng（偕福永）

33.Iu Lien（顏有年）

34.Hong Lien（潘逢年）

35.Kai Loah（夏介辣）

36.Sam Ki（陳三奇）

37.Keng Tien（偕經典）

38.A Seng（潘阿生）

39.Gong A（嚴憨仔）　　　　40.Tong San（蕭東山）

41.Tsui Eng（徐水永）　　　　42.Chheng He（林清火）

43.Chhun Bok（郭春木）　　　44.Tiu Thiam（張添）

45.Bio Sien（廟仙）　　　　　46.Eng Seng（永生）

47.Chhong Lim（聰林）　　　　48.Teng Chiu（莊鼎州）

49.Beng Tsu（潘明珠）　　　　50.Tek Beng（潘德明）

51.Tu Iau（潘抵瑤）　　　　　52.Li Ian（李淵）

53.Tsan Un（曾恩）　　　　　　54.Tan Sam（陳三）

55.Li Sun（李順）　　　　　　56.Eng Chhung（偕榮春）

57.Tsui Seng（林水生）　　　　58.Kho Goan（許源）

59.Lim Ban（林萬）　　　　　　60.Bun Seng（潘文生）

　　我們心裡一直想著自給自足這個重要的問題，而我們也教導北台灣的本地基督徒們，要奉獻財富來維持及拓展教會。我們的目標就是自給自足。然而，自給自足又是什麼意思呢？依我所知，一個自給自足的宣教工作，就是能夠執行所有的事，並資助所有的工作人員。北台灣的教會，如果能夠自己資助它的大學、中小學、醫院、教堂及其他所有機構，並且由本地教會的會友及贊助者來負擔所有工作人員的費用，就可以說是自給自足了。我們離此目標還很遠，但是我們已經開始邁向這個目標前進。我們有四個教會已經能夠完全自給自足，而去年本地人的奉獻已經達到二千六百三十九元八十四分。在歐洲和美洲的教會可以停止支援之前，還有許多工作要做，不但在台灣或中國如此，在其他國外宣教區也是如此。本地人的奉獻要增加到足夠的金額，尚要請遠方我的祖國牧師及教會再耐心等待。我們不能期待異教

地區的人，不管是國內的異教徒或國外者，自己負擔皈依基督教的費用。我們必須教導皈依者自己獨立，不求私利。然而在異教國家，接納基督教，有時會招來壓迫、抵制、搶劫。在台灣的許多教會中，沒有一個會友是「豐衣足食」的，甚至以本地的標準來衡量，也是如此。然而，我卻看到，在貧窮之中，他們仍然樂意奉獻來支持教會。

另一個北台灣面對的問題是，日本人的來臨。我們並不害怕，萬王之王比皇帝或天皇(mikado)更偉大。日本人將會來統治並且推翻所有舊的條例。我們不需過分擔心，也不需預做安排。日本的問題我們必須面對，就像以前我們也面對過其他的問題一樣。我們必須有一套彈性的策略，以應付變遷的環境；一個強烈的信心，以聽到風雨中上帝的聲音。在我們調適之前，必會遇到困難、危險及挑戰。但是台灣是奉獻給耶穌的，而上帝的旨意一定會完成。

我們何需害怕？我們可以大聲的說：「至今上帝一直幫助著我們。」[1]我回顧剛來的時候，想起早期所遭遇到的迫害和危險，那是讀者永遠無法想像到的。我記得他們發出通告，並在樹上和廟宇張貼告示，指控我一些無法料想的罪狀，禁止人們和我談話。一八七九年，在一個廟會的日子，他們做一個我的畫像，將它燒毀以洩憤。一次又一次，我被威脅、侮辱、嘲弄。但是「發生在我身上的事都已消逝，而福音卻更加彰顯」。[2]如今，耶穌基督的教會已經成為北台灣的道德及精神生活中一個正面的力量。

聽完我所說的這些話後，還能說宣教是失敗的嗎？想想看，北台灣目前有二千名信徒跟隨耶穌基督，這些人大部分在異教的社會和道德環境中長大，而我們給了他們基督教的想法。我們做了這些，難道還需要被那些對實際情況毫無所知的人批評說，宣教的錢都是白花

的、宣教的成功只是假象、信徒不會持久？我敢說我對國外宣教工作
有一些認識，因為我在實際職場做了第一手的研究，並站在半個地球
之外做了檢視。我敢說，我對漢人、異教徒、基督徒的個性有一些了
解，並對中國以外其他地方的人有一些了解。而我也敢說，做人正
直、堅忍，對基督信仰堅定、宣教服務從不懈怠，這樣的人，今天在
北台灣的宣教教會裡，有數百人，而他們也將為任何基督教國度裡的
社群或教會增光。我曾經看過他們在艱難中，並知道他們有克服的能
力。我曾經看過他們打過仗，並知道那是一場美好的仗。我曾看著他
們躺下、去世，平靜的、戰勝的臉，如同戰士和聖人，如同烈士和英
雄，他們每個人都奉獻到最後。我不相信這些人是失敗的。他們之
中，有四百人已經被主召回。北台灣田園裡的果實，現在正在成熟。

　　故事到此只講了一半。這些章節只是一部分而已。今天、明天都
無法把故事寫完。真正的故事才剛要開始。那些尚待補全的部分，就
是上帝的書中尚未有人讀過的章節。福爾摩沙是根據上帝的意旨所建
立的地方，就如同獵戶星座或金牛星座一般。而上帝的意旨「將會很
快實現，時刻不斷地展開」。[3] 為了幫助上帝意旨的實現，乃把過去(我
在台灣所作所見)的歷史，摘下一段，送給加拿大祖國的教會，希望當
我們再度向遙遠的福爾摩沙出發時，能在我們過去所作的事情上，更
往前推進。我們不害怕，我們信賴永恆的上帝。啊，希望耶穌我們的
拯救者，讓我們以及祂的所有教會，都能夠真誠、忠實，直到主的來
臨。希望我們能生活在勝利的光芒裡，使世界的國度成為上帝的國
度。這個島嶼將等待上帝的法律來統治。

〔注釋〕

1 參見《舊約聖經》〈撒母耳記上〉七章十二節。
2 參見《新約聖經》〈腓立比書〉一章十二節。
3 引自 William Cowper 的詩〈自黑暗中照耀的光〉（Light Shining out of Darkness）。

[深度閱讀]

台灣的「黑鬚蕃」：馬偕其人其事

鄭仰恩

台灣神學院教會歷史學教授

　　馬偕博士（George Leslie Mackay, 1844-1901, B.A., D.D.）漢名「偕叡理」，台灣信徒和民眾都慣稱他為「偕牧師」（Kai Bok-Su），是加拿大長老教會派至海外的第一位宣教師，於主後一八七二年三月九日抵達淡水，開始他在台灣長達二十九年的宣教生涯。他以淡水為家，終其一生從事傳道、醫療、教育的工作，不但創設北部台灣基督長老教會，更將西方文明引介入當時尚未經歷現代化洗禮的北台灣社會中，可以說影響極為深遠。他所建立的教會、醫院和學校在醫治肉體病痛、關懷民眾需求、提升生命意義、啟迪人民心智、開通現代思想、改造社會風氣等方面都有顯著貢獻，可以說是北台灣現代化的里程碑。馬偕於一九○一年六月二日因喉癌在自家寓所過世，葬在淡水，實踐了「寧願燒盡，不願朽壞」（Rather burnt out than rust out）的精神。[1]

---

1 這是馬偕一生的座右銘，見 John McNab, "The Pathfinder of Formosa, George Leslie Mackay," in *They Went Forth*（Toronto: McLelland & Stewart Limited, 1933）p. 66; 引自鄭連明，〈自偕叡理牧師來台至中法戰爭〉，鄭連明主編，《台灣基督長老教會百年史》（台北：台灣基督長老教會，一九六五），頁43。

一、馬偕的成長與教育背景

1. 蘇格蘭高地的傳統

　　馬偕於一八四四年三月二十一日出生於加拿大東部安大略省牛津郡的左拉(Zorra)，可以說是第一代的蘇格蘭裔加拿大人，因為他的父母親剛於一八三〇年由蘇格蘭的撒德蘭郡（Sutherlandshire）移民至加拿大，他有三個哥哥兩位姊姊，是六個孩子中最小的一位。他的祖父是曾經參加過「滑鐵盧戰役」的蘇格蘭高地軍人，為此，另一位加拿大長老教會宣教師劉忠堅牧師（Duncan MacLeod, B.A., D.D.）就在《美麗之島》一書中指出，馬偕一生在一切的舉止和態度上「不但帶有高地軍人的特質，更承載著高地指揮官(Highland chieftain)的權威」。[2] 馬偕自己這麼描述他的家庭：「我父親喬治‧馬偕是蘇格蘭高地人…… 我祖父曾參加滑鐵盧戰役，他的勇武之血也流傳到我身上，因此一旦我認基督為主為王，基督的命令『到普天下去為萬民傳福音』，使我願成為十字架的戰士，自此一心要成為一個宣教師。」[3] 這種蘇格蘭的高地精神帶著「敬畏上帝」的特質，鍛鍊出堅毅、強韌的性格，正反映在馬偕一生那種堅忍不屈、打死不退的宣教態度上。

　　論及馬偕自幼成長的宗教氛圍時，劉忠堅指出，馬偕的父母從蘇格蘭高地帶來了「神聖的傳統和強烈的宗教信念，在安大略省偏遠地

---

2 Duncan MacLeod, *The Island Beautiful: The Story of Fifty Years in North Formosa* （Toronto: Board of Foreign Missions of the Presbyterian Church in Canada, 1923）, pp. 50-51.

3 George Leslie Mackay, *From Far Formosa,* （Toronto: Fleming H. Revell Company, 1895）, p. 16.

區的木屋中珍惜著它們」。[4]當時在一般家庭中普遍閱讀的作品主要是聖經、信仰告白、小教理問答，以及蘇格蘭長老會清教徒作家如James Guthrie和Samuel Rutherford的作品和書信集等。[5]馬偕自己回顧了這個堅實但內蘊的信仰傳統：「他們更不忘記敬拜服事永生的上帝、教導子女熟讀及相信聖經、凡事依著良心而行、喜愛且謹守安息日，並敬愛教會的牧者……這種教會的型態是極蘇格蘭高地式的，大家都心中深信並感受到上帝，卻很少開口把個人內心深處的靈性體驗說出來。」[6]馬偕也回憶道，從小在母親膝上反覆聽到的詩歌〈夜裡當牧羊人在伯利恆草地上看守他們的羊群〉早就在他的心靈底處留下深刻的印象。從那時起，想要成為一個宣教師的念頭開始產生。[7]

2. 加爾文主義的信仰傳承

另一個源自蘇格蘭高地的信仰特質就是所謂的「嚴謹的舊派加爾文思想」（stern old Calvinism），馬偕自己稱這個在近代神學潮流中有時被貶抑為過度嚴苛、守舊的神學傳統為「偉大的恩典教義」，並讚聲道：「還有甚麼其他的教理像加爾文主義這樣在各方面的生活上都嚴苛的力求真理，使得人們必以良心行事，在上帝面前不覺得有愧呢？」[8]他確信，加爾文思想的堅實力量正是當時教會的血液中所欠缺的。對馬偕而言，這個老舊的信仰型態或許談論過多的「罪惡與教條」，但卻讓他們清楚明白「愛與恩惠」的真理；在教會中孩童們或許沈默羞

4 MacLeod, *The Island Beautiful*, p. 51.
5 Ibid., pp. 51-52.
6 Mackay, *From Far Formosa*, p. 15.
7 Ibid.
8 Ibid.

怯，但他們卻知道「隱密地為罪惡悲傷」的意義，也在十字架裡找到慰藉。[9]

事實上，在馬偕成長的那個時代，長老教會所屬的加爾文主義已有僵化、形式化的傾向，加上啟蒙運動過度理性化的衝擊，許多長老教會信徒紛紛在理性內蘊的信仰傳統之外，尋求信仰的覺醒和奮興運動的熱情，這就是橫跨大西洋兩岸的「大醒悟運動」（Great Awakening），其中的代表人物就是美國長老教會的神學家兼奮興佈道家愛德華滋（Jonathan Edwards, 1703-58）。[10]受到此一覺醒運動的影響，馬偕的信仰也強調個人內在生命的體驗與覺醒，主張「上帝的榮耀也是展現在個人內心裡的上帝主權」。他如此自述道：「在我還未十歲前，每聽到耶穌之名，就覺得甘甜與聖潔。」[11]我們可以說，馬偕的屬靈生命和信仰成長經驗是蘇格蘭高地的加爾文清教徒傳統，再加上北美洲奮興運動的影響。

3.「自由教會」(Free Church) 精神

一八三〇那年，馬偕的父親喬治和母親海倫(Helen Sutherland)是在所謂的「撒德蘭郡驅逐事件」（Sutherlandshire clearance)的處境中被迫移民加拿大。[12]一八四四年，即馬偕的出生年，加拿大長老教會也經歷

---

9 Ibid.
10 大醒悟運動主要有兩波，馬偕的時代屬於第二波，見 "The Great Awakening," *The Oxford Dictionary of the Christian Church,* edited by F. L. Cross and E. A. Livingstone（Oxford University Press, 1983), p. 590。有關愛德華滋，見 George M. Marsden, *Jonathan Edwards: A Life*（New Haven: Yale University Press, 2003)。
11 Mackay, *From Far Formosa,* p. 15.
12 指 1811-20 年間撒德蘭郡公爵為要養羊圖利而命令其土地代理人全面驅趕共約

了類似蘇格蘭長老教會在前一年(一八四三)所經驗的「分裂運動」
(Disruption)。簡要地說，一七一二年蘇格蘭議會通過「平信徒授職法
案」(Lay Patronage Act)，允准少數地主得以任命教會牧師的權利。這種
政府對教會干涉、控制的作法，可以說嚴重地違背了長老教會獨立自
主的精神，是對「代議體制」的全然否定，也因此引起隨後數次的教
會分裂。其中，最嚴重的就是一八四三年的分裂運動，由查麥斯牧師
(Thomas Chalmers)帶領四百七十四位牧師脫離了蘇格蘭教會(Auld
Kirk)，另外組成「蘇格蘭自由教會」。[13]

　　簡單地說，「自由教會」(Free Church)又稱為「不順從國教派」
(non-conformity)，「自由」意指「不受國家或世俗政權控制的自由」
(free from the State)，帶有「教會自主性」的意涵，也帶有奮發自立的
「志願」精神(voluntarism)。[14]這種基於信仰原則所作出的勇敢行動，代
表了對長老教會「代議自治」原則的堅持。[15]新成立的自由教會立刻
獲得英格蘭和愛爾蘭長老教會的正式接納，也受到本地信徒的普遍支
持，不但在四年之內建立了超過七百間的教會，也於一八四七年在愛

　　一萬五千名的小農戶的事件，史上稱「不名譽的撒德蘭驅逐事件」(infamous
　　Sutherland Clearance)。這些無家可歸的農民後來就遷移到澳洲、紐西蘭和加
　　拿大等地。

13 參見 Allan L. Farris, "The Presbyterian Church in Canada: 1600-1850," in Neil G.
　　Smith et al., *A Short History of the Presbyterian Church in Canada* (Toronto: The
　　Centennial Committee, Committee on History, The Presbyterian Church in Canada,
　　1975), pp. 43-47; John S. Moir, *Enduring Witness: A History of the Presbyterian
　　Church in Canada* (Toronto: The Presbyterian Church in Canada, 1974, second edi-
　　tion, 1987), pp. 101-106.

14 參見 "Nonconformity," *The Oxford Dictionary of the Christian Church,* p. 979.

15 Walter L. Lingle, *Presbyterians: Their History and Beliefs* (Richmond, VA.: John
　　Knox Press, 1944), pp. 52-53.

丁堡創設新學院（New College），其後更於格拉斯哥（Glasgow)和亞伯丁
（Aberdeen)分別設立自由教會學院。同時，原本屬於蘇格蘭教會的宣教
師也全數轉移到自由教會。[16]

就在隔年的一八四四年，加拿大的長老教會也經歷了類似的「分
裂運動」。在馬偕家鄉的「老木屋教會」(old log church)牧會的麥肯齊牧
師（Donald MacKenzie)就在這一年帶領該教會加入了查麥斯所組成的蘇
格蘭自由教會。[17]結果，不管是蘇格蘭或加拿大的自由教會都成為
「宣教」的教會，直接投入本地和海外的宣教事工。[18]馬偕自己說，由
他的家鄉教會至少產生了三十八位擔任長老教會宣教先鋒的青年。事
實上，左拉教會在這一代當中總共送出了五十四位的牧師及宣教師。[19]
最值得注意的是，台灣基督教史上不管是南部或北部的早期宣教師，
幾乎清一色都是出身於「自由教會」的傳統。

4. 海外宣教運動的召喚

清國末年（十九世紀後半）正是台灣全島的政治、經濟中心逐漸轉移
到台北(艋舺、大稻埕)的時機，也是北部「淡水開港」、與世界交會的
重要歷史時刻。在此一階段，馬偕受到加拿大長老教會的差派，前往

---

16 Stuart C. Parker, *Yet Not Consumed: A Short Account of the History and Antecedents of The Presbyterian Church in Canada* (Toronto: The Thorn Press, 1946), pp. 112-115.

17 麥肯齊是馬偕所屬左拉教會的牧師，前後在該教會擔任牧師達三十七年之久
（一八三五～七二）。他出身蘇格蘭高地的羅斯郡（Rosshire)，能用英語和高地
特有的蓋爾語（Gaelic)講道，很受信徒尊敬。他也非常重視教育，曾任左拉鎮
的教育局長。參見 *The Faith Is Strong: Knox Presbyterian Church Embro 1832-1982*, edited by J. D. Hossack (Anniversary Historical Committee, 1982), pp. 8-12.

18 Lingle, *Presbyterians: Their History and Beliefs*, p. 113.

19 *The Faith Is Strong*, p. 12.

中國當宣教師。結果，原本受命要和英國長老教會合作的馬偕，卻在
廈門、汕頭、台灣南部這三個宣教區的選擇中，[20] 在「上帝的攝理」
(providence of God)像一條無形的線般的牽引下來到台灣。一八七二年三
月九日，二十七歲的馬偕，在英國長老教會宣教師李麻牧師（Hugh
Ritchie, 1840-79）、德馬太醫師(Matthew Dickson, 1842-1909)的陪同下，從
打狗來到滬尾。他抱著「不在基督的名被稱過的地方傳福音」的開拓
精神決定在北部宣教，三月九日就成為北部教會的設立紀念日。[21]

　　馬偕之所以會興起海外宣教的理念，據他自己說，是受到兩位宣
教師前輩的影響。第一位是曾經在中國宣教的賓威廉(William C. Burns,
1815-68)牧師，他於馬偕童年時經過加拿大的武德斯多克(Woodstock)和
左拉，馬偕回憶說：「那時家鄉人人都極推崇他，我小小的心靈也受
到他精神的感召」。[22] 賓威廉是誰？他是英國長老教會派至海外的頭一
位宣教師，一八三九年起在蘇格蘭本鄉、愛爾蘭及加拿大成功地從事
奮興佈道工作後，於一八四七年抵達中國，先後在香港、廣州、廈
門、上海、汕頭、北京和東北的牛庄工作達二十年之久。他的宣教模
式就是「以在地語言從事個人佈道」，他也曾翻譯基督教名著《天路
歷程》（*Pilgrim's Progress*），並將「Christian」一詞譯為「基督徒」。[23] 賓

---

20 英國長老教會早自一八五一年起就由賓威廉牧師開啓了廈門的宣教工作，一八
　五六年再擴展到汕頭，一八六〇年起，在駐廈門宣教師杜嘉德牧師（Carstairs
　Douglas, 1830-77)和駐汕頭的金輔爾牧師(Hur Libertas Mackenzie, 1833-99)的
　推動下，才開啓了台灣南部安平的宣教工作，首位於一八六五年來台的宣教
　師就是馬雅各醫生(Dr. James Laidlaw Maxwell, M.A. M.D. 1836-1921)。

21 Mackay, *From Far Formosa*, pp. 38, 330.

22 Ibid., p. 16.

23 W. John Roxborogh, "William Chalmers Burns," *Blackwell Dictionary of
　Evangelical Biography, 1730-1860*, Vol. 1, edited by Donald M. Lewis（Oxford:
　Blackwell, 1995），p.174.

威廉於一八四四～四六年間在加拿大從事佈道旅行，途經左拉村，馬偕因而受到他的精神感召，後來更將在三貂嶺西北海岸屬於平埔蕃「新社」的一所石造教堂命名為「賓威廉紀念教會」(Burn's Church)。[24] 賓威廉是長老教會到中國宣教的代表人物。

影響馬偕的另一位宣教人物是達夫博士 (Alexander Duff, 1806-78)。達夫是蘇格蘭教會派往印度的第一位宣教師，先後三度 (一八三〇～三四、一八四〇～四九、一八五六～六四) 在該地工作。他於一八三〇年創辦第一所英語學校 (後來成為加爾各答大學)，以西式教育和西方世界觀為媒介向印度知識份子宣教。他也於一八四三年加入蘇格蘭自由教會，成為該會重要領袖 (兩度擔任總會議長)，一八六七年起更成為愛丁堡自由教會學院的第一位福音神學 (宣教學) 教授，也是普世基督教界的第一位宣教學講座教授。[25] 根據劉忠堅的《美麗之島》，一八五四年達夫在加拿大巡迴演講時曾經過安大略省，當時他的印度宣教經驗對年僅十歲的馬偕或許留下深刻印象。[26] 後來，馬偕在普林斯頓神學院畢業後，因未能馬上接受差派，在此一等待期間就到英國愛丁堡自由教會學院去向達夫學習宣教和世界宗教的課程。[27] 達夫是長老教會到印度宣教的代表人物。

有趣的是，在賓威廉的「中國模式」和達夫的「印度模式」之外，馬偕提出了獨特的「福爾摩沙模式」，也就是下文會再提到的

---

24 Mackay, *From Far Formosa*, p. 223.

25 Pratap Digal, "Alexander Duff," *A Dictionary of Asian Christianity,* edited by Scott W. Sunquist (Grand Rapids: William B. Eerdmans Publishing Company, 2001), pp. 251-252.

26 MacLeod, *The Island Beautiful,* p. 54.

27 Mackay, *From Far Formosa*, pp. 20-22.

「本地化原則」。他可以說是第一位通過其宣教經驗而倡導台灣之「獨特性」的宣教師，用他自己的話來說：

> 在北台灣宣教工作的主要計畫是培訓本地傳教者。其目的是要把基督福音傳給人們，使他們在昏暗中能受到真理神能的啓發，以驅除過去一直讓他們朦朧看不清上帝之城的謬誤和罪惡的烏雲。這是所有海外宣教的目的，但要達到這目的，就必須採用合於當地環境的方法。有時，在某個地方很恰當有效的方法，用在另一個地方時，可能就變得荒謬無用。用在歐洲或北美很成功的方法，用在亞洲可能就會失敗。中國不同於印度，而台灣又不同於中國。[28]

5. 多倫多、普林斯頓、愛丁堡

馬偕的神學教育是在加拿大多倫多的諾克斯神學院（Knox College）、美國的普林斯頓神學院（Princeton Theological Seminary），以及英國愛丁堡大學的新學院（New College）所完成的。這三所學校都屬於蘇格蘭的神學傳統，以馬偕的自述來說：「他們的神學可能狹窄，卻既高又深。他們留下真理的遺產，追憶他們往往會令人受到鼓舞。」[29]確實，蘇格蘭的神學傳統結合學問與敬虔（learning and piety），雖較無創造性但卻堅固有效，不但影響英語世界，更通過宣教師影響現今第三世界的教會。[30]

---

28 Ibid., p. 285.

29 Ibid., p. 15.

30 John Leith, *Introduction to the Reformed Tradition: A Way of Being the Christian Community*（Atlanta: John Knox Press, 1981, revised edition）, p. 41.

　　這三間學校也是典型的改革宗傳統(Reformed Tradition)的神學院。基於改革宗傳統與人文主義之間的密切關係，改革宗教會非常注重一般大眾的教育，所到之處皆興辦具有「人文」特質的學校。[31] 這些學校不但教導聖經以及研究聖經所需的基本學科，更教導全套的人文教育，為的是要推動人類心靈的啟蒙和解放。改革宗可以說是一個竭力以「心智的生活」(life of the mind)來服事上帝的信仰傳統。[32] 加爾文曾說：「那些曾經痛飲或嚐過人文思想(liberal arts)的人能夠藉著這些利器更深地洞察神聖智慧的奧秘。」[33]

　　當然，加爾文也主張知識的探究不應導向過度的「好奇」或「思辨」，而是結合敬虔，以期達成「培育」和「教化」的實用性。受到基督教神學家奧古斯丁(Augustine of Hippo, 354-430)的影響，加爾文將「悔改」(conversion)經驗與「受教心志」(teachable spirit, docilis)結合起來，主張信仰和真知識的緊密關係。[34] 我們可以視其為一個具有福音

31 *John Calvin: His Influence in the Western World,* edited by W. Stanford Reid (Grand Rapids, Michigan: Zondervan Publishing House, 1982); William J. Bouwsma, *John Calvin: A Sixteenth Century Portrait* (Oxford: Oxford University Press, 1988).

32 Leith, *Introduction to the Reformed Tradition,* pp. 70-88; I. John Hesselink, *On Being Reformed: Distinctive Characteristics and Common Misunderstanding* (N. Y.: Reformed Church Press, 1988, second edition), pp. 92-98.

33 "... men who have either quaffed or even tasted the liberal arts penetrate with their aid far more deeply into the secrets of the divine wisdom." Calvin, *Institutes of the Christian Religion* (1559), ed. by John T. McNeill, trans. by Ford Lewis Battles (Philadelphia: Westminster Press, 1960), I.5.2, vol. 1, p. 53.

34 簡言之，悔改經驗是奧古斯丁整個神學思想的基礎。這個直接與上帝會遇的意識改變了他的整個存在、動力與目標，讓他對哲學的熱情轉變且「跳躍」(leap)為對信仰眞理的熱情。從此，奧古斯丁確信，是個人意志(will)在主導知識(knowledge)，而不是知識在主導意志。同樣的，加爾文的「悔改」經驗

信仰的人文主義者（evangelical humanist）：一方面，「福音」信仰讓他將人文教育置於上帝的主權之下，另一方面，人文主義則讓他能對福音信仰有最深刻且豐富的詮釋與表達。由此觀之，在教會歷史中，能夠將上帝的主權與人文教育作如此緊密之結合的，恐怕只有改革宗傳統了。改革宗傳統可以說是一個「學術加上敬虔」的傳統，也是一個將基督信仰與現代文明結合起來的進步主義（progressivism），這成為馬偕推動「全人教育」的基礎。

二、馬偕的工作和宣教理念

1. 強烈的信仰熱忱

　　馬偕以傳揚耶穌基督的福音做為一生的職分。他效法新約使徒保羅的精神，竭力要將上帝的信息傳到「還沒有聽見基督的地方」（〈羅馬人書〉十五章二十節）。他自己告白到台灣最重要的目的乃是「宣揚福音」：

　　我受託的任務是清楚的，就是教會的君王和首領所交託的：「到世界各地去向眾人傳福音。」即使可能還會做其他方面的事，但這個受託的任務必得達成。而且，所做的任何其他方面之事，也都必須是有助益於達成此任務的。任何可能令宣教師關心注意的

也讓他擁有一顆「受教的心」，並且徹底地改變了他的思考觀點。參考 Richard R. Osmer 原著，鄭仰恩、林明珠編著，林明珠等譯，《受教的心志：論教會的教導職份》（台南：人光出版社，二〇〇一）；鄭仰恩、林明珠編著，《信仰的成長和深化：基督教教育論集》（台南：人光出版社，一九九八年）。

歷史、地質學、人種學、社會學或其他方面的科目，都必須考慮
到它與福音的關係。我到台灣的目的，就是要把上帝恩典的福音
送入未信基督的人心中，當他們歸依基督後，幫他們建立他們的
信仰。[35]

　　因此，他雖然不斷面對民眾敵對、挑釁，甚至迫害的處境，卻仍
然為任何可能傳福音的機會奮戰不已。以在艋舺的傳教為例，馬偕雖
然屢次遭到民眾的強力對抗、攻擊，甚至連清國官府也命令他離開，
但他卻拿出「鉗子與聖經」，堅持絕不離開該地，並宣稱要繼續「為
人拔牙和宣揚福音」。[36]憑著這種「打死不退」的精神，他後來終於
「贏得了艋舺」。[37]一八八四年，清法戰爭在基隆、淡水開打，馬偕堅
持不肯離開淡水，戰爭後期仍繼續訪問教會、安慰信徒，展現極大勇
氣。[38]這種在艱難困境中奮戰不懈的精神，正是長老教會所承襲的
「焚而不燬」（nec tamen consumebatur)的宣教傳統。

　　馬偕是偉大的開拓者，總是全力預備自己，以敏銳的眼光解讀時
代的徵兆，嘗試開發可能的新工作。他本身非常博學，又努力學習各
種技能，所以總是能在各種處境下，針對人的需要提供協助。到了一
八八〇年，當他第一次返回加拿大述職時——也就是來台宣教的第九
年，他已經建立了二十間教會，培養了二十名傳道師，並獲得三百名
左右的信徒，相較於第一位到中國宣教的新教宣教師馬禮遜（Robert

---

35 Mackay, *From Far Formosa,* p. 135.
36 Ibid., p. 168.
37 見本書第十七章〈艋舺信徒是怎樣贏得的〉。
38 見本書第二十章〈法軍的入侵〉。

Morrison)在廣州一帶工作二十七年（一八〇七～三四）只得到十位信徒的情景，馬偕的宣教成果可以說十分驚人。[39]

馬偕的信仰堅定，一生對上帝全心信賴，這也成為他信仰的力量來源。在首次由舊金山坐船到香港的旅途中，他頭一次經驗到孤單，心內充滿必須單獨去面對新的世界和新事工的驚惶。他自問：「我有機會再回到我的故鄉嗎？而我的生命，它經得起這種可怕的遭遇嗎？我會做了錯誤的抉擇嗎？」[40]在那如驚濤駭浪的處境中，上帝藉著聖經的話語帶給他信心：「我要向山舉目，我的幫助從何而來？我的幫助，從造天地的耶和華而來」（詩篇一二一章，一～二節）；然後是「上帝是我們的避難所，是我們的力量」（詩篇四十六章一節）。[41]毫無疑問的，這種在任何情形下都能確信上帝與他同在的信仰，成為馬偕一生宣教、奮鬥、服事的原動力。

2. 注重實效的醫療宣教師

馬偕雖非正牌醫生，但他卻是一個非常有實效的醫療宣教師。論到醫療宣教的卓越成效和特殊貢獻，他自己說：

> 醫療宣教的重要性不需再強調，了解現代宣教歷史的人都知道其重要性。我們一開始在台灣工作就特別強調上帝所做的事及所說的話，並透過醫療工作，而開啟了馬上可以助人的大門。在我所接受的各種預備訓練當中，最實用助人的，莫過於在多倫多及紐

---

39 見鄭連明主編，《台灣基督長老教會百年史》，頁49。
40 Mackay, *From Far Formosa*, pp. 28.
41 Ibid.

約所受的醫學訓練。[42]

　　他無論所到何處，總是帶著專門醫治瘧疾的特效藥「白藥水」（奎寧劑加檸檬汁），以及拔牙的鉗子。他的拔牙技術極為高超，據他自稱「常在不到一小時內拔取一百顆牙齒」，並在一八七三至一八九三的二十年間拔取了「兩萬一千個以上的牙齒」，成效相當可觀。[43] 他也由英國倫敦購入特別的膏藥來醫治當時相當普遍的「腿膿瘡」。[44] 談到醫療宣教在開創福音工作上的成效，馬偕強調：「在破除人們對我們的歧見和反對方面，拔牙比任何其他方式都更有效。」[45] 他自己對醫療宣教的評論是：

　　　在這二十三年當中，生病被醫好的人很多，病痛得到紓解的人數
　　　更多。而醫療服務，使人們對於宣教更容易接受。很多人因此而
　　　皈依基督教，並向他們的親戚和朋友作見證。因此，醫療工作所
　　　產生的影響之大，是無可估計的……這些人當中，很多本來很反
　　　對福音，最後不得已才來找外國人的；但後來卻由敵人變成朋
　　　友。其中有些人已蒙主召回，有些人則尚經常在教會服事主。[46]

　　這段話真是對醫療宣教的最佳詮釋。除此之外，馬偕也教導學生

---

42 Ibid., p. 308.

43 Ibid., pp. 314-316.

44 膏藥是由 Darin Brothers 製藥公司出品，見陳宏文，《馬偕博士在台灣》（台
　北：東輝，一九七二），頁60；亦見《台灣基督長老教會百年史》，頁49-53；
　郭和烈，《宣教師偕叡理牧師傳》（淡水：郭和烈，一九七一），頁372-386。

45 Mackay, *From Far Formosa,* pp. 315-316.

46 Ibid., p. 317.

基本的西方醫學常識，並在開設的教會廣設藥局，提供簡易的醫療服務。一八七五年，北部教會第一位醫療宣教師（兼有牧師和醫生身分）華雅各（James Bruce Frazer, 1846-1929）來台，積極推動醫療工作，唯華夫人於一八七七年病逝淡水，華雅各黯然離台。[47] 馬偕於一八七九年創設「滬尾偕醫館」，是由底特律馬偕船長的遺孀為紀念其夫的捐款所建，這是北台灣最早的西式醫院，更曾於清法戰爭期間因救助傷兵而得到總督劉銘傳的讚揚。[48] 一八七八年，馬偕更和英國領事公醫林格醫師（Dr. Ringer）共同發現人體內的「肺蛭蟲」，轟動全球醫學界。[49]

馬偕也非常注重公共衛生，更實際關懷台灣人民的社區生活與公共衛生問題。他在各地區訪問時，通常會特別關心居家環境的衛生，因而建議該地居民要經常除草、建造排水溝、使用大型窗戶，並注重消滅蚊蟲的工作。這可以說開啟了現今「社區服務工作」的先河。[50]

3. 開明先進的教育理念

馬偕是非常出色的教育家，一生作育英才無數，其中有傳道師、醫療工作者、教師、婦女領袖等。他所建立的「理學堂大書院」（Oxford College, 1882）及「淡水，女學堂」（一八八三）是北部現代化教育的濫觴。他所推動的新式教育雖然偏重聖經與教義的講授，但也兼授各種現代學科，包括天文、地理、動物、礦物、植物、物理、化學、地質、歷史人物、生理衛生、算術、初步幾何、解剖、醫學、音樂和

47 Ibid., p. 331.
48 陳宏文，《馬偕博士在台灣》，頁 62-63；郭和烈，《宣教師偕叡理牧師傳》，頁 372-386。
49 陳宏文，《馬偕博士在台灣》，頁 61-62。
50 同上書，頁 59。

體育等。[51]

　　誠如馬偕自己所言，由於「只有少數外國人能夠抵抗台灣氣候的危害」，他堅決主張儘早要「用本地的工作者來推動教會宣教工作」，所以就發展出所謂在「大路邊、榕樹下、溪旁、海邊、旅社、家庭或地方禮拜堂裡」進行神學教育的「逍遙學院」(Peripatetic College)或「巡迴學院」(Itinerary College)。[52] 在這最初的九年多當中，馬偕不但教導聖經、信條等知識，更傳授自然界的許多一般常識，以這種方式完成神學教育並投入宣教工作的學生約有二十多位，大多成為早期重要的核心同工。[53] 有趣的是，馬偕也經常以大自然為教室，通過登山、旅行的方式來教導學生有關創造主信仰與大地生態之關係的課程，其中最具代表性的就是他帶領嚴清華登觀音山頂體認信仰、結合靈性與自然教育的故事。[54] 他自己如此描述他的教學方法：

> 我每次出去旅行、設立教會，或者探索荒野地區時，都會攜帶我
> 的地質槌、扁鑽、透鏡，並幾乎每次都帶回一些寶貴的東西，存
> 放在淡水的博物館。我曾經試著訓練我的學生，用眼明察、用心

---

51 鄭連明主編，《台灣基督長老教會百年史》，頁60。

52 Mackay, *From Far Formosa*, pp. 44, 287-288.

53 這批學生包括嚴清華、吳寬裕、林孽、王長水、陳榮輝、陳雲騰、陳能、蔡生、蕭大醇、蕭田、連和、陳存心、陳萍、洪胡、李嗣、姚陽、陳玖、李炎、李恭、劉和、劉求等。參見北部台灣基督長老教會史蹟委員會，《北部台灣基督長老教會的歷史》，陳宏文譯 (原一九二三年北部台灣基督長老教會禧年紀念部編輯發行；台南：人光，一九九七)，頁53。

54 Mackay, *From Far Formosa*, pp. 145-146; 亦參見林鴻信，〈馬偕神學思想初探〉，《台灣神學論刊》，第二十期 (台北：台灣神學院，一九九八)，頁63-74。

思索，以了解自然界蘊藏在海裡、叢林裡、峽谷中的偉大訊息。[55]

　　值得注意的是，英國和加拿大長老教會所源出的蘇格蘭教會和社會在十八至十九世紀經歷了一場「啟蒙運動」的洗禮。在法蘭西斯・哈奇森（Francis Hutcheson）和亨利・荷姆（Henry Home）的領導下，在探索宗教觀念、文明史、道德哲學、政治學、經濟學、社會學的精神世界裡爆發出驚人的原創性，各個學術領域紛紛以歷史與社會變遷的觀點重新認知「人性」和「道德理念」的本質，並賦予社會科學和各種實證科學一個脈絡分明的學術正當性。[56]刻板僵硬的傳統加爾文主義開始受到挑戰，且在神學思想上走向積極樂觀的人性觀點和道德主義，這是最早的歐洲古典自由派思想。[57]

　　這個帶有自由主義色彩的啟蒙運動開始影響十九世紀的蘇格蘭神學教育，也逐漸感染了遠在北美洲的加拿大神學界。舉例來說，自一八八〇年代前後，這種較為開明、進步的蘇格蘭神學思想已經被引介到諾克斯學院——加拿大長老教會最重要的神學教育機構。其中最主要的倡導者不是別人，正是後來協助編輯馬偕傳記《福爾摩沙紀事》一書的麥克唐納（James A. Macdonald）。他於一八八五～一八九一年間擔任《諾克斯學院月訊》（Knox College Monthly）的編輯，極力介紹蘇格蘭自由教會神學家如 George Adam Smith, A.B., Davidson, A.B., Bruce,

55 Mackay, *From Far Formosa,* pp. 48.
56 亞瑟・赫曼（Arthur Herman）著，《蘇格蘭人如何發明現代世界》，韓文正譯（台北: 時報文化，二〇〇三），頁 73-116。
57 同上書，頁 92-93。

Marcus Dods, James Stalker, Henry Drummond 等人的著作,並讚揚他們在當代世界的挑戰中不但勇敢為基督真理辯護,更積極推動普世宣教。[58] 他甚至直率地指出:「自由教會的盼望正是在於她這些所謂的異端」,因為「相對於某些行屍走肉、靈魂枯乾的正統派堡壘」,這些被耳語傳播、懷疑、戴帽子的「異端」大多是「最認真且具使命感的基督徒工人,擁有高尚又單純的基督徒品格」。[59] 同樣的,我們發現這些自由教會神學家也深深影響著此一時期來台的蘇格蘭宣教師如巴克禮、甘為霖、梅監務(Campbell N. Moody, 1865-1940)等人。[60] 這很清楚是一個重視「啟蒙」的自由神學傳統。

以南部英國長老教會的巴克禮牧師為例,他自開始投入神學教育工作起,就固定每週向學生傳授一些自然科學的課程。就像許多蘇格蘭神學院提供類似「科學與宗教」(Science and Religion)的課程一般,他也希望能夠釋放學生們的心靈和思考,讓他們不致於認為這兩個真理領域之間有所衝突。最初他只是教他們認識鐘錶時間的運作以及太陽系和月亮星辰的運行,後來才慢慢教他們有關物質(matter)的奧祕,原子(atom)的本質,以及各種進化論的學說等。由於巴克禮的神學思想是長老教會系統所屬的加爾文主義(Calvinism),而他的自然科學導師

---

58 Brian J. Fraser, *Church, College, and Clergy: A History of Theological Education at Knox College, Toronto 1844-1994*(Montreal & Kingston: McGill-Queen's University Press, 1995), pp. 79-82; 同時,此一期刊也受到國際著名學者如普林斯頓的 Francis L. Patton、倫敦的 J. Munro Gibson 和 Donald Fraser、耶魯的 William Rainy Harper 等人的贊助與鼓舞。

59 Ibid., pp. 80-81.

60 見洪伯祺(Peggy C. Moody)著,《宣教學者梅監務》(台南: 教會公報出版社,二〇〇五);也請參閱本人為該書所撰寫的〈導讀〉部分,頁 15-70。

則是著名的英國爵士喀爾文（Lord Kelvin），萬榮華（Edward Band）有趣地戲稱巴克禮的神學教育是「加爾文式加上喀爾文式」（Calvinistic and Kelvini-stic）！[61]

除了開明、進步的教育理念外，馬偕的教學方法也非常生活化，除了藉助旅行、實際佈道的機會來從事教育外，也注重實物教材。他自己在淡水的研究室和博物館都開放給學生使用，每日下午在「偕醫館」的實習工作也讓學生印象深刻。[62] 此外，馬偕熱愛台灣，努力學台語，來台五個月就首次以台語講道。第三年起更將他的台語研究成果編輯為《中西字典》，反映出他對台灣語言的苦心研究。[63] 馬偕是極為出色的演說家，他的演講經常感人至深，許多聽過的人都是印象深刻，終生難以忘懷。[64]

4. 推廣農業和自然生態之美

馬偕在北台灣巡迴佈道時，發現農民所種的蔬菜種類不多，因此他很早就由國外引入許多西方人經常食用的蔬菜新品種給農民，其中包括現今台灣人已經習慣食用的菜頭、高麗菜、蕃茄(臭柿仔)、敏豆、菜花、紅蘿蔔、甜菜、西洋芹菜等。這些植物和水蠟樹、夾竹

61 Edward Band, *Barclay of Formosa*（Ginza, Tokyo: Christian Literature Society, 1936), pp. 33-34. 英國爵士喀爾文也就是湯普森爵士（Sir William Thompson），Ibid., pp. 8-11。

62 Mackay, *From Far Formosa*, pp. 292-296.

63 見馬偕著，《中西字典》(*Chinese Romanized Dictionary of the Formosan Vernacular*)(上海：美華書館，一八七四，增補版一八九三)；裡面共收六千六百六十四個漢字，後來再增補爲九千四百五十一字。

64 MacLeod, *The Island Beautiful*, pp. 73-74.

桃、相思樹等普遍栽種的圍籬作物，經由信徒和傳道人免費分發到台
灣北部各地，對農民的經濟利益及生產品質很有幫助，也成為許多教
堂的特色。[65]

　　最值得一提的是，任何閱讀馬偕所著《福爾摩沙紀事》的人，一
定會被他所敘述有關台灣的地理、歷史、地質、樹木、植物、花卉、
動物、人種學所佔的大量篇幅和精深內容所震驚。[66]這背後其實有馬
偕自己的「自然神學」。譬如，他在詳細地介紹完台灣的植物後，提
出了如下的觀點：

　　台灣的植物學對一個深思的學者，是一個極其有趣的探討對象。
　　對宣教師來說，每一片葉子都是一種言語，每一朵花都是一個聲
　　音。我們是否如偉大的博物學家華萊士（Alfred Russel Wallace）所說
　　的，「對自然之道有了更完整、更清楚的領悟，對於我們所看到
　　的一切周遭之物，更相信它們不是沒有計畫的？」當我們走在長
　　青的草毯上，看到樹、藤及草叢上五彩繽紛的花朵，仰望著糾纏
　　交錯的竹林，看見棕櫚樹、高雅的沙欏厥類，或莊嚴沈靜的森
　　林，我們難道不會讚嘆上帝的話語和祂的創作之間的和諧？在了
　　解了台灣的花卉之後，一個宣教師難道不會變成一個更好的人，
　　以及一個能傳遞更豐盛福音的人？一個改教者難道不會成為信仰
　　更堅定的基督徒？我們以由衷的喜悅和羨慕之心，高呼：「主
　　啊，祢的作品多麼豐富！祢以智慧創造了一切。地上充滿了祢的

---

65 陳宏文，《馬偕博士在台灣》，頁96-99。
66 參見本書的第二部（即第五至九章）、第三部的十八至十九章。

美好恩典。」[67]

在論到他一手所創建的牛津學堂時，他也指出「井然有序之美」正是反映上帝本質的方式，也是宣教工作的一部分。他如此描述他所愛的學院：

> 我若在淡水，晚上就會在樹木下、叢林間一繞再繞的走好幾圈，既可運動，又可察看學院，還可冥思。花和樹的味道與景色能讓人感到精神百倍，整個校園看起來令人賞心悅目，對於學院也很有幫助。不少漢人和官員來到這裡，都對於學院的一切讚嘆不已，信徒們來到這裡也覺得走到各處都令他們心情愉悅。這些，算不算是宣教的一部分呢？沒錯，確確實實是宣教的一部分。我個人來到異教徒之中，要努力提升他們，來讓他們知道上帝的本質和目的。上帝是個秩序井然的、是喜愛美景的，而我們應該從花草樹木間來看見祂神奇的造化，我們更應該從見到上帝所造宇宙萬物的井然有序上來努力跟隨主的腳步，讓一切也井然有序與美好。[68]

不但如此，馬偕在本書中也詳細描述台灣北海岸一帶的風土人情，以及他歷經艱辛前往拜訪龜山島、花瓶嶼、鳥嶼(今棉花嶼)、及大嶼(今彭佳嶼)等東北方諸島的奇特景觀和經歷，非常值得一讀。[69]此

---

67 Mackay, *From Far Formosa,* p. 75.
68 Ibid., p. 293.
69 參見本書的第三部十八至十九章。

外，他也深入描述台灣漢人、平埔蕃、高山原住民的族群特色、生活慣俗、宗教觀念、典章文物等，可以說鉅細靡遺。[70] 馬偕對大自然景觀和人文生態的興趣反映了他對創造者上帝的尊崇，以及加爾文思想中深信「上帝所創造的世界就是他的舞台」的信念。

5. 獨特的宣教理念和成績

馬偕的宣教模式非常注重實效，但也強調信徒的品質與信念。他積極爭取知識份子和地方官員的好感，認為「若一味地攻擊儒家思想將是極大的錯誤」。[71] 他以對他人「道德心」(morality)的肯定來爭取文化階層的好感，但對其他的宗教徒(特別是道士、和尚)則採取辨明真理、公開論證的態度。[72] 他對「慕道友」的信仰品質也有很高的要求，包括必須經過四年的規律教會生活，並熟悉聖經、教會歷史、長老教會的教理問答等，才能接受洗禮。[73] 這些作法讓他贏得知識份子的尊重和肯定。

針對許多加拿大牧長和信徒不斷的探詢和質問，馬偕曾就他所謂的「宣教祕訣」做出公開的回應。他指出，在北台灣從事宣教的唯一施行模式 (modus operandi)就是「持續不斷的旅行」(traveling)。更具體來說，第一次旅行通常是施藥，第二次開始傳福音，第三次訓練年輕

---

70 參見本書的第三部十至十三章、第四部二十一至二十六章、第五部二十七至二十八章。

71 Graeme McDonald, "George Leslie Mackay: Missionary Success in Nineteenth-Century Taiwan." *Papers on China,* Vol. 21（Cambridge: Harvard University, 1968）, p. 144.

72 Ibid., p. 146.

73 Ibid., p. 147.

人並尋覓聚會場所，第四次則可以指派當地助手來實際負責教會工作。[74] 旅行所達致的最大成功之處，正是在於轉變本地人對「外來者」的全面敵視和觀感。很難想像的是，為要具體落實這個宣教原則，在台灣從事宣教工作的前七年（一八七二～七九）中，馬偕實際上留在淡水的日子只有一百七十五天。[75]

　　整體而言，馬偕的宣教成績是令人驚異的。他於一八七三年二月九日為五位信徒舉行第一次的洗禮，受洗者有嚴清華、吳寬裕、林杯、林孽、王長水等。[76] 另外，在開設教會方面，馬偕在淡水創設第一間教會，但是第一間禮拜堂卻是五股坑，其後有新港（後龍）、和尚洲（蘆洲）、三重埔（南港）、八里坌、新店、雞籠、大龍峒、後埔仔（新莊）等教會。他也設立三十八間的平埔蕃教會，以蘭陽地區（噶瑪蘭平埔蕃）為主，一八九〇年更遠至花蓮港的加禮宛社傳教。[77] 大致上來說，馬偕的早期宣教是以淡水河、新店溪和基隆河沿岸——也就是台北盆地——為主（一八七二～七九），後期（一八八六～九一）才轉往蘇澳、宜蘭擴展，向南也到苗栗、公館一帶。事實上，我們可以列舉馬偕的驚人宣教成績如下：創設教會六十間，培養本地籍傳道師六十人，本地籍牧師二人，本地籍聖經宣道婦二十四名，陪餐者一千七百三十八人，受洗者二千六百三十三人，診所六十處等。[78]

---

74 以馬偕自己的話來說，這個宣教祕訣共有三個原則：「第一是旅行，第二是旅行，第三還是旅行。」參見前注，頁 149-150。

75 Ibid., p. 150.

76 Mackay, *From Far Formosa*, pp. 147-148.

77 Ibid., pp. 226-233.

78 MacLeod, *The Island Beautiful*, p. 90.

6.「本地化」的宣教原則

在馬偕所處的草創開拓時期，基督教往往被視為屬於西方殖民勢力一部分的「外來宗教」，基督徒也被台灣民眾視為西方帝國主義的「同夥人」。這種殖民情境（colonial context）可以說是台灣宣教的主要場合，也是必須突破的地方。在福音和本地文化的對立衝突中，宣教師們努力地以「現世化的語言」（secularized language）——亦即醫療、教育、文字、社會服務的工作——來實際關懷人的需要，並消除台灣大眾對基督教的敵意和偏見，可以說是一種「整全宣教」（holistic mission）的模式。同時，在「殖民」情境下，宣教師的努力也自然促成他們對本地人民社群、價值觀念，以及共同命運的深刻關懷。這可以說是一種「本地化」的過程和努力。

馬偕在宣教過程中很早就提出了「本地化」的原則。[79] 他強調宣教師必須認同本地人的生活方式，甚至提出幾乎是「適者生存」的宣教哲學。他也一再指出最有效的宣教模式就是以「本地宣教人材」（native ministry）為主體的方式，因為它不但最有效也最合乎經濟效益。他指出，要差派一位外國宣教師到台灣並予以適當的安頓，一年須一萬美金，已足夠十位本地傳道人十年的費用。因此，他主張應建立一個「自給自足的教會」（self-supporting church）。[80] 他的主張如下：

> 我們的目標就是自給自足。然而，自給自足又是什麼意思呢？依我所知，一個自給自足的宣教工作，就是能夠執行所有的事，並

---

79 見本書第三十章〈培訓本地傳教者〉。
80 Mackay, *From Far Formosa,* pp. 285-290, 297-307.

資助所有的工作人員。北台灣的教會，如果能夠自己資助它的大學、中小學、醫院、教堂及其他所有機構，並且由本地教會的會友及贊助者來負擔所有工作人員的費用，就可以說是自給自足了。我們離此目標還很遠，但是我們已經開始邁向這個目標前進。[81]

馬偕在準備娶台灣女子張聰明為妻時，曾遭到加拿大同工的質疑，他回信解釋其動機之一乃為要「拯救本地婦女的靈魂」，這不免讓人有「宣教婚姻」的聯想；[82] 然而，他娶本地女子為妻，並深切關懷台灣本地婦女的信仰和教育，卻是不爭的事實。為了落實「本地化」和「自給自足」的精神，馬偕也於一八八五年五月十七日「不按體制地」封立了嚴清華和陳火(即陳榮輝)兩位為牧師。[83] 為此，他被控訴為「不依長老教會規矩行事」(non-Presbyterian)，他也憤而大加反駁。事實上，一直要等到一九〇一年，當接續馬偕在北部教會從事組織建設工作的吳威廉於一八九二年抵台後，馬偕才開始考慮設立中會之事。[84]

7. 馬偕的開拓者性格

台灣基督長老教會在草創開拓時期的宣教工作往往反映出個別宣教師的信仰型態和人格特質，因此帶有「拓荒英雄」(pioneering hero)的強烈個人色彩。這種特質明顯表現在北部的馬偕身上。相對的，南部

---

81 Ibid., pp. 336-337.
82 McDonald, "George Leslie Mackay," pp. 151-152.
83 陳宏文，《馬偕博士在台灣》，頁 79。
84 McDonald, "George Leslie Mackay," pp. 161-164.

長老教會則較早發展出團隊合作的模式。[85] 確實，我們在馬偕身上看
到一個典型的「拓荒型」(trail-blazing)的宣教模式，他的個性不畏艱
難，堅忍不拔，以「寧願燒盡，不願朽壞」的精神從事宣教工作。在
他的字典裡沒有「阻礙」(discouragement)這個字，因此他也曾被批評為
「滿有宣教熱誠，但或許判斷不足」。[86] 在曾與馬偕同工過的宣教師
中，華雅各牧師兼醫師和閏虔益牧師(K. F. Junor)都適應不良，在台時
間短暫，黎約翰牧師(J. Jamieson)則曾因意見表達不當而引發加拿大、
台灣兩地間的嚴重爭議。在此「缺乏有力助手」的情形下，唯有接續
馬偕工作的吳威廉牧師(William Gauld, 1861-1923)被讚揚為「最好的同
工」。[87]

　　他的學生們認為他「要求嚴格、脾氣壞，但心存仁愛」，郭水龍
更直指他的個性中有獨裁和壞脾氣的一面。[88] 本書編輯者麥唐納則在
馬偕死後曾在報紙上評論說：「要他退讓一步或將首位與人分享是不
容易的事」。[89] 加拿大歷史學者奧斯丁(Alvyn J. Austin)甚至稱馬偕為「自
大狂」(egomania)。[90] 相對的，劉忠堅則較客觀地指出：「或許，他讓人

---

85 鄭仰恩，《定根本土的台灣基督教》(台南：人光出版社，二〇〇五)，頁9-12 。

86 MacLeod, *The Island Beautiful,* pp. 58, 90-91.

87 McDonald, "George Leslie Mackay," pp. 161-163; Mackay, *From Far Formosa,* pp. 330-333.

88 郭和烈，《宣教師偕叡理牧師傳》，頁 439-440 。

89 鄭連明主編，《台灣基督長老教會百年史》，頁 79 。

90 Alvyn J. Austin, *Saving China: Canadian Missionaries in the Middle Kingdom 1888-1959* (Toronto: University of Toronto Press, 1986), p. 32; 奧斯丁甚至暗示馬偕可能有「精神官能症狀」，但加拿大歷史學者伊恩(A. Hamish Ion)予以反駁，認為不太可能，見 A. Hamish Ion, *The Cross in the Dark Valley: The Canadian Protestant Missionary Movement in the Japanese Empire, 1931-1945* (Waterloo: Wilfrid Laurier University Press, 1999), p. 32.

畏懼而非愛戴,仰慕而非欣賞,但這是一個含蓄內蘊、遠離與他人親
密交往者不可避免的特質。」[91] 事實上,麥唐納在本書序言中也做出如
下相當公允的評論:

> 像他這樣充滿活力、勇氣與意志剛強的人,卻一點都不武斷,也
> 不因別人的批評而惱怒,這對那些只知道他善於演講和行動的人
> 是一種多麼好的啟示。從他的謙虛、對信仰的確信及與上帝的親
> 近,就窺知了他成功的祕訣。在教會的任何一個時代裡,都很少
> 人能像他感受到與上帝如此的親近。他所服事的上帝在他的心靈
> 裡是極具尊儀又充滿力量的。這樣的一位先知是基督給他的教會
> 最好的禮物。對他,不論一切事情會如何變遷,都不致於失敗。[92]

結語:比台灣人更認同台灣的馬偕

馬偕是一個比台灣人更愛台灣的「正港台灣人」。他受命和英國
長老教會合作,但是在廈門、汕頭、台灣南部這三個選擇中,他在上
帝「攝理」的引導下來到台灣。他常常告白,全世界沒有一個地方比
台灣更美,更可愛。在本書的卷首語裏,當他在交代他寫作的觀點
時,他有如下的一段告白:

> 遙遠的福爾摩沙是我所摯愛的地方,在那裡我曾度過最精華的歲

---

91 MacLeod, *The Island Beautiful*, p. 91.
92 Mackay, *From Far Formosa*, p. 5.

月，那裡也是我生活關注的中心。望著島上巍峨的高峰、深峻的
山谷及海邊的波濤，令我心曠神怡。我也喜愛島上的住民，這二
十三年來我對著那些深膚色的漢人、平埔蕃及原住民傳講耶穌的
福音。為了在福音裡服事他們，即使賠上生命千次，我也甘心樂
意。[93]

　　事實上，馬偕在台灣的心境或許遠比我們想像中來得孤寂，也有
自絕於世界之外的無奈。這讓我想起英國長老教會宣教師梅監務對馬
偕的觀感。一九〇〇年七月，在途經日本返回英國之前，梅監務牧師
和蘭大衛醫師兩人到淡水拜會馬偕，並住在好客的吳威廉和吳瑪利
（William and Margaret Gauld）夫婦家裡。梅監務如此描述這段經歷：

　　自從來到此地，我們就有講不完的話。通常是在這種場合，我們
　　才更深地體會到日常生活裡的知性貧乏。我們已經見過馬偕博
　　士，今天晚上還要和他喝茶。他讓我們略微想起漂流荒島的魯賓
　　遜（Robinson Crusoe），是如此長久地居住海外且全然浸透在福爾摩

---

93 Ibid., p. 13. 馬偕的這一段感言可能是近年來「馬偕研究」熱潮中最通俗也最為
　人所熟悉的心靈告白了。有人將它改寫為詩體，也有人將它重新改寫成歌，成
　為相當盛行的聖詩，名為〈最後的住家〉，其歌詞（台語）如下：
　　我全心所疼惜的台灣啊！我的青春攏總獻給你，我一生的歡喜攏在此。
　　我心未可割離的台灣啊！我的人生攏總獻給你，我一世的快樂攏在此。
　　我於雲霧中看見山嶺，從雲中隙孔觀望全地，波瀾大海遙遠的對岸，我意
　　愛於此眺望無息。
　　盼望我人生的續尾站，在大湧拍岸的響聲中，在竹林搖動的蔭影中，找到
　　我最後的住家。

沙的情境裡，以至於那原本的蘇格蘭人已經模糊了；他的腔調既
不是蘇格蘭式也不是加拿大式的，他的皮膚是黃銅色的；整體而
言，他看起來就像是孩童心目中的宣教師的模樣……蘭大衛和我
都被馬偕博士對台灣漢人的專注與獻身所震驚……。[94]

的確，馬偕深愛台灣的土地和子民，將黃金年華獻給台灣，娶五
股坑的台灣女子張聰明為妻，最後更死在台灣，埋骨淡水。日治時代
《台灣日日新報》曾刊載一篇南都氏遊淡水後所寫的詩：[95]

面海依山小市街　溶溶江水繞庭階
歐風向日開文化　到處人猶說馬偕

但願台灣人都能時時記得馬偕的宗教與文化遺產，並通過不斷
「說馬偕」來承接這段美好的歷史記憶，也以此紀念馬偕對台灣鄉土
的認同和參與。

---

94 見洪伯祺著，《宣教學者梅監務》（台南：教會公報出版社，二○○五），頁
　183-184。
95 陳宏文，《馬偕博士在台灣》，頁134。

〔延伸閱讀書目〕

1. Duncan MacLeod. *The Island Beautiful: The Story of Fifty Years in North Formosa*. Toronto: Presbyterian Church in Canada, 1923.

2. Graeme McDonald. "George Leslie Mackay: Missionary Success in Nineteenth-Century Taiwan," *Papers on China*. Vol. 21. Cambridge: Harvard University, 1968.

3. 郭和烈,《宣教師偕叡理牧師傳》。淡水:郭和烈,一九七一。

4. 陳宏文,《馬偕博士在台灣》。台北:東輝,一九七二。

5. 馬偕著,《馬偕博士日記》,陳宏文譯。台南:人光,一九九六。

6. 《宣教心‧台灣情:馬偕小傳》,鄭仰恩主編。台南:人光出版社,二〇〇〇。

7. 陳俊宏,《重新發現馬偕傳》。台北:前衛,二〇〇〇。

8. 曹永洋,《寧毀不銹:馬偕博士的故事》。台北:文經社,二〇〇一。

9. 《「馬偕博士收藏台灣原住民文物:沈寂百年的海外遺珍」特展圖錄》,許功明主編。台北:順益台灣原住民博物館,二〇〇一。

10. 賴永祥,《教會史話》。第一至五輯。台南:人光,一九九〇,一九九二,一九九五,一九九八,二〇〇〇。

11. 《台灣基督長老教會百年史》,鄭連明主編。台北:台灣基督長老教會,一九六五。

12. 《北部台灣基督長老教會的歷史》，陳宏文譯。台南：人光，
一九九七。

13. 鄭仰恩，《定根本土的台灣基督教》。台南：人光出版社，二
〇〇五。

國家圖書館出版品預行編目資料

福爾摩沙紀事：馬偕台灣回憶錄／馬偕原著；
　林晚生漢譯. -- 初版. -- 台北市：前衛, 2007 [民96]
384面；23×17公分
譯自：From Far Formosa: the island, it's people and missions

ISBN 978-957-801-526-5(平裝)

1. 馬偕(Mackay, George Leslie, 1844-1901)—傳記
2. 基督教—傳道—台灣
3. 長老會

249.953　　　　　　　　　　　　　　　　96002770

福爾摩沙紀事：馬偕台灣回憶錄

著　　者　馬偕
譯　　者　林晚生
美術編輯　周淑惠
出 版 者　前衛出版社
　　　　　10468台北市中山區農安街153號4樓之3
　　　　　Tel：02-2586-5708　Fax：02-2586-3758
　　　　　郵撥帳號：05625551
　　　　　E-mail：a4791@ms15.hinet.net
　　　　　http://www.avanguard.com.tw
出版總監　林文欽
法律顧問　南國春秋法律事務所
出版日期　2007年5月初版1刷
　　　　　2021年9月初版17刷
總 經 銷　紅螞蟻圖書有限公司
　　　　　台北市內湖舊宗路二段121巷19號
　　　　　Tel：02-2795-3656　Fax：02-2795-4100
定　　價　新台幣360元
©Avanguard Publishing House 2007
Printed in Taiwan ISBN 978-957-801-526-5

*「前衛本土網」http://www.avanguard.com.tw
*請上「前衛出版社」臉書專頁按讚，獲得更多書籍、活動資訊
　http://www.facebook.com/AVANGUARDTaiwan